Berücksichtigung arbeitsrechtlicher Besonderheiten bei der Kontrolle Allgemeiner Geschäftsbedingungen

Inauguraldissertation zur Erlangung des Grades eines
Doktors der Rechte durch die
Juristenfakultät der Universität Leipzig

vorgelegt von
Julia Lehnrieder

Dekan: Prof. Dr. Tim Drygala
Erstgutachter: Prof. Dr. Burkhard Boemke
Zweitgutachter: Prof. Dr. Justus Meyer
Tag der mündlichen Prüfung: 01.02.2018

Europäische Hochschulschriften

European University Studies

Publications Universitaires Européennes

Reihe II **Rechtswissenschaft**

Series II Law

Série II Droit

Band/ Volume **6050**

Julia Lehnrieder

Berücksichtigung arbeitsrechtlicher Besonderheiten bei der Kontrolle Allgemeiner Geschäftsbedingungen

PETER LANG

Bibliografische Information der Deutschen Nationalbibliothek
Die Deutsche Nationalbibliothek verzeichnet diese Publikation in der Deutschen Nationalbibliografie; detaillierte bibliografische Daten sind im Internet über http://dnb.d-nb.de abrufbar.

Zugl.: Leipzig, Univ., Diss., 2018.

15
ISSN 0531-7312
ISBN 978-3-631-76891-4 (Print)
E-ISBN 978-3-631-77120-4 (E-PDF)
E-ISBN 978-3-631-77121-1 (EPUB)
E-ISBN 978-3-631-77122-8 (MOBI)
DOI 10.3726/b14798

Peter Lang – Berlin · Bern · Bruxelles · New York · Oxford · Warszawa · Wien

Diese Publikation wurde begutachtet.

www.peterlang.com

Meinen Eltern

Vorwort

Die Arbeit wurde von der Juristenfakultät der Universität Leipzig im Sommersemester 2017 als Dissertation angenommen. Gesetzgebung, Rechtsprechung und Literatur sind bis Mai 2017 berücksichtigt.

Mein besonderer Dank gilt Herrn Prof. Dr. Burkhard Boemke für die Betreuung dieser Arbeit sowie die wertvolle und konstruktive Kritik. Darüber hinaus möchte ich mich bei Herrn Prof. Dr. Justus Meyer für die zügige Erstellung des Zweitgutachtens bedanken.

Mein herzlicher Dank gilt meiner Familie, insbesondere meinen Eltern Annemarie und Josef Lehnrieder, denen ich diese Arbeit widme. Sie haben mich stets in all meinen Vorhaben vorbehaltlos unterstützt. Ohne sie wäre diese Arbeit nicht möglich gewesen.

Inhaltsverzeichnis

Literaturverzeichnis

Annuß, Georg: Grundstrukturen der AGB-Kontrolle von Arbeitsverträgen, BB 2006, 1333 ff.

Ders.: AGB-Kontrolle im Arbeitsrecht: Wo geht die Reise hin?, BB 2002, 458 ff.

Ders./ Picker, Eduard/ Wissmann, Helmut (Hrsg.): Festschrift für Reinhard Richardi zum 70. Geburtstag, C.H. Beck, München 2007

Ders./ Thüsing, Gregor (Hrsg.): Teilzeit- und Befristungsgesetz, BB-Kommentar, 3. Auflage, Deutscher Fachverlag - Fachmedien Recht und Wirtschaft, Frankfurt am Main, 2012

Baeck, Ulrich/ Hauck, Friedrich/ Preis, Ulrich/ Rieble, Volker/ Röder, Gerhard/ Schunder, Achim (Hrsg.): Festschrift für Jobst-Hubertus Bauer zum 65. Geburtstag, C.H. Beck, München, 2010

Bauer, Jobst-Hubertus: „Spielregeln" für die Freistellung von Arbeitnehmern, NZA 2007, 409 ff.

Ders.: Neue Spielregeln für Aufhebungs- und Abwicklungsverträge durch das geänderte BGB?, NZA 2002, 169 ff.

Ders.: Beiderseitige und einseitige Ausschlussfristen, NZA 1987, 440 ff.

Ders./ Arnold, Christian/ Willemsen, Eva Maria: Überstunden und ihre Tücken, DB 2012, 1986 ff.

Ders./ Diller, Martin: Wettbewerbsverbote: rechtliche und taktische Hinweise für Arbeitgeber, Arbeitnehmer und Organmitglieder, 7. Auflage, C.H. Beck, München, 2015

Dies.: Nachvertragliche Wettbewerbsverbote: Änderungen durch die Schuldrechtsreform, NJW 2002, 1609 ff.

Dies.: Zur Inhaltskontrolle von Aufhebungsverträgen, DB 1995, 1810 ff.

Ders./ Günther, Jens: Neue Spielregeln für Klageverzichtsvereinbarungen, NJW 2008, 1617 ff.

Dies.: Freistellung von der Arbeitspflicht - Grundlagen und aktuelle Entwicklungen, DStR 2008, 2422 ff.

Ders./ Kock, Martin: Arbeitsrechtliche Auswirkungen des neuen Verbraucherschutzrechts, DB 2002, 42 ff.

Ders./ Kort, Michael/ Möllers, Thomas M.J. / Sandmann, Bernd: Festschrift für Herbert Buchner zum 70. Geburtstag, C.H. Beck, München, 2009

Ders./Krieger, Steffen: AGB-Kontrolle und kein Ende - Weshalb sich Arbeitgeber nicht durch Vertragsstrafenvereinbarungen vor vertragswidrigem Verhalten von Arbeitnehmern schützen dürfen, SAE 2006, 11 ff.

Dies./ Arnold, Christian: Arbeitsrechtliche Aufhebungsverträge: Arbeits-, gesellschafts-, steuer- und sozialversicherungsrechtliche Hinweise zur einvernehmlichen Beendigung von Dienst- und Arbeitsverhältnissen, 9. Auflage, C.H. Beck, München, 2014

Ders./ von Medem, Andreas: Rettet den Freiwilligkeitsvorbehalt – oder schafft eine Alternative!, NZA 2012, 894 ff.

Ders./ Merten, Frank: BAG: Anspruch auf Überstundenvergütung bei unwirksamer Mehrarbeitsklausel - Besprechung des Urteils BAG vom 17.8.2011 - 5 AZR 406/10, RdA 2012, 178 ff.

Bayreuther, Frank: Der gesetzliche Mindestlohn, NZA 2014, 865 ff.

Ders.: Vertragskontrolle im Arbeitsrecht nach der Entscheidung des BAG zur Zulässigkeit zweistufiger Ausschlussfristen, NZA 2005, 1337 ff.

Ders.: Das Verbot der geltungserhaltenden Reduktion im Arbeitsrecht, NZA 2004, 953 ff.

Ders.: Die Rolle des Tarifvertrags bei der AGB-Kontrolle von Arbeitsverträgen - Ein Beitrag zur Herausbildung normativer Beurteilungsmaßstäbe bei der Angemessenheitskontrolle von allgemeinen Geschäftsbedingungen in Arbeitsverträgen, RdA 2003, 81 ff.

Ders.: Sanierungs- und Insolvenzklauseln im Arbeitsverhältnis, ZIP 2008, 573 ff.

Becker, Gunnar: Die unzulässige Einflussnahme des Arbeitgebers auf die Entscheidungsfreiheit des Arbeitnehmers am Beispiel des arbeitsrechtlichen Aufhebungsvertrages, Berliner Wissenschaftsverlag, Berlin, 2011

Becker, Thomas: Die Auslegung des § 9 Abs. 2 AGB-Gesetz: eine systematische Darstellung der Grundlagen des Rechts der Inhaltskontrolle allgemeiner Geschäftsbedingungen, Verlagsgesellschaft Recht und Wirtschaft, Abhandlungen zum Arbeits- und Wirtschaftsrecht Band 46, Heidelberg, 1986

Beckmann, Dirk: Rechtsschutz bei Freistellung des Arbeitnehmers/ Geschäftsführers, NZA 2004, 1131 ff.

Benecke, Martina: „Mobbing" im Arbeitsrecht, NZA-RR 2003, 225 ff.

Benedict, Jörg: Der Maßstab der AGB-Kontrolle - oder die Suche nach dem „indispositiven Leitbild" im Arbeitsvertragsrecht, JZ 2012, 172 ff.

Bengelsdorf, Peter: Der arbeitsrechtliche Aufhebungsvertrag, ZfA 1995, 229 ff.

Ders.: Arbeitsrechtlicher Aufhebungsvertrag und gestörte Vertragsparität, BB 1995, 978 ff.

Bieder, Marcus: Überzahlung von Arbeitsentgelt und formularmäßiger Ausschluss des Entreicherungseinwands, DB 2006, 1318 ff.

Birnbaum, Christian: Was sind die „im Arbeitsrecht geltenden Besonderheiten"?, NZA 2003, 944 ff.

Blomeyer, Wolfgang: Die „Billigkeitskontrolle" der abändernden Betriebsvereinbarung über betriebliche Ruhegelder, DB 1984, 926 ff.

Boecken, Winfried/Düwell, Franz-Josef/Diller, Martin/Hanau, Hans (Hrsg.): NomosKommentar Gesamtes Arbeitsrecht, 1. Auflage, Nomos, Baden-Baden, 2016

Boemke, Burkhard: Lohnanspruch (§ 611 BGB) und Mindestlohn (§ 1 MiLoG), JuS 2015, 385 ff.

Ders.: Gegenläufige betriebliche Übung - Weihnachtsgeld, JuS 2009, 1061 ff.

Ders.: Fallsammlung Arbeitsrecht, 2. Auflage, Springer Verlag Berlin Heidelberg, 2007

Ders.: Fragerecht des Arbeitnehmers nach Mitgliedschaft im Arbeitgeberverband?, NZA 2004, 142 ff.

Ders.: Die Höhe der Verzugszinsen für Entgeltforderungen des Arbeitnehmers, BB 2002, 96 ff.

Ders.: Schuldvertrag und Arbeitsverhältnis, C.H. Beck, München, 1999

Ders.: Mankohaftung, JuS 1999, 926 f.

Ders.: Neue Selbständigkeit und Arbeitsverhältnis, ZfA 1998, 285 ff.

Ders.: Privatautonomie im Arbeitsvertragsrecht, NZA 1993, 532 ff.

Boemke-Albrecht, Burkhard: Rechtsfolgen unangemessener Bestimmungen in Allgemeinen Geschäftsbedingungen, Rechtswissenschaftliche Forschung und Entwicklung, Band 191, Göttingen, 1988

Clemenz, Susanne/ Kreft, Burghart/ Krause, Rüdiger (Hrsg.): AGB-Arbeitsrecht, Kommentar zu den §§ 305–310 BGB, Dr. Otto Schmidt, Köln, 2013

Creutzfeldt, Malte/ Hanau, Peter/ Thüsing, Gregor/ Wißmann, Hellmut: Arbeitsgerichtsbarkeit und Wissenschaft, Festschrift für Klaus Bepler zum 65. Geburtstag, C.H. Beck, München, 2012

Crissoli, Christoph/ Zaumzeil, Frank: BB -Rechtsprechungsreport zum arbeitsrechtlichen AGB-Recht, BB 2012, 1281 ff.

Däubler, Wolfgang: Die Auswirkungen der Schuldrechtsmodernisierung auf das Arbeitsrecht, NZA 2001, 1329 ff.

Ders./ Bonin, Birger/ Deinert, Olaf: AGB-Kontrolle im Arbeitsrecht, Kommentar zu den §§ 305 bis 310 BGB, 4. Auflage, Verlag Franz Vahlen, München, 2014

Ders./ Hjort, Jens Peter/ Schubert, Michael/ Wolmerath (Hrsg.): Arbeitsrecht - Individualarbeitsrecht mit kollektivrechtlichen Bezügen (Handkommentar), 3. Auflage, Nomos, Baden-Baden, 2013

Ders./ Kittner, Michael/ Klebe, Thomas/ Wedde, Peter (Hrsg.): BetrVG: Betriebsverfassungsgesetz, Kommentar für die Praxis mit Wahlordnung und EBR-Gesetz, 15. Auflage, Bund-Verlag, 2016

Dauner-Lieb, Barbara (Hrsg.): Festschrift für Horst Konzen zum 70. Geburtstag, Mohr Siebeck, Tübingen, 2006

Dauner-Lieb, Barbara /Henssler, Martin/ Preis, Ulrich: Inhaltskontrolle im Arbeitsrecht - Zwischen Zivilrecht und arbeitsrechtlichen Besonderheiten, Schriftenreihe der Bayer-Stiftung für deutsches und internationales Arbeits- und Wirtschaftsrecht, Nomos, Baden-Baden, 2006

Deinert, Olaf: Mankohaftung, RdA 2000, 22 f.

Diehn, Thomas: AGB-Kontrolle von arbeitsrechtlichen Verweisungsklauseln, NZA 2004, 129 ff.

Dieterich, Thomas: Grundgesetz und Privatautonomie im Arbeitsrecht, RdA 1995, 129 ff.

Ders./ Neef, Klaus/Schwab, Brent (Hrsg.): Arbeitsrecht-Blattei - Systematische Darstellungen, Ordner 9 (Rn. 1215–1440.2), C.F. Müller, Heidelberg, 2007

Diller, Martin: Vertragsstrafen bei Wettbewerbsverboten: was nun? Ein Werkstattbericht, NZA 2008, 574 ff.

Dölling, Dieter (Hrsg.)/ Duttge, Gunnar/Rössner, Dieter (Hrsg.): NomosKommentar Gesamtes Strafrecht: StGB, StPO, Nebengesetze, 3. Auflage, Nomos, Baden-Baden, 2013

Dörner, Klemens/Luczak, Stefan/ Wildschütz, Martin/ Baeck, Ulrich/ Hoß, Axel (Hrsg.): Handbuch des Fachanwalts Arbeitsrecht, 13. Auflage, Luchterhand, München, 2015

Düwell, Franz Josef/ Ebeling, Antje: Rückzahlung von verauslagten Bildungsinvestitionen, DB 2008, 406 ff.

Ders./Lipke, Gert-Albert (Hrsg.): ArbGG: Kommentar zum gesamten Arbeitsverfahrensrecht, 4. Auflage, Luchterhand, Köln, 2016

Elking, Lennart: Rückzahlungsklauseln bei Fortbildungskosten - die aktuellen Anforderungen der Rechtsprechung, BB 2014, 885 ff.

Ernst, Falk: Aufhebungsverträge zur Beendigung von Arbeitsverhältnissen, Heymann, Köln München u.a., 1993

Ernst, Gundula: Tarifverträge und ihre Transparenzkontrolle bei arbeitsvertraglichen dynamischen Globalverweisungen, NZA 2007, 1405 ff.

Fehling, Michael/ Kastner, Berthold/ Strömer, Rainer (Hrsg.): Verwaltungsrecht: VwVfG, VwGO, Nebengesetze, Handkommentar, 4. Auflage, Nomos, Baden-Baden, 2016

Fesenmeyer, Julia: Die Freistellung des Arbeitnehmers von der Arbeit, Nomos, Baden-Baden, 2007

Fitting, Karl/ Engels, Gerd/ Schmidt, Ingrid/ Trebinger, Yvonne/ Linsenmaier, Wolfgang: Betriebsverfassungsgesetz,: BetrVG, Handkommentar, 28. Auflage, Verlag Franz Vahlen, München, 2016

Gaul, Björn: Bezugnahmeklauseln - zwischen Inhaltskontrolle und Nachweisgesetz, ZfA 2003, 75 ff.

Ders./ Kaul, Christoph: Verschärfung der Rechtsprechung zum Widerrufsvorbehalt, BB 2011, 181 ff.

Germelmann, Claas-Hinrich/ Matthes, Hans-Christoph/ Prütting, Hanns: Arbeitsgerichtsgesetz: ArbGG, Kommentar, 8. Auflage, C.H. Beck, München, 2013

Greßlin, Martin: Freiwilligkeitsvorbehalt bei Sonderzahlungen – Vertrauensschutz für „Altverträge", BB 2009, 1136 ff.

Grobys, Marcel: AGB-Kontrolle von Arbeits- und Dienstverträgen nach dem Schuldrechtsmodernisierungsgesetz, DStR 2002, 1002 ff.

Ders./ Panzer-Heemeier: StichwortKommentar Arbeitsrecht, Alphabetische Gesamtdarstellung, 2. Auflage, Nomos, Baden-Baden, 2016

Grunsky, Wolfgang/ Waas, Bernd/ Benecke, Martina/ Greiner, Stefan: Arbeitsgerichtsgesetz: ArbGG, Kommentar, 8. Auflage, Verlag Franz Vahlen, München, 2014

Günther, Jens: AGB-Kontrolle von Arbeitsverträgen, Schriften zum Arbeitsrecht und Wirtschaftsrecht, Peter Lang, Frankfurt am Main u.a., 2007

Ders./ Nolde, Anne: Vertragsstrafenklauseln bei Vertragsbruch - Angemessene und abschreckende Strafhöhe, NZA 2012, 62 ff.

Haas, Hermann H./Fuhlrott, Michael: Ein Plädoyer für mehr Flexibilität, NZA-RR 2010, 1 ff.

Habersack, Mathias/ Jüffer, Uwe/ Hommelhoff, Peter/ Schmidt, Karsten (Hrsg.): Festschrift für Peter Ulmer zum 70. Geburtstag am 2. Januar 2003, De Gruyter Recht, Berlin, 2003

Hager, Michael: Das ruhende Arbeitsverhältnis, 1. Auflage, Kovac, Hamburg, 2007

Hanau, Peter: Neueste Rechtsprechung zum flexiblen Arbeitsverhältnis: Erfurter Allerlei oder neues Rezept?, ZIP 2005, 1661 ff.

Ders./ Hromadka, Wolfgang: Richterliche Kontrolle flexibler Entgeltregelungen in Allgemeinen Arbeitsbedingungen, NZA 2005, 73 ff.

Häuser, Franz: Zur zivilrechtlichen Bedeutung der sogenannten Fakultativklausel im Giroverhältnis, ZIP 1982, 14 ff.

Ders. / Hammen, Horst/ Hennrichs, Joachim/ Steinbeck, Anja/ Siebel, Ulf R. / Welter, Reinhard: Festschrift für Walther Hadding zum 70. Geburtstag am 8. Mai 2004, De Gruyter Recht, Berlin, 2004

Heiden, Ralph: Neue Entwicklungen im Recht der Sonderzahlungen, RdA 2012, 225 ff.

Heldrich, Andreas/ Prölss, Jürgen/ Koller, Ingo: Festschrift für Claus-Wilhelm Canaris zum 70. Geburtstag, Band I, C.H. Beck, München, 2007

Hennige, Susanne: Rückzahlung von Aus- und Fortbildungskosten, NZA-RR 2000, 617 ff.

Henssler, Martin: Arbeitsrecht und Schuldrechtsreform, RdA 2002, 129 ff.

Ders./ Joussen, Jacob/ Maties, Martin/ Preis, Ulrich: Moderne Arbeitswelt, Festschrift für Rolf Wank, C.H. Beck, München, 2014

Ders./ Moll, Wilhelm: AGB-Kontrolle vorformulierter Arbeitsbedingungen, 1. Auflage, C.H. Beck, München, 2011

Ders./ Willemsen, Heinz Josef/ Kalb, Heinz-Jürgen (Hrsg.): Arbeitsrecht, Kommentar, 7. Auflage, Dr. Otto Schmidt, Köln, 2016

Herbert, Manfred/ Oberrath, Jörg-Dieter: Rechtsprobleme des Nichtvollzugs eines abgeschlossenen Arbeitsvertrags, NZA 2004, 121 ff.

Herberger, Maximilian/ Martinek, Michael/ Rüßmann, Helmut/ Weth, Stephan (Hrsg.): juris PraxisKommentar BGB, Band 2.1, Schuldrecht (Teil 1: §§ 241 bis 432 BGB), 6. Auflage, juris GmbH, Saarbrücken, 2013

Hess, Claus: Die Vertragsstrafe: ein unerkanntes Mittel privater Genugtuung, Schriften zum Bürgerlichen Recht, Band 163, Duncker und Humboldt, Berlin, 1993

Hilgenstock, Christopher: Das Arbeitszeugnis als kompensatorische Gegenleistung im Abwicklungsvertrag, ArbRAktuell 2013, 254 ff.

Hoppe, Christian/ Salamon, Erwin/ Rogge, Nico: Überstunden im Fokus der jüngeren Rechtsprechung, BB 2013, 1720 ff.

Hoß, Axel: Finanzierung von Fortbildungskosten durch den Arbeitgeber - Zulässigkeit von Rückzahlungsklauseln, MDR 2000, 1115 ff.

Ders./ Lohr, Martin: Die Freistellung des Arbeitnehmers - Zulässigkeit und Auswirkungen auf das Arbeitsverhältnis, BB 1998, 2575 ff.

von Hoyningen-Huene, Gerrick: Die Inhaltskontrolle von Betriebsvereinbarungen der betrieblichen Altersversorgung, BB 1992, 1640 ff.

Ders.: Inhaltskontrolle nach § 9 AGBG, Kommentar, 1. Auflage, Verlag Recht und Wirtschaft, Heidelberg, 1991

Ders./ Linck, Rüdiger/ Krause, Rüdiger: Kommentar zum Kündigungsschutzgesetz, Beck'sche Kommentare zum Arbeitsrecht, Band 23, 15. Auflage, C.H. Beck, München, 2013

Hönn, Günther: Zu den „Besonderheiten des Arbeitsrechts" (Arbeitnehmer als Verbraucher?), ZfA 2003, 325 ff.

Hromadka, Wolfgang: Schuldrechtsmodernisierung und Vertragskontrolle im Arbeitsrecht, NJW 2002, 2523 ff.

Ders.: Zur betrieblichen Übung, NZA 1984, 241 ff.

Ders./ Maschmann, Frank: Arbeitsrecht Band 1: Individualarbeitsrecht, 6. Auflage, Springer, Berlin, 2015

Ders./ Schmitt-Rolfes Günter: Die AGB-Rechtsprechung des BAG zu Tätigkeit, Entgelt und Arbeitszeit, NJW 2007, 1777 ff.

Huber, Rainer/ Blömke, Hans-J.: Rückzahlung von Fortbildungskosten im Arbeitsverhältnis, BB 1998, 2157 ff.

Hunold, Wolf: Die aktuelle Rechtsprechung zur Inhaltskontrolle arbeitsrechtlicher Absprachen - AGB-Kontrolle, NZA-RR 2008, 449 ff.

Hümmerich, Klaus: Gestaltung von Arbeitsverträgen nach der Schuldrechtsreform, NZA 2003, 753 ff.

Ders./ Boecken, Winfried/ Düwell, Franz Josef: AnwaltKommentar Arbeitsrecht, Band II, 2. Auflage, Deutscher Anwaltverlag, Bonn, 2010

Ders./ Holthausen, Joachim: Der Arbeitnehmer als Verbraucher, NZA 2002, 173 ff.

Ders./ Rech, Heribert: Antizipierte Einwilligung in Überstunden durch arbeitsvertragliche Mehrarbeitsabgeltungsklauseln, NZA 1999, 1132

Ders./ Reufels, Martin J. (Hrsg.): Gestaltung von Arbeitsverträgen, 3. Auflage, Nomos, Baden-Baden, 2015

Joussen, Jacob: Arbeitsrecht und Schuldrechtsreform, NZA 2001, 745 ff.

Joecks, Wolfgang/ Miebach, Klaus (Hrsg.): Münchener Kommentar zum Strafgesetzbuch: StGB, Band 1, §§ 1–37 StGB, 3. Auflage, C.H. Beck, München, 2017

Kittner, Michael/ Zwanziger, Bertram/ Deinert, Olaf (Hrsg.): Arbeitsrecht - Handbuch für die Praxis, 8. Auflage, Bund Verlag, Frankfurt am Main, 2015

Klocke, Matthias: Neue Entwicklungen im Überstundenprozess, RdA 2014, 223 ff.

Kock, Martin: Pauschalabgeltung von Überstunden, DB 2012, 1328 ff.

Konzen, Horst/ Krebber, Sebastian/ Raab, Thomas/ Veit, Barbara/ Waas, Bernd (Hrsg.): Festschrift für Rolf Birk zum 70. Geburtstag, Mohr Siebeck, Tübingen, 2008

Kopp, Ferdinand O. (Begr.)/Schenke, Wolf-Rüdiger (Hrsg.) u.a.: Verwaltungsgerichtsordnung, Kommentar, 22. Auflage, C.H. Beck, München, 2016

Kraft, Alfons: Sanktionen im Arbeitsverhältnis, NZA 1989, 777 ff.

Kramer, Michael: Rechtsfolgen unzulässig kurzer Kündigungs- und Ausschlussfristen, BB 1997, 731 ff.

Kramer, Stefan: Gestaltung einer Freistellung von der Arbeit, DB 2008, 2538 ff.

Krause, Rüdiger: Vereinbarte Ausschlussfristen (Teil 2), RdA 2004, 106 ff.

Ders.: Geklärte und ungeklärte Probleme der Arbeitnehmerhaftung, NZA 2003, 577 ff.

Krebs, Peter: Rückzahlung von Fortbildungskosten, SAE 2004, 64 ff.

Kroeschell, Cornelius: Die neuen Regeln bei Aufhebungs- und Abwicklungsvereinbarungen, NZA 2008, 560 ff.

Lakies, Thomas: Vertragsgestaltung und AGB im Arbeitsrecht, 2. Auflage, C. F. Müller, Berlin, 2011

Ders.: Ein Jahr gesetzlicher Mindestlohn - gelöste und ungelöste Rechtsprobleme, AuR 2016, 14 ff.

Ders.: AGB-Kontrolle und Ausschlussfristen, ArbRAktuell 2013, 318 ff.

Ders.: AGB-Kontrolle von Sonderzahlungen, ArbRAktuell 2012, 306 ff.

Ders.: Ausschlussfristen vor dem Aus?, NZA 2004, 569 ff.

Leder, Tobias/ Morgenroth, Sascha: Die Vertragsstrafe im Formulararbeitsvertrag, NZA 2002, 952 ff.

Leinemann, Wolfgang: Änderung von Arbeitsbedingungen durch Betriebsvereinbarungen, BB 1989, 1905 ff.

Lembke, Mark: Mindestlohngesetz - erste Rechtsprechung und praktische Erfahrungen, NZA 2016, 1 ff.

Ders.: Das Mindestlohngesetz und seine Auswirkungen auf die arbeitsrechtliche Praxis, NZA 2015, 70 ff.

Ders.: Die Gestaltung von Vergütungsvereinbarungen, NJW 2010, 257 ff.

Ders.: Die Gestaltung von Vergütungsvereinbarungen, NJW 2010, 321 ff.

Lingemann, Stefan: Allgemeine Geschäftsbedingungen und Arbeitsvertrag, NZA 2002, 181 ff.

Ders./ Otte, Jörn: Der neue § 309 Nr. 13 BGB - Das Ende des schriftlichen Geltendmachens arbeitsvertraglicher Ausschlussfristen, NZA 2016, 519 ff.

Ders.: Zweifelhafte Folgen des geplanten Leistungsstörungsrechts für das Arbeitsvertragsrecht, NZA 2001, 465 ff.

Löwisch, Manfred: Zweifelhafte Folgen des geplanten Leistungsstörungsrechts für das Arbeitsvertragsrecht, NZA 2001, 465 ff.

Luckey, Andreas: Suspendierung und Schmerzensgeldanspruch des Arbeitnehmers, NZA 1992, 873 ff.

Lunk, Stefan/ Leder, Tobias: Teilbefristungen – Neues Recht und alte Regeln?, NZA 2008, 504 ff.

Lunk, Stefan/ Seidler, Christoph: Neue Formvorschriften für Anzeigen und Erklärungen - (ungewollte?) Auswirkungen im Arbeitsrecht, NJW 2016, 2153 ff.

Maaß, Kirstin: Widerrufs- und Freiwilligkeitsvorbehalt – Welche Formulierung genügt dem Transparenzgebot?, ArbRAktuell 2011, 59 ff.

Martinek, Michael/ Rawert, Peter/ Weitemeyer, Birgit (Hrsg.): Festschrift für Dieter Reuter zum 70. Geburtstag am 16. Oktober 2010, De Gruyter, Berlin, 2010

Maschmann, Frank (Hrsg.): Festschrift für Wolfgang Hromadka zum 70. Geburtstag, C.H. Beck, München, 2008

Ders.: Die Befristung einzelner Arbeitsbedingungen, RdA 2005, 212 ff.

Ders./ Sieg, Rainer/ Göpfert, Burkard: Vertragsgestaltung im Arbeitsrecht: Arbeits- und Anstellungsverträge, 2. Auflage, C.H. Beck, München, 2016

Meier, Hans-Georg/ Schulz, Rolf: Die Rückzahlung von Ausbildungskosten bei vorzeitiger oder erfolgloser Beendigung der Ausbildung, NZA 1996, 742 ff.

Maties, Martin: Freiwilligkeits- und Widerrufsvorbehalte im Allgemeinen und bei der betrieblichen Übung, DB 2005, 2689 ff.

Matthiessen, Michael: Klageweise Geltendmachung von Ansprüchen zur Wahrung einer zweistufigen Ausschlussfrist durch Kündigungsschutzklage - Rechtsprechungsänderung des BAG, NZA 2008, 1165 ff.

Ders.: Arbeitsvertragliche Ausschlussfristen und das Klauselverbot des § 309 Nr. 7 BGB, NZA 2007, 361 ff.

Meinel, Gernod/Heyn, Judith/Herms, Sascha: Teilzeit- und Befristungsgesetz: TzBfG, Kommentar, 5. Auflage, C.H. Beck, München, 2015

Micha, Marianne: AGB-Kontrolle von Ausschlussfristen in Arbeitsverträgen, Jura 2006, 761 ff.

Moll, Wilhelm (Hrsg.): Münchener Handbuch Arbeitsrecht, Band I, 4. Auflage, C.H. Beck, München 2017

Müller, Stefan: Klageverzicht und Abwicklungsvereinbarung, BB 2011, 1653 ff.

Müller-Glöge, Rudi/ Preis, Ulrich/ Schmidt, Ingrid (Hrsg.): Erfurter Kommentar zum Arbeitsrecht, 17. Auflage, C.H. Beck, München 2017

Naumann, Daniel/ Mosch, Ulrich: Ausgleichsquittungen in der arbeitsrechtlichen Praxis – Vorsicht!, NJW-Spezial 2014, 50 ff.

Nebel, Julian/ Kloster, Timo: Zur Entstehung, Fälligkeit und Unabdingbarkeit des Mindestlohanspruchs, BB 2014, 2933 ff.

Oberthür, Nathalie/ Seitz, Stefan (Hrsg.): Betriebsvereinbarungen, Handbuch, 2. Auflage, C.H. Beck, München, 2016

Oetker, Hartmut/ Preis, Ulrich/ Rieble, Volker (Hrsg.): Festschrift 50 Jahre Bundesarbeitsgericht, C.H. Beck, München, 2004

Ohlendorf, Bernd/ Salamon, Erwin: Freistellungsvorbehalte im Lichte des Schuldrechtsmodernisierungsgesetzes, NZA 2008, 856 ff.

Dies.: Die Aufrechterhaltung unwirksamer Formulararbeitsbedingungen - das Verhältnis des Verbots geltungserhaltender Reduktion zur ergänzenden Vertragsauslegung im Arbeitsrecht, RdA 2006, 281 ff.

Palandt, Otto (Begr.)/ u.a.: Palandt - Bürgerliches Gesetzbuch, 76. Auflage, C.H. Beck, München, 2017

Pötters, Stephan/ Krause, Daniel: Konsequenzen eines Verstoßes gegen das Mindestlohngesetz, NZA 2015, 398 ff.

Preis, Ulrich (Hrsg.): Der Arbeitsvertrag - Handbuch der Vertragsgestaltung, 5. Auflage, Dr. Otto Schmidt, Köln, 2015

Ders.: Arbeitsrecht: Kollektivarbeitsrecht - Lehrbuch für Studium und Praxis, 3. Auflage, Dr. Otto Schmidt, Köln, 2012

Ders.: Grundfragen der Vertragsgestaltung im Arbeitsrecht, Luchterhand, Neuwied u.a., 1993

Ders.: Der langsame Tod der Freiwilligkeitsvorbehalte und die Grenzen betrieblicher Übung, NZA 2009, 281 ff.

Ders./ Bender, Wolfgang: Die Befristung einzelner Arbeitsbedingungen - Kontrolle durch Gesetz oder Richterrecht?, NZA-RR 2005, 337 ff.

Ders./ Bleser, Alina/ Rauf, Birte: Die Inhaltskontrolle von Ausgleichsquittungen und Verzichtserklärungen, DB 2006, 2812 ff.

Ders./ Roloff, Sebastian: Die Inhaltskontrolle vertraglicher Ausschlussfristen, RdA 2005, 144 ff.

Ders./ Ulber, Daniel: Ausschlussfristen und MiLoG - Der Mindestlohn als unabdingbarer Sockellohnanspruch, HSI-Schriftenreihe, Band 12, Bund Verlag, Frankfurt am Main, 2014

Dies.: Die Rechtskontrolle von Betriebsvereinbarungen, RdA 2013, 211 ff.

Pütz, Hendrick: Zur Vergütungspflicht von Überstunden durch das Mindestlohngesetz, AuR 2016, 186 ff.

Quink, Daniela: Inhaltskontrolle von Freiwilligkeitsvorbehalten in Arbeitsverträgen (Dissertation) - Schriften zum Arbeitsrecht und Wirtschaftsrecht,

Peter Lang - Internationaler Verlag der Wissenschaften, Frankfurt am Main, 2009

Raif, Alexander/ Nann, Philipp: Wenn es wieder länger dauert - Überstunden und ihre Vergütung, ArbRAktuell 2016, 204 ff

Reichenbach, Sandy Bernd: Konventionalstrafe für den vertragsbrüchigen Arbeitnehmer, NZA 2003, 311 ff.

Reinecke, Gerhard: Kontrolle Allgemeiner Arbeitsbedingungen nach dem Schuldrechtsmodernisierungsgesetz, DB 2002, 583 ff.

Ders.: Die gerichtliche Kontrolle von Ausschlussfristen nach dem Schuldrechtsmodernisierungsgesetz, BB 2005, 378 ff.

Ders.: Festschrift für Wolfdieter Küttner zum 70. Geburtstag, C.H. Beck, München, 2006

Richardi, Reinhard (Hrsg.): Betriebsverfassungsgesetz: BetrVG mit Wahlordnung, Kommentar, 15. Auflage, C.H. Beck, München, 2016

Ders.: Gestaltung der Arbeitsverträge durch Allgemeine Geschäftsbedingungen nach dem Schuldrechtsmodernisierungsgesetz, NZA 2002, 1057 ff.

Ders./ Annuß, Georg: Der neue § 623 BGB - Eine Falle im Arbeitsrecht?, NJW 2000, 1231 ff.

Ders./ Wlotzke, Otfried/ Wißmann, Hellmut/ Oetker, Hartmut: Münchener Handbuch zum Arbeitsrecht, Band 1, Individualarbeitsrecht, 3. Auflage, C.H. Beck, München, 2009

Richter, Hanns-Uwe/ Lange, Björn: Kontrolle von Freistellungs- und Ausschlussklauseln in Arbeitsverträgen mit Fußballbundesliga-Trainern, NZA-RR 2012, 57 ff.

Ricken, Oliver: Betriebliche Übung und Vertragskontrolle im Arbeitsrecht, DB 2006, 1372 ff.

Rieble, Volker: Festschrift für Manfred Löwisch zum 70. Geburtstag, Sellier European Publishers, München, 2007

Ders./ Schul, Asusa: Arbeitsvertragliche Bezugnahme auf Betriebsvereinbarungen, RdA 2006, 339 ff.

Rolfs, Christian: Die Inhaltskontrolle arbeitsrechtlicher Individual- und Betriebsvereinbarungen, RdA 2006, 349 ff.

Ders./ Kreikebohm, Ralf/ Giesen, Richard/ Kreikebohm, Ralf/ Udsching, Peter: Beck'scher Online-Kommentar Arbeitsrecht, 43. Edition, Stand 01.03.2017, C.H. Beck, München, 2017

Ruhl, Marion/ Kassebohm, Kristian: Der Beschäftigungsanspruch des Arbeitnehmers, NZA 1995, 497 ff.

Salomon, Erwin/ Hoppe, Christian/ Rogge, Nico: Überstunden im Fokus der jüngeren Rechtsprechung, BB 2013, 1720 ff.

Säcker, Franz Jürgen: Münchener Kommentar zum Bürgerlichen Gesetzbuch, Band 1, Allgemeiner Teil, §§ 1–240 BGB, 7. Auflage, C.H. Beck, München, 2015

Ders./ Rixecker, Roland/ Oetker, Hartmut / Limperg, Bettina: Münchener Kommentar zum Bürgerlichen Gesetzbuch, Band 2, Schuldrecht - Allgemeiner Teil, §§ 241–432 BGB, 7. Auflage, C.H. Beck, München, 2015

Ders./ Rixecker, Roland/ Oetker, Hartmut: Münchener Kommentar zum Bürgerlichen Gesetzbuch, Band 4, Schuldrecht - Besonderer Teil II, §§ 611–704 BGB, EFZG, TzBfG, KSchG, 6. Auflage, C.H. Beck, München, 2012

Schaub, Günter (Begr.): Arbeitsrechtshandbuch - Systematische Darstellung und Nachschlagewerk für die Praxis, 16. Auflage, C.H. Beck, München, 2015

Schmidt, Hubert: Einbeziehung von AGB im unternehmerischen Geschäftsverkehr, NJW 2011, 3329 ff.

Schmidt, Ingrid: Die Beteiligung der Arbeitnehmer an den Kosten der beruflichen Bildung - Umfang und Grenzen der Vertragsgestaltung, NZA 2004, 1002 ff.

Schlewing, Anja: Vertragsgestaltung - Auslegung, Unklarheitenregel, geltungserhaltende Reduktion, blue-pencil-Test, ergänzende Vertragsauslegung und Verweisungsklauseln, NZA-Beilage 2012, 33 ff.

Dies.: Geltungserhaltende Reduktion und/oder ergänzende Vertragsauslegung im Rahmen der AGB-Kontrolle arbeitsvertraglicher Abreden?, RdA 2011, 92 ff.

Schmidt, Maximilian: Neues zur Teilbefristung - Das TzBfG im Gewand der AGB-Kontrolle, NZA 2014, 760 ff.

Schöne, Steffen: Die Zulässigkeit von Vertragsstrafenabreden in Formulararbeitsverträgen, SAE 2006, 272 ff.

Schönhöft, Andreas: Rückzahlungsverpflichtungen in Fortbildungsvereinbarungen, NZA-RR 2009, 625 ff.

Schrader, Peter: Neues zu Ausschlussfristen, NZA 2003, 350 ff.

Schramm, Nils: Neue Herausforderungen bei der Gestaltung von Vertragsstrafenklauseln, NJW 2008, 1494 ff.

Ders.: Die Zulässigkeit von Freiwilligkeitsvorbehalten in Arbeitsverträgen, NZA 2007, 1325 ff.

Ders./ Kuhnke, Michael: Neue Grundsätze des BAG zur Überstundenvergütung, NZA 2012, 127 ff.

Ders./ Naber, Sebastian: Die Wirksamkeitsanforderungen an die Befristung von einzelnen Vertragsbestandteilen, NZA 2009, 1318 ff.

Schwab, Brent: Die Schadenshaftung im Arbeitsverhältnis - Eine Übersicht, 1. Teil: Die Haftung des Arbeitnehmers, NZA-RR 2006, 449 ff.

Schwab, Norbert/ Weth, Stephan (Hrsg.): Arbeitsgerichtsgesetz, Kommentar, 4. Auflage, Otto Schmidt, Köln, 2015

Schwirtzek, Thomas: Mankoabreden nach der Schuldrechtsreform - Zurück in die Zukunft!, NZA 2005, 437 ff.

Singer, Reinhard: Inhaltskontrolle von Arbeitsverträgen, De Gruyter Recht, Berlin, 2007

Ders.: Freiwilligkeitsvorbehalt beim Entgelt, RdA 2008, 246 ff.

Ders.: Arbeitsvertragsgestaltung nach der Reform des BGB, RdA 2003, 194 ff.

Soiné, Marcus: Die arbeitsvertragliche Klauselkontrolle nach der Schuldrechtsreform unter besonderer Betrachtung der im Arbeitsrecht geltenden Besonderheiten, Juristische Reihe TENEA/www.jurawelt.com, Band 104, Mainz, 2005

Stahlhacke, Eugen/ Preis, Ulrich/ Vossen, Reinhard: Kündigung und Kündigungsschutz im Arbeitsverhältnis, 11. Auflage, C.H. Beck, München, 2015

von Staudinger, Julius (Begr.): Kommentar zum Bürgerlichen Gesetzbuch mit Einführungsgesetz und Nebengesetzen, Buch 2, Recht der Schuldverhältnisse §§ 305–310; UKlaG (Recht der Allgemeinen Geschäftsbedingungen), Sellier De Gruyter, Berlin, 2013

Stoffels, Markus: AGB-Recht, NJW-Praxis, Band 11, 3. Auflage, C.H. Beck, München, 2015

Ders.: Grundfragen der Inhaltskontrolle von Arbeitsverträgen, ZfA 2009, 861 ff.

Ders./ Bieder, Marcus: AGB-rechtliche Probleme der arbeitsvertraglichen Bezugnahme auf mehrgliedrige Zeitarbeitsverträge, RdA 2012, 27 ff.

Strecker, Robert K.: Pauschale Überstundenabgeltung und Vergütungserwartung bei Überstunden, BB 2013, 949 ff.

Stück, Volker: Rückzahlungsvereinbarungen für Fortbildungskosten - Was ist noch zulässig?, DStR 2008, 2020 ff.

Thüsing, Gregor: AGB-Kontrolle im Arbeitsrecht, C.H. Beck, München, 2007

Ders.: Unwirksamkeit und Teilbarkeit unangemessener AGB, BB 2006, 661 ff.

Ders.: Angemessenheit durch Konsens - Zu den Grenzen der Richtigkeitsgewähr arbeitsvertraglicher Vereinbarungen, RdA 2005, 257 ff.

Ders.: Inhaltskontrolle von Formulararbeitsverträgen nach neuem Recht, BB 2002, 2666 ff.

Ders.: Was sind die Besonderheiten des Arbeitsrechts?, NZA 2002, 591 ff.

Ders./ Lambrich, Thomas: AGB-Kontrolle arbeitsvertraglicher Bezugnahmeklauseln - Vertragsgestaltung nach der Schuldrechtsreform, NZA 2002, 1361 ff.

Ders./ Leder, Tobias: Neues zur Inhaltskontrolle von Formulararbeitsverträgen, BB 2004, 42 ff.

Tschöpe, Ulrich/ Pirscher, Andrea: Der Arbeitnehmer als Verbraucher im Sinne des § 13 BGB? - Eine immer noch offene Frage, RdA 2004, 358 ff.

Uffmann, Katharina: Parteiwechsel in der Revisionsinstanz - Umfang der monatlichen Arbeitszeit - unangemessene Benachteiligung des Arbeitnehmers durch Vereinbarung einer Durchschnittsarbeitszeit - Besprechung des Urteils BAG vom 21.6.2011 - 9 AZR 236/10, RdA 2012, 113 ff.

Ulmer, Peter/ Brandner, Hans Erich/ Hensen, Horst-Diether (Hrsg.): AGB-Recht, Kommentar zu den §§ 305–310 und zum UKlaG, 12. Auflage, Dr. Otto Schmidt, Köln, 2016

Ulrici, Bernhard: Betriebliche Übung und AGB-Kontrolle, BB 2005, 1902 ff.

Waas, Bernd: Überlegungen zur Fortentwicklung des deutschen Arbeitsrechts - Diskussion im Inland, Anstöße aus dem Ausland, RdA 2007, 76 ff.

Wagner Eric/ Wagner Simon: Abschied von der Schriftform: Zum Änderungsbedarf bei AGB für B2C-Geschäfte nach der jüngsten Änderung des AGB-Rechts, BB 2016, 707 ff.

Walker, Wolf-Dietrich: Die betriebliche Übung, JuS 2007, 1 ff.

Waltermann, Raimund: Die betriebliche Übung, RdA 2006, 257 ff.

Wank, Rolf/ Hirte, Heribert/ Frey, Kaspar/ Fleischer, Holger/ Thüsing, Gregor (Hrsg.): Festschrift für Herbert Wiedemann zum 70. Geburtstag, C.H. Beck, München, 2002

Wermke, Matthias/ Kunkel-Razum, Kathrin/ Scholze-Stubenrecht, Werner: Duden, Das Bedeutungswörterbuch, Band 10, 3. Auflage, Mannheim, 2002

Westermann, Harm-Peter (Begr.)/ Maier-Reimer, Georg (Begr.)/ Grunewald, Barbara (Hrsg.): Erman Kommentar BGB, Band I, 14. Auflage, Dr. Otto Schmidt, Köln, 2014.

Graf von Westphalen, Friedrich/ Thüsing, Gregor (Hrsg.): Vertragsrecht und AGB-Klauselwerke, 38. Ergänzung, C.H. Beck, München, 2016

Willemsen, Heinz Josef/ Jansen, Jan-Philip: Die Befristung von Entgeltbestandteilen als Alternative zu Widerrufs- und Freiwilligkeitsvorbehalten, RdA 2010, 1 ff.

Willemsen, Heinz Josef/ Grau, Timon: Alternative Instrumente zur Entgeltflexibilisierung im Standardarbeitsvertrag, NZA 2005, 1137 ff.

Wimmer, Kathrin: Befristung einzelner Arbeitsbedingungen nach der Schuldrechtsreform, Mannheimer Schriften zum Unternehmensrecht, Band 7, Nomos, Baden-Baden, 2008

Witt, Alexander: Keine AGB-Kontrolle tariflicher Regelungen?, NZA 2004, 135 ff.

Wolf, Manfred/ Lindacher, Walter/ Pfeiffer, Thomas (Hrsg.): AGB-Recht, Kommentar, 6. Auflage, C.H. Beck, München 2013

Zeranski, Dirk: Rückzahlung von Ausbildungskosten bei Kündigung des Arbeitsverhältnisses, NJW 2000, 336 ff.

Zöller, Richard (Begr.)/ Greger, Reinhard/ Herget, Kurt/ Geimer, Reinhold/ Heßler, Hans-Joachim u.a. (Hrsg.): Zivilprozessordnung, Kommentar, 31. Auflage, Otto Schmidt, Köln, 2016

Abkürzungsverzeichnis

Abs.	Absatz
a.A.	andere Ansicht
a.E.	am Ende
AGB	Allgemeine Geschäftsbedingungen
AGBG	Gesetz zur Regelung des Rechts der Allgemeinen Geschäftsbedingungen
AGG	Allgemeines Gleichbehandlungsgesetz
Alt.	Alternative
Anm.	Anmerkung
ArbG	Arbeitsgericht
ArbGG	Arbeitsgerichtsgesetz
ArbR	Arbeitsrecht
ArbR Aktuell	Arbeitsrecht Aktuell
AP	Arbeitsrechtliche Praxis
AR-Blattei SD	Arbeitsrecht-Blattei - Systematische Darstellungen
Art.	Artikel
AuR	Arbeit und Recht
BAG	Bundesarbeitsgericht
BB	Betriebs Berater
BeckOK	Beck'scher Online-Kommentar
BeckRS	Beck Rechtsprechung
Begr.	Begründer
BetrVG	Betriebsverfassungsgesetz
BGB	Bürgerliches Gesetzbuch
BGH	Bundesgerichtshof
bspw.	Beispielsweise
BT-Drs.	Drucksachen des Deutschen Bundestages
BurlG	Bundesurlaubsgesetz
BVerfG	Bundesverfassungsgericht
bzw.	Beziehungsweise
C/K/K	Clemenz/Kreft/Krause
DB	Der Betrieb
D/B/D	Däubler/Bonin/Deinert
Ders.	Derselbe
d.h.	das heißt

Dies.	Dieselbe/n
DStR	Deutsches Steuerrecht
EG	Europäische Gemeinschaft
EGBGB	Einführungsgesetz zum Bürgerlichen Gesetzbuch
EGV	Vertrag zur Gründung der Europäischen Gemeinschaft
Einf.	Einführung
EU	Europäische Union
EWG	Europäische Wirtschaftsgemeinschaft
EWiR	Entscheidungen zum Wirtschaftsrecht
EzA	Entscheidungssammlung zum Arbeitsrecht
f., ff.	folgend (e)
FS	Festschrift
GewO	Gewerbeordnung
GG	Grundgesetz
HGB	Handelsgesetzbuch
HK-ArbR	Handkommentar Arbeitsrecht
h.L.	herrschende Lehre
h.M.	herrschende Meinung
Hs.	Halbsatz
Hrsg.	Herausgeber
i.d.R.	in der Regel
i.d.S.	in diesem Sinne
i.Erg.	im Ergebnis
i.e.S.	im engeren Sinne
i.S.d.	im Sinne des/der
i.V.m.	im Verbindung mit
i.w.S.	im weiteren Sinne
jurisPK-BGB	juris PraxisKommentar BGB
JuS	Juristische Schulung
JZ	Juristenzeitung
Kap.	Kapitel
LAG	Landesarbeitsgericht
LAGE	Entscheidungssammlung der Landesarbeitsgerichte
Ls.	Leitsatz
MDR	Monatsschrift für Deutsches Recht
MiLoG	Mindestlohngesetz (Gesetz zur Regelung des allgemeinen Mindestlohns)
MüKo	Münchener Kommentar

NachwG	Nachweisgesetz
NJOZ	Neue Juristische Online-Zeitschrift
NJW	Neue Juristische Wochenschrift
NJW-RR	Neue Juristische Wochenschrift - Rechtsprechung-Report
NJW-Spezial	Neue Juristische Wochenschrift Spezial
Nr.	Nummer
NZA	Neue Zeitschrift für Arbeitsrecht
NZA-RR	Neue Zeitschrift für Arbeitsrecht - Rechtsprechung-Report
NZG	Neue Zeitschrift für Gesellschaftsrecht
Rspr.	Rechtsprechung
RdA	Recht der Arbeit
RL	Richtlinie
S.	Satz; Seite
SAE	Sammlung arbeitsrechtlicher Entscheidungen
Sonderbeil.	Sonderbeilage
Rn.	Randnummer
sog.	sogenannte/r/s
TzBfG	Teilzeit- und Befristungsgesetz
U/B/H	Ulmer/Brandner/Hensen
vgl.	vergleiche
VOB	Verdingungsordnung für Bauleistungen
Vorb.	Vorbemerkung
u.a.	und andere
u.s.w.	und so weiter
W/L/P	Wolf/Lindacher/Pfeiffer
z.B.	zum Beispiel
ZfA	Zeitschrift für Arbeitsrecht (Zeitschrift)
ZIP	Zeitschrift für Wirtschaftsrecht
ZPO	Zivilprozessordnung
z.T.	zum Teil
zust.	zustimmend

Kapitel 1: Einleitung

I. Anlass und Zielsetzung

Auch mehr als 15 Jahre nach Inkrafttreten des Schuldrechtsmodernisierungsgesetzes vom 1.1.2002 konnte die vorherrschende Rechtsunsicherheit zu Allgemeinen Geschäftsbedingungen (AGB) im Arbeitsrecht bislang nicht beseitigt werden.

Zwar wurde die Frage, **ob** eine AGB-Kontrolle in Arbeitsverträgen stattfindet, mit Einführung des § 310 Abs. 4 S. 2 BGB ausdrücklich geklärt und ist seither unstreitig zu bejahen. Hingegen wurde die Frage, **wie** die AGB-Kontrolle im Arbeitsrecht zu erfolgen hat, trotz zahlreicher Bemühungen in der Vergangenheit bislang nicht durch den Gesetzgeber geregelt. Auch die Einführung der Legaldefinition des Arbeitsvertrages durch § 611a BGB, der mit Wirkung zum 1.4.2017 in Kraft getreten ist, hat für die AGB-Kontrolle im Arbeitsrecht keine Neuerungen mit sich gebracht. Mit der Aufhebung der Bereichsausnahme nach § 23 AGBG für das Arbeitsrecht im Zuge der Schuldrechtreform hat der Gesetzgeber den Regelungsbedarf zumindest erkannt. Die seitherige Anwendung der §§ 305 ff. BGB auf Arbeitsverträge hat jedoch nur in geringem Umfang zu mehr Rechtsklarheit beigetragen, weil deren Auslegung maßgeblich auf die sich kontinuierlich fortentwickelnde Rechtsprechung angewiesen ist. Auch wenn durch die vorhandene umfangreiche Rechtsprechung des Bundesarbeitsgerichtes zahlreiche höchstrichterliche Entscheidungen getroffen wurden, an denen sich der Rechtsanwender orientieren kann, so geht diese Rechtsprechung aufgrund der *inter-partes*-Wirkung von Urteilen nicht über eine zwar sehr umfangreiche, aber dennoch punktuelle, sich stets fortentwickelnde Fall-Rechtsprechung hinaus.

Für Arbeitnehmer bedeutet diese Rechtsunsicherheit, dass sie ohne anwaltliche Beratung die Tragweite ihrer Arbeitsbedingungen nicht überblicken können. Arbeitgeber befinden sich in dem Dilemma, dass einmal vereinbarte Arbeitsbedingungen in bestehenden Arbeitsverhältnissen nicht an Änderungen der Rechtsprechung des BAG und nur höchst ausnahmsweise an Gesetzesänderungen angepasst werden können. Die beiden hierfür zur Verfügung stehenden Instrumente Änderungskündigung und Änderungsvertrag sind nur ein „stumpfes Schwert", das in der Praxis allenfalls in Einzelfällen erfolgreich zum Einsatz kommt, jedoch der Masse an bereits geschlossenen und anpassungsbedürftigen Arbeitsverträgen nicht gerecht werden kann.

Diese aktuell vorherrschende Rechtsunsicherheit betrifft sowohl die Arbeitnehmer- als auch die Arbeitgeberseite und wird noch weiter verstärkt durch das seit dem 1.1.2015 geltende Mindestlohngesetz, das branchenübergreifend die Gewährung eines gesetzlichen Mindestlohnes in Höhe von aktuell 8,84 Euro brutto pro Stunde regelt.

Die Einführung des gesetzlichen Mindestlohns bringt neue Herausforderungen an die arbeitsrechtliche Vertragsgestaltung mit sich und hat insbesondere erhebliche Auswirkungen auf Arbeitsverhältnisse im Mindestlohnbereich. Beispielsweise führt § 3 S. 1 MiLoG dazu, dass bisher transparente Überstundenabgeltungsklauseln unwirksam sind, wenn sie dazu führen, dass bei der Anordnung von Überstunden im maßgeblichen Referenzzeitraum die Höhe des Mindestlohns nicht gezahlt wird. Auch bislang als wirksam eingestufte Änderungs- oder Widerrufsvorbehalte sind unwirksam, wenn ihre Ausübung dazu führt, dass das im maßgeblichen Referenzzeitraum gezahlte Arbeitsentgelt die Höhe des Mindestlohns nicht mehr erreicht.

Ausschlussfristen, die vor Einführung des gesetzlichen Mindestlohnes den Anforderungen des Bundesarbeitsgerichts genügt hatten, müssen nun vor dem Hintergrund des § 3 S. 1 Alt. 2 MiLoG umfassend überprüft und angepasst werden.

Ziel dieser Arbeit ist es, individualarbeitsvertragliche Formularklauseln nach AGB-Gesichtspunkten zu untersuchen und den aktuellen Stand der umfangreichen und sich ständig fortentwickelnden Rechtsprechung darzustellen, um aus den Vorgaben der Rechtsprechung Wirksamkeitsvoraussetzungen abzuleiten.

Dabei sollen entgeltrelevante Klauseln vor dem Hintergrund des Mindestlohngesetzes neu betrachtet und die daraus resultierenden Probleme aufgezeigt werden.

II. Gang der Untersuchung

In einem ersten Schritt wird der sachliche, persönliche und zeitliche Anwendungsbereich der §§ 305 ff. BGB dargestellt **(Kapitel 2, S. 4 ff.)**.

Sodann werden kurz die Einbeziehungsvoraussetzungen behandelt **(Kapitel 3, S. 46 ff.)**, worauf allgemeine Ausführungen zur Inhaltskontrolle folgen, zunächst abstrakt **(Kapitel 4, S. 57 ff.)** und danach konkretisiert anhand einzelner ausgewählter arbeitsrechtlicher Vertragsklauseln von besonderer praktischer Relevanz **(Kapitel 5, S. 73 ff.)**. Dabei soll neben der Inhaltskontrolle vorab besonders auf die oftmals vernachlässigte Frage der Kontrollfähigkeit nach § 310 Abs. 3 S. 1 BGB eingegangen werden. Daran schließt sich die Untersuchung der Rechtsfolgen einer Nichteinbeziehung beziehungsweise Unwirksamkeit einer arbeitsvertraglichen Formularklausel an **(Kapitel 6, S. 196 ff.)**, gefolgt von einer zusammenfassenden Auseinandersetzung der aktuellen Rechtslage zu Formularklauseln in

Arbeitsverhältnissen und einer etwaigen Notwendigkeit einer gesetzlichen Regelung (**Kapitel 7, S. 219 ff.**).

Fragen zum Mindestlohngesetz werden dabei nicht in einem eigenen Abschnitt behandelt, sondern durchgehend durch die gesamte Arbeit an den Stellen, an denen sie Auswirkungen auf die AGB-Kontrolle und ihre Rechtsfolgen haben.

Kapitel 2: Anwendungsbereich der §§ 305 ff. BGB

I. Vorliegen Allgemeiner Arbeitsvertragsbedingungen

Der Begriff „Allgemeine Geschäftsbedingungen“ (AGB) ist in § 305 Abs. 1 BGB legal definiert und beinhaltet vier Voraussetzungen. Demnach sind „Allgemeine Geschäftsbedingungen“ alle für eine Vielzahl von Verträgen vorformulierten Vertragsbedingungen, die eine Vertragspartei, namentlich der Verwender, der anderen Vertragspartei bei Abschluss eines Vertrages stellt.

Auf das Arbeitsrecht bezogen bedeutet dies, dass es sich um

(1) vorformulierte Arbeitsvertragsbedingungen handeln muss, die
(2) für eine Vielzahl von Verträgen vorformuliert,
(3) vom Arbeitgeber gestellt und
(4) nicht ausgehandelt wurden.

Diese vier Voraussetzungen müssen kumulativ vorliegen und stellen das „Einfallstor“ zum Einstieg in die AGB-Kontrolle dar.

Im Arbeitsrecht gilt dabei die Besonderheit, dass aufgrund der Verbrauchereigenschaft des Arbeitnehmers[1] gemäß § 310 Abs. 3 Nr. 2 BGB auf das „Vielzahl“-Kriterium (2) verzichtet werden kann. Für die Anwendbarkeit der §§ 307 ff. BGB genügt es, wenn vorformulierte Vertragsbedingungen nur zur einmaligen Verwendung bestimmt sind und der Arbeitnehmer auf Grund der Vorformulierung auf ihren Inhalt keinen Einfluss nehmen konnte.

1. Vorformulierte Arbeitsvertragsbedingungen

a. Arbeits(vertrags)bedingungen

aa. Begriff

Der Begriff „Arbeits-“ oder „Arbeitsvertragsbedingungen“ orientiert sich grundsätzlich an der allgemeinen Definition der „Vertragsbedingungen“ im Sinne des § 305 Abs. 1 S. 1 BGB. Es handelt sich um Vertragsbedingungen, die in Individualarbeitsverträgen unmittelbar zwischen Arbeitgeber und Arbeitnehmer vereinbart werden. Man versteht hierunter Regelungen, die den Vertragsinhalt

1 Vgl. **Kapitel 2.II.2.b. (S. 35 ff.).**

gestalten sollen.[2] Dieser Vertragsinhalt kann sowohl materiell-rechtlicher, als auch prozessualer Natur sein.[3] Dabei fallen sowohl Haupt- als auch Nebenpflichten unter den Begriff Arbeitsbedingungen.[4]

bb. Rechtsnormen

Obwohl AGB die gesellschaftliche Funktion von Gesetzen übernehmen sollen und auch übernehmen, handelt es sich juristisch nicht um Rechtsnormen. Wie der Wortlaut des § 305 Abs. 1 S. 1 BGB vorgibt, geht es hierbei vielmehr um (Arbeits-) Vertragsbedingungen, die im Gegensatz zur abstrakt-generellen Wirkung von Rechtsnormen nur zwischen den vertragsschließenden Parteien *inter partes* wirken. Den Vertragsparteien steht jedoch keine Rechtsetzungsbefugnis zu.[5]

Daher fallen Rechtsnormen nicht unter den Begriff Arbeitsvertragsbedingungen im Sinne des § 305 Abs. 1 S. 1 BGB.

cc. Einseitige Rechtsgeschäfte

Zweifelhaft ist, ob der Begriff „Arbeitsvertragsbedingungen" neben zweiseitigen Verträgen auch einseitige Rechtsgeschäfte erfasst.

(1) Wortlaut

Geht man allein vom Wortlaut des § 305 Abs. 1 S. 1 BGB („Vertragsbedingungen") aus, so liegt zunächst der Schluss nahe, dass hierunter nur Verträge im Sinne von „zweiseitige[n] Rechtsgeschäfte[n]"[6] zu verstehen sind, die nach den allgemeinen Vorschriften gemäß §§ 145 ff. BGB durch zwei übereinstimmende Willenserklärungen, nämlich durch Angebot und Annahme, zustande kommen

---

2 BGH vom 8.3.2005 – XI ZR 154/04 – NJW 2005, 1645, 1646; BGH vom 3.7.1996 – VIII ZR 221/95 – NJW 1996, 2574, 2575; BGH vom 28.1.1987 – IVa ZR 173/85 – NJW 1987, 1634; Bamberger/Roth in BeckOK, § 305 BGB Rn. 11; Basedow in MüKo, § 305 BGB Rn. 9; Clemenz in Clemenz/Kreft/Krause, § 305 BGB Rn. 6; Grüneberg in Palandt, § 305 BGB Rn. 4.

3 BGH vom 27.9.2001 – VII ZR 388/00 – NJW 2002, 138; Boemke/Ulrici in HK-ArbR, § 305 BGB Rn. 5; Grüneberg in Palandt, § 305 BGB Rn. 4.

4 BGH vom 30.10.1991 – VIII ZR 51/91 – NJW 1992, 746; Boemke/Ulrici in HK-ArbR, § 305 BGB Rn. 5; Deinert in D/B/D, § 305 BGB Rn. 5; Linck in Schaub, Arbeitsrechtshandbuch, § 35 Rn. 7; Ulmer/Habersack in U/B/H § 305 Rn. 7.

5 Grüneberg in Palandt, § 305 BGB Rn. 2; Pfeiffer in W/L/P, Einl. Rn. 13 ff.; Ulmer/Habersack in U/B/H, Einl. Rn. 39.

6 Basedow in MüKo, § 305 BGB Rn. 9; Ulmer/Habersack in U/B/H, § 305 BGB Rn. 9.

können. Der **Wortlaut des § 305 Abs. 1 S. 1 BGB** allein lässt demnach eine Subsumtion einseitiger Rechtsgeschäfte oder Erklärungen nicht zu.[7]

Der **Wortlaut des § 309 Nr. 12b BGB** hingegen regelt die (Un-)Wirksamkeit einseitiger Bestätigungsschreiben.[8] Diese Vorschrift wäre obsolet, wenn der Anwendungsbereich der §§ 305 ff. BGB für einseitige Rechtsgeschäfte nicht eröffnet wäre, denn in diesem Fall würde es zu einer Inhaltskontrolle nach § 309 BGB erst gar nicht kommen. Dass § 309 Nr. 12b BGB die Inhaltskontrolle für einseitige rechtsgeschäftliche Erklärungen regelt, spricht dafür, dass diese als Vertragsbedingungen im Sinne des § 305 Abs. 1 S. 1 BGB vom Anwendungsbereich nicht ausgeschlossen werden können, zumindest soweit es sich um „Tatsachen" handelt, die Gegenstand einseitiger Bestätigungsschreiben sind. Über die Frage, ob dies auch der Fall ist, wenn es sich um Rechte oder um deren Verzichtserklärung (zum Beispiel Verzicht auf den Schutz der eigenen personenbezogenen Daten durch Einwilligungserklärung zur Weitergabe dieser Daten) handelt, ist dem Wortlaut des § 309 Nr. 12b BGB keine ausdrückliche Aussage zu entnehmen.

(2) Sinn und Zweck

Unstreitig ist jedenfalls, dass zweiseitige Rechtsgeschäfte unter § 305 Abs. 1 S. 1 BGB fallen, denn das Recht der Allgemeinen Geschäftsbedingungen wurde gerade für Verträge geschaffen. Bei der Frage, ob daneben auch die Subsumtion einseitiger rechtsgeschäftlicher Erklärungen von der *ratio legis* des § 305 Abs. 1 S. 1 BGB erfasst wird, ist zu danach differenzieren, woher die einseitigen rechtsgeschäftlichen Erklärungen stammen.

(a) Einseitige Erklärungen des Verwenders

Bei einseitigen Erklärungen des Verwenders (i.d.R. Arbeitgeber) handelt es sich nach überwiegender Auffassung nicht um AGB, denn Sinn und Zweck der §§ 305 ff. BGB ist es, den anderen Vertragspartner davor zu schützen, dass der Verwender in die Gestaltungsfreiheit des anderen in unzulässiger Weise unverhältnismäßig eingreift. Es soll verhindert werden, dass der Verwender zum

7 BGH vom 25.10.2012 – I ZR 169/10 – NJW 2013, 2683; BAG vom 5.5.1986 – II ZR 84, 86 – NJW 1987, 2011; Basedow in MüKo, § 305 BGB Rn. 9; Clemenz in Clemenz/Kreft/Krause, § 305 BGB Rn. 15; Deinert in D/B/D, § 305 BGB Rn. 6; Stoffels, AGB-Recht, Rn 113.

8 Basedow in MüKo, § 305 BGB Rn. 9; Boemke/Ulrici in HK-ArbR, § 305 BGB Rn. 6; Clemenz in Clemenz/Kreft/Krause, § 305 Rn. 15; Deinert in D/B/D, § 305 BGB Rn. 6.

Nachteil des anderen Vertragspartners in die fremde Gestaltungsfreiheit eingreift und dessen Rechtsstellung dadurch verschlechtert wird.[9]

Der Schutzzweck der Norm umfasst nicht den Schutz des Verwenders vor sich selbst.

(b) Einseitige Erklärungen des anderen Vertragsteils

Einseitige Erklärungen des anderen Vertragsteils (i.d.R. Arbeitnehmer) sind dann nicht von der AGB-Kontrolle erfasst, wenn sie von diesem selbst formuliert wurden. Der Schutzzweck der §§ 305 ff. BGB fordert nur für den Fall eine Kontrolle, soweit ein Eingriff des AGB-Verwenders in die rechtsgeschäftliche Gestaltungsfreiheit[10] seines Vertragspartners vorliegt.

Dementsprechend hat das BAG das Vorliegen Allgemeiner Geschäftsbedingungen in Bezug auf eine Zusage des Arbeitgebers verneint, der ein ausführlicher „Antrag auf Gleichstellung" des Arbeitnehmers aufgrund einer nachträglich abgeschlossenen Betriebsvereinbarung vorangegangen war. Eine nicht von einem Änderungsangebot des Arbeitnehmers abweichende Zusage des Arbeitgebers stellt nach Ansicht des BAG auch bei Mehrfachverwendungsabsicht lediglich eine Bestätigung des Antrages, jedoch keine Vertragsbedingung i.S.d. § 305 Abs. 1 BGB dar.[11]

Umgekehrt fallen einseitige Erklärungen des Arbeitnehmers, die nicht von diesem selbst, sondern ursprünglich vom Arbeitgeber vorformuliert wurden, in den Anwendungsbereich des § 305 Abs. 1 BGB.[12]

---

9 BAG vom 20.6.2013 – 6 AZR 805/11 – NZA 2013, 1137; BGH vom 25.10.2012 – I ZR 169/10 – NJW 2013, 283, 284; Boemke/Ulrici in HK-ArbR, § 305 BGB Rn. 7; Deinert in D/B/D, § 305 Rn. 7; Grüneberg in Palandt, § 305 BGB Rn. 6; Linck in Schaub, Arbeitsrechtshandbuch, § 35 Rn. 8; Schlosser in Staudinger, § 305 BGB Rn. 10; Stoffels, AGB-Recht, Rn. 115; Ulmer/Habersack in U/B/H, § 305 BGB Rn. 16; a.A. Clemenz in Clemenz/Kreft/Krause, § 305 BGB Rn. 16.

10 BGH vom 27.1.2000 – I ZR 241/97 – BGH NJW 2000, 2677; Deinert in D/B/D, § 305 Rn. 7; Gotthardt in H/W/K, § 305 BGB Rn. 2; Grüneberg in Palandt, § 305 BGB Rn. 5.

11 BAG vom 20.5.2008 – 9 AZR 271/07 – AP BGB § 305 Nr. 13.

12 BGH vom 25.10.2012 – I ZR 169/10 – NJW 2013, 2683; BGH vom 21.1.2000 – I ZR 241/97 – NJW 2000, 2677; BGH vom 16.3.1999 – XI ZR 76/98 – NJW 1999, 1864; BGH vom 9.4.1987 – III ZR 84/86 – NJW 1987, 2011; BGH vom 5.5.1986 – II ZR 150/85 – NJW 1986, 2428, 2529; Basedow in MüKo, § 305 BGB Rn. 9; Clemenz in Clemenz/Kreft/Krause, § 305 Rn. 15; Grüneberg in Palandt, § 305 BGB Rn. 5; Schlosser in Staudinger, § 305 BGB Rn. 8; Stoffels, AGB-Recht, Rn. 113; Ulmer/Habersack in U/B/H, § 305 Rn. 17; im umgekehrten Fall auch BAG vom 20.5.2008 – 9 AZR 271/07 – AP BGB § 305 Nr. 13.

Hierin liegt ein starker Eingriff des AGB-Verwenders in die rechtsgeschäftliche Gestaltungsmacht des anderen Vertragspartners.[13] Auch wenn diese Interpretation vom Wortlaut des § 305 Abs. 1 S. 1 BGB nicht gedeckt ist, würde ein anderes Ergebnis dem Schutzzweck der §§ 305 ff. BGB zuwiderlaufen.[14] Wenn schon eine AGB-Kontrolle für zweiseitige Verträge stattfindet, muss dies *a maiore ad minus* bedeuten, dass eine solche erst recht bei einseitigen Erklärungen erforderlich ist, soweit der Verwender dem anderen Vertragspartner den Inhalt vorgegeben hat. In diesem Fall sind die Einflussmöglichkeiten des Vertragspartners auf den vorformulierten Inhalt noch geringer als bei zweiseitigen Rechtsgeschäften. Der Verwender nimmt nicht nur seine eigene rechtsgeschäftliche Gestaltungsmacht, sondern auch die des Vertragspartners in Anspruch. Letzterem verbleibt nur noch die freie Entscheidung, **ob** er diese Erklärung abgeben will; deren Inhalt steht jedoch nicht zur Disposition.[15]

(c) Zwischenergebnis

Neben Verträgen fallen grundsätzlich auch einseitige, vom Arbeitgeber vorformulierte, rechtsgeschäftliche Erklärungen des Arbeitnehmers unter den Begriff „Vertragsbedingungen" nach § 305 Abs. 1 S. 1 BGB. Hierfür spricht sowohl der Wortlaut des § 309 Nr. 12b BGB als auch der Sinn und Zweck der §§ 305 ff. BGB, die den Arbeitnehmer davor schützen sollen, dass der Arbeitgeber in dessen Gestaltungsfreiheit eingreift. Nicht unter den Anwendungsbereich des § 305 Abs. 1 S. 1 BGB fallen daher Erklärungen, die der Arbeitgeber selbst abgibt und von ihm stammen. Die §§ 305 ff. BGB dienen nicht dem Schutz des Arbeitgebers vor sich selbst.

b. Vorformulierung

§ 305 Abs. 1 S. 1 BGB verlangt, dass Allgemeine Arbeitsbedingungen, „vorformuliert" sein müssen. Aus dieser Formulierung sind zwei wesentliche Punkte abzuleiten.

---

13 Boemke/Ulrici in HK-ArbR, § 305 BGB Rn. 7; Deinert in D/B/D, § 305 BGB Rn. 7.

14 BGH vom 9.4.1987 – III ZR 84/86 – NJW 1987, 2011; BGH vom 5.5.1986 – II ZR 150/85 – NJW 1986, 2428, 2429; Gotthardt in H/W/K, § 305 BGB Rn. 2; Häuser, ZIP 1982, 14, 19.

15 BGH vom 16.3.1999 – XI ZR 76/98 – NJW 1999, 1864; Grüneberg in Palandt, § 305 BGB Rn. 5; Schlosser in Staudinger, § 305 BGB Rn. 8.

Zum einen muss die Formulierung der Arbeitsvertragsbedingungen zeitlich **vor**[16] Vertragsschluss stattgefunden haben, um von einer Vorformulierung ausgehen zu können.

Zum anderen stellt sich die Frage, ob diese (Vor-) **Form**ulierung einer bestimmten Form, beispielsweise der Schriftform nach § 126 BGB bedarf. Ein besonderes (Schrift-) Formerfordernis existiert weder für Allgemeine Geschäftsbedingungen im weiteren Sinne noch für Arbeitsbedingungen oder für die Wirksamkeit von Arbeitsverträgen an sich. § 305 Abs. 1 S. 2 BGB enthält exemplarisch einige konkrete Hinweise dafür, dass für das Vorliegen vorformulierter Vertragsbedingungen keine bestimmten Formerfordernisse notwendig sind. Danach ist beispielsweise „gleichgültig, [...] welche Form der Vertrag hat". Allein aus der Formulierung in § 305 Abs. 1 S. 2 BGB, die „Schrift" art sei gleichgültig, lassen sich keine besonderen Formvorschriften oder eine schriftliche Fixierung ableiten.[17]

So genügt beispielsweise eine Speicherung auf Tonband, Computer oder sogar im Kopf des Verwenders. Auch eine mündliche oder durch betriebliche Übung begründete Vertragsbedingung, die der Arbeitgeber für eine Vielzahl von Arbeitsverhältnissen verwendet, kann eine Allgemeine Arbeitsbedingung sein.[18] Gleiches gilt für handschriftliche Ergänzungen des Arbeitgebers, wenn dies in Wiederholungsabsicht geschieht.[19]

Dabei müssen die Person des Arbeitgebers, der die vorformulierten Arbeitsvertragsbedingungen verwendet und der Urheber nicht zwingend identisch sein. Der Arbeitgeber kann einen Mustervertrag oder eine einzelne Musterklausel verwenden, die von einem Dritten stammt, beispielsweise von einem Arbeitgeberverband oder einem beauftragten Rechtsanwalt.[20]

---

16 BAG vom 18.12.2008 – 8 AZR 81/08 – NZA-RR 2009, 519, 521; Boemke/Ulrici in HK-ArbR, § 305 BGB Rn. 8; Deinert in D/B/D, § 305 BGB Rn. 8.

17 BAG vom 16.5.2012 – 5 AZR 331/11 – NJW 2012, 2683; BAG vom 16.2.2010 – 3 AZR 181/08 – AP BetrAVG § 1b Nr. 10; BAG vom 5.8.2009 – 10 AZR 483/08 – NZA 2009, 1105, 1106; BGH vom 12.6.2001 – XI ZR 274/00 – NJW 2001, 2635, 2636; BGH vom 10.3.1999 – VIII ZR 204/98 – DStR 1999, 863, 864; Deinert in D/B/D, § 305 BGB Rn. 8 f.; Linck in Schaub, Arbeitsrechtshandbuch, § 35 Rn. 9.

18 BAG vom 16.5.2012 – 5 AZR 331/11 – NJW 2012, 2683; Deinert in D/B/D, § 305 BGB Rn. 5a.

19 BGH vom 30.10.1991 – VIII ZR 51/91 – BGHZ 115, 391, 394; BGH vom 30.9.1987 – IVa ZR 6/86 – NJW 1988, 410; Deinert in D/B/D, § 305 BGB Rn. 10; Grüneberg in Palandt, § 305 BGB Rn. 8.

20 BGH vom 23.6.2005 – VII ZR 277/04 – ZIP 2005, 1604; BGH vom 10.3.1999 – VIII ZR 204/98 – NJW 1999, 2180, 2181; OLG Hamm vom 26.7.2012 – 24 U 41/12 – NJW

Diese sehr weite Auslegung des § 305 Abs. 1 BGB hinsichtlich der Form- sowie der sonstigen Voraussetzungen dient dem Schutz des Arbeitnehmers als den schwächeren Vertragsteil, dem ein möglichst weiter Anwendungsbereich für die Überprüfung seiner Vertragsbedingungen zu Gute kommen soll.

2. „Vielzahl" von Verträgen

Allgemeine Vertragsbedingungen müssen grundsätzlich für eine Vielzahl von Verträgen vorformuliert sein. Dies setzt eine Mehrfachverwendungsabsicht gegenüber einem bestimmten oder mehreren verschiedenen Vertragspartnern voraus, wobei die Rechtsprechung eine dreimalige Verwendungsabsicht genügen lässt. Eine unbestimmte Anzahl von Verwendungen ist nicht erforderlich.[21] Da es vielmehr auf die Mehrfachverwendungsabsicht als auf die tatsächliche Anzahl der Verwendungen ankommt, sind die §§ 305 ff. BGB bereits bei der ersten Verwendung in Wiederholungsabsicht anwendbar. Es spricht eine widerlegbare Vermutung für eine Mehrfachverwendungsabsicht, wenn tatsächlich eine mindestens dreimalige Verwendung bereits erfolgt ist. Maßgeblich ist die Verwendungsabsicht des Urhebers, die dem jeweiligen AGB-Verwender zugerechnet wird, wenn die Person des Urhebers und des Verwenders nicht identisch sind.[22]

Im Arbeitsrecht kann gemäß § 310 Abs. 3 Nr. 2 BGB aufgrund der Verbrauchereigenschaft des Arbeitnehmers[23] auf das „Vielzahl"-Kriterium verzichtet werden. Hiernach genügt es für die Anwendbarkeit der §§ 307 ff. BGB bereits, wenn vorformulierte Vertragsbedingungen nur zur einmaligen Verwendung bestimmt sind und der Arbeitnehmer auf Grund der Vorformulierung auf ihren Inhalt keinen Einfluss nehmen konnte.

2013, 392, 393; OLG Düsseldorf vom 13.2.1997 - 6 U 137/96 - NJW-RR 1997, 1147; Basedow in MüKo, § 305 BGB Rn. 19; Deinert in D/B/D, § 305 BGB Rn. 8.

21 BAG vom 1.3.2006 - 5 AZR 363/05 - DB 2006, 1377; BAG vom 28.5.2009 - 8 AZR 896/07 - NZA 2009, 1337, 1338; BGH vom 27.9.2001 - VII ZR 388/00 - NJW 2002, 138, 139; BGH vom 15.4.1998 - VIII ZR 377/96 - NJW 1998, 2286, 2287; Basedow in MüKo, § 305 BGB Rn. 18; Boemke/Ulrici in HK-ArbR, § 305 BGB Rn. 11; Deinert in D/B/D, § 305 BGB Rn. 14.

22 BGH vom 17.2.2010 - VIII ZR 67/09 - NJW 2010, 1131; Boemke/Ulrici HK-ArbR, § 305 BGB Rn. 11; Deinert in D/B/D, § 305 BGB Rn. 13 ff.

23 Vgl. **Kapitel 2.II.2.b. (S. 35 ff.).**

3. „Stellen“

a. Begriff

Von „Stellen“ ist die Rede, wenn der AGB-Verwender die Einbeziehung veranlasst oder verlangt, indem er dabei ein konkretes Angebot zur Einbeziehung der vorformulierten Bedingungen in den Vertrag macht.[24] Wird dem anderen Vertragsteil die Wahlmöglichkeit zwischen mehreren verschiedenen vorformulierten Bedingungen unterbreitet, ist so lange von einem Stellen auszugehen, solange er keine tatsächliche Einflussmöglichkeit auf den Inhalt der Klauseln hat.[25] Da Arbeitsverträge regelmäßig Verbraucherverträge darstellen, wird auch das „Stellen“-Kriterium gemäß § 310 Abs. 3 Nr. 1 BGB vermutet.

Zu berücksichtigen ist, dass das Stellen nur durch den Verwender selbst, nicht durch einen eigenständig handelnden Dritten erfolgen kann. Dies gilt nicht für den Fall, in dem der Dritte tatsächlich nicht vom Verwender unabhängig ist und sogar in dessen Auftrag handelt. Hier gilt die Vermutung, dass ein Dritter, der offensichtlich nur die Interessen einer Partei berücksichtigt, der klauselverwendenden Vertragspartei zuzurechnen ist.[26]

b. Abgrenzung zum „Aushandeln“

aa. Begriff des „Aushandelns“

Gemäß § 305 Abs. 1 S. 3 BGB liegen Allgemeine Geschäftsbedingungen nicht vor, soweit die Vertragsbedingungen zwischen den Vertragsparteien im Einzelnen ausgehandelt sind.

Der Begriff des Aushandelns setzt „mehr als [bloßes] verhandeln“[27] voraus, nämlich dass der Verwender den in seinen einzelnen Vertragsklauseln oder den gesamten Vertrag enthaltenen gesetzesfremden Kerngehalt inhaltlich ernsthaft

---

24 BGH vom 20.3.1985 – IV a ZR 223/83 – NJW 1985, 2477; Deinert in D/B/D, § 305 BGB Rn. 18; Grüneberg in Palandt, § 305 BGB Rn. 10.

25 BGH vom 13.11.1997 – X ZR 135/95 – NJW 1998, 1066; OLG Düsseldorf vom 13.2.1997 – 6 U 137/98 – BB 1997, 754, 755; OLG Düsseldorf vom 5.4.1990 – 4 U 167/89 – NJW-RR, 1311; Basedow in MüKo, § 305 BGB Rn. 16; Deinert in D/B/D, § 305 BGB Rn. 18a; Grüneberg in Palandt, § 305 BGB Rn. 10 f.

26 Deinert in D/B/D, § 305 BGB Rn. 19; Grüneberg in Palandt, § 305 BGB Rn. 12.

27 BAG vom 6.9.2007 – 2 AZR 722/06 – NZA 2008, 219, 220; BAG vom 27.7.2005 – 7 AZR 486/04 – NZA 2006, 40, 44; BGH vom 3.11.1989 – VIII ZR 269/98 – NJW 2000, 1110, 1111; BGH vom 27.3.1991 – IV ZR 90/90 – NJW 1991, 1678, 1679; Deinert in D/B/D, § 305 BGB Rn. 23; Grüneberg in Palandt, § 305 BGB Rn. 20.

und in einer nach außen eindeutig erkennbaren Weise zur Disposition stellt.[28] Der andere Vertragsteil muss eine reale und realistische Möglichkeit haben, auf deren Inhalt Einfluss zu nehmen und auch tatsächlich von dieser Gestaltungsfreiheit Gebrauch machen. Die Rechtsprechung verlangt dabei eine effektive und nicht nur die theoretische Möglichkeit des Vertragspartners, den Vertragsinhalt aktiv mitzugestalten.[29] Dieses individualrechtliche Aushandeln kann sich in der Abänderung der Vertragsbedingungen niederschlagen;[30] eine Abänderung der Klausel ist jedoch nicht zwingende Voraussetzung. Auch eine unverändert gebliebene Klausel kann eine ausgehandelte Individualvereinbarung im Sinne des § 305 Abs. 1 S. 3 BGB darstellen, wenn der bewussten Entscheidung, die ursprüngliche Klausel unverändert beizubehalten, tatsächlich intensive Verhandlungen und eine gründliche Erörterung zwischen den Vertragspartnern vorausgegangen sind.[31] Bloße Belehrungen und Erklärungen über den Inhalt der Vertragsbedingungen genügen nicht, um ein beachtliches Aushandeln i.d.S. zu bejahen.[32] Der BGH fordert als Voraussetzung für ein gleichberechtigtes Aushandeln, dass der andere Vertragspartner den Sinn des umfangreichen beziehungsweise nicht ganz leicht verständlichen Inhalt erfasst haben muss, gegebenenfalls nach Belehrung oder Erläuterung durch den Verwender.[33]

Die Beweislast für das Vorliegen der Voraussetzungen § 305 Abs. 1 S. 1 BGB trägt grundsätzlich der Arbeitnehmer unter Berücksichtigung der Beweiserleichterungen. Soweit sich der Arbeitgeber auf ein individuelles Aushandeln berufen will, ist er hingegen darlegungs- und beweispflichtig.[34] Maßgeblich sind die

---

28 BAG vom 18.1.2006 – 7 AZR 191/05 – NJOZ 2007, 1139, 1143; BGH vom 7.12.1976 – VI ZR 272/75 – NJW 1977, 624, 625.

29 BGH vom 17.2.2010 – VIII ZR 67/09 – NJW 2010, 1131; BAG vom 15.9.2009 – 3 AZR 173/08 – NZA 2010, 342, 344; BAG vom 6.9.2007 – 2 AZR 722/06 – NZA 2008, 219, 220; BGH vom 3.11.1999 – VIII ZR 269/98 – NJW 2000, 1110, 1111; BGH vom 10.10.1991 – VII ZR 289/90 – NJW 1992, 1107, 1008.

30 BAG vom 19.5.2010 – 5 AZR 253/09 – NZA 2010, 939, 941; BAG vom 25.5.2005 – 5 AZR 572/04 – NZA 2005, 1111, 1116; BGH vom 3.11.1999 – VIII ZR 269/98 – NJW 2000, 1119, 1112; BGH vom 3.4.1998 – V ZR 6/97 – NJW 1998, 2600, 2601.

31 BGH vom 3.11.1999 – VIII ZR 269/98 – NJW 2000, 1110, 1111 f.; BGH vom 3.4.1998 – V ZR 6/97 – NJW 1998, 2600, 2601; Grüneberg in Palandt, § 305 BGB Rn. 20.

32 BGH vom 29.9.1983 – VII ZR 225/82 – NJW 1984, 171, 173; BGH vom 15.12.1976 – IV ZR 197/75 – NJW 1977, 624, 625; Deinert in D/B/D, § 305 BGB Rn. 26.

33 BGH vom 19.5.2005 – III ZR 437/04 – NJW 2005, 2543, 2544; Deinert in D/B/D, § 305 BGB Rn. 26; Gotthardt in H/W/K, § 305 BGB Rn. 8.

34 BGH vom 3.4.1998 – V ZR 6/97 – NJW 1998, 2600, 2601; Deinert in D/B/D, § 305 BGB Rn. 33; Grüneberg in Palandt, § 305 BGB Rn. 23.

tatsächlichen Umstände, die zum Aushandeln geführt haben und die der Verwender darzulegen und zu beweisen hat. Eine pauschale schriftliche Erklärung des anderen Vertragspartners, es handele sich um einen „im Detail ausgehandelten Vertrag oder Vertragsklausel" oder der Vereinbarung läge „eine ausführliche Besprechung der Parteien über die einzelnen Modalitäten des Vertrages zugrunde", kann ein tatsächliches Vorliegen der Aushandelns-Voraussetzungen nicht ersetzen[35] und unterliegt als einseitige vorformulierte Erklärung wiederum selbst der AGB-Kontrolle.[36]

Nicht zuletzt aufgrund der geschilderten Schwierigkeiten im Rahmen der Darlegungs- und Beweislast treten in der Praxis nur höchst ausnahmsweise Fälle auf, in denen ein „Aushandeln" nachweislich angenommen wird. Arbeitgeber haben regelmäßig ein Interesse daran, dass in einem Betrieb einheitliche Beschäftigungsbedingungen gelten und verwenden daher größtenteils hierfür angefertigte Vertragsmuster mit entsprechenden Textbausteinen, so dass im Arbeitsrecht in der Regel von vorformulierten Arbeitsbedingungen ausgegangen werden kann.

bb. Verhältnis zwischen „Stellen" und „Aushandeln"

Fraglich ist, ob sich das Merkmal „Stellen" (§ 305 Abs. 1 S. 1 BGB) und „Aushandeln" (§ 305 Abs. 1 S. 3 BGB) gegenseitig ausschließen.

Während ein Teil der Literatur ein „Aushandeln" als das Gegenteil von „Stellen" ansieht,[37] vertritt die Rechtsprechung zu Recht die Ansicht, es sei nicht Sinn und Zweck des „Stellens", ein Aushandeln auszuschließen, sondern nur die Person des Verwenders festzulegen,[38] denn „Stellen" muss nicht zwangsläufig bedeuten, dass der Verwender die Vertragsbedingungen einseitig durchgesetzt hat und er zu weiteren Verhandlungen nicht bereit war.[39]

Es wäre zudem systemwidrig, das Merkmal „Aushandeln" in S. 3 des § 305 BGB als Negativdefinition zum Merkmal „Stellen" anzunehmen. Es ist anzunehmen, dass der Gesetzgeber, hätte er gewollt, dass sich diese beiden Begrifflichkeiten

35 BGH vom 15.12.1976 – IV ZR 197/75 – NJW 1977, 432, 624, 625; Grüneberg in Palandt, § 305 BGB Rn. 21.

36 Vgl. **Kapitel 2.I.1.a.cc.(2)(b) (S. 7 ff.).**

37 Basedow in MüKo, § 305 BGB Rn. 21; Deinert in D/B/D, § 305 BGB Rn. 18; Grüneberg in Palandt, § 305 BGB Rn. 18.

38 BGH vom 17.2.2010 – VII ZR 67/09 – NJW 2010, 1031, 1032; Deinert in D/B/D, § 305 BGB Rn. 18.

39 Deinert in D/B/D, § 305 Rn. 18; Ulmer/Habersack in U/B/H, § 305 Rn. 26.

gegenseitig ausschließen, dies bereits entsprechend in Satz 1 geregelt hätte. Stattdessen hat er hierfür zusätzlich einen separaten Satz 3 angefügt.

Das bedeutet, dass ein zunächst erfolgtes „Stellen" durch den Verwender zeitlich danach durchaus dazu führen kann, dass genau die zuvor einseitig gestellte Klausel später ausgehandelt wird und damit nachträglich aus dem Anwendungsbereich des § 305 Abs. 1 BGB fällt.

Andernfalls würde § 305 Abs. 1 S. 3 im Hinblick auf das „Aushandeln" leer laufen.[40]

cc. Zwischenergebnis

Im Hinblick auf das Verhältnis zwischen dem Merkmal „Stellen" und dem Merkmal „Aushandeln" von Vertragsbedingungen ist es folglich denkbar, dass Vertragsbedingungen ursprünglich gestellt sind und zeitlich danach doch noch ausgehandelt werden, so dass in diesem Fall § 305 Abs. 1 S. 3 BGB letztlich doch zum Tragen kommt.

c. Fiktion des § 310 Abs. 3 Nr. 1 BGB

Die Klärung des Merkmals „Stellen" wird bereits durch die Fiktion des § 310 Abs. 3 Nr. 1 BGB obsolet. Denn gemäß § 310 Abs. 3 Nr. 1 BGB gelten grundsätzlich alle Allgemeine Geschäftsbedingungen bei Verbraucherverträgen als vom Unternehmer gestellt.

Auf das Arbeitsrecht bezogen bedeutet dies, dass Arbeitsvertragsbedingungen prinzipiell als vom Arbeitgeber gestellt gelten, da bei Abschluss des Vertrages der Arbeitgeber Unternehmer im Sinne des § 14 BGB und der Arbeitnehmer Verbraucher[41] im Sinne des § 13 BGB ist.[42]

4. Sonderfälle: Gesamtzusagen und betriebliche Übung

Sowohl Gesamtzusagen als auch die betriebliche Übung begründen unter besonderen Voraussetzungen für den Arbeitnehmer (individual-) arbeitsvertragliche Ansprüche. Fraglich ist, ob auch sie der AGB-Kontrolle unterliegen.

Es handelt sich bei Gesamtzusagen um eine einseitig an alle Arbeitnehmer oder an einen abstrakt bestimmten Arbeitnehmerkreis in allgemeiner Form gerichtete

---

40 Deinert in D/B/D, § 305 Rn. 18; Grüneberg in Palandt, § 305 BGB Rn. 10.

41 Vgl. **Kapitel 2.II.2.b. (S. 35 ff.).**

42 BAG vom 15.12.2011 – 7 AZR 394/10 – NZA 2012, 674, 676; BAG vom 23.9.2010 – 8 AZR 897/08 – NZA 2011, 89, 90; BAG vom 25.5.2005 – 5 AZR 572/04 – NZA 2005, 1111.

ausdrückliche Erklärung (Angebot) des Arbeitgebers, zusätzliche Leistungen zu gewähren.[43]

Die betriebliche Übung erfordert hingegen keine ausdrückliche Erklärung des Arbeitgebers. Ansprüche aus betrieblicher Übung entstehen vielmehr konkludent durch eine gleichförmige, regelmäßige Wiederholung bestimmter Verhaltensweisen des Arbeitgebers, die den Inhalt des Arbeitsverhältnisses gestalten und geeignet sind, vertragliche Ansprüche zu begründen, wenn die betroffenen Arbeitnehmer die Leistung widerspruchslos in Anspruch nehmen und aus diesem Verhalten schließen dürfen, die Leistung oder Vergünstigung solle auf Dauer gewährt werden.[44]

Sowohl die Gesamtzusage als auch die betriebliche Übung begründen individualarbeitsrechtliche Ansprüche, durch welche das ursprünglich durch den Arbeitsvertrag Vereinbarte abgeändert oder erweitert wird.

Trotz ihres kollektiven Bezuges[45] begründet die betriebliche Übung nach der Rspr. des BAG individualarbeitsrechtliche Ansprüche, durch welche das ursprünglich durch den Arbeitsvertrag Vereinbarte abgeändert oder erweitert wird.[46] Dies hat zur Folge, dass die betriebliche Übung der AGB-Kontrolle unterliegt.[47] Auch die Gegenansicht in der Literatur, die Ansprüche aus betrieblicher Übung als

43 BAG vom 18.5.2010 - 3 AZR 102/08 - BB 2010, 2366; BAG vom 22.12.2009 - 3 AZR 136/08 - NZA-RR 2010, 541, 542; BAG vom 28.6.2006 - 10 AZR 385/05 - NZA 2006, 1174, 1176; Dörner in Dörner/Luczak/Wildschütz, Kap. 1 Rn. 464; Stoffels in W/L/P (ArbR), § 305 BGB Rn. 40; Thüsing in H/W/K, Vor. § 611 BGB Rn. 149.

44 BAG vom 19.5.2005 - 3 AZR 660/03 - NZA 2005, 889, 890; BAG vom 18.9.2002 - 1 AZR 477/01 - NZA 2003, 337, 338; BAG vom 16.1.2002 - 5 AZR 715/00 - NZA 2002, 632, 633; Dörner in Dörner/Luczak/Wildschütz, Kap. 1 Rn. 540; Koch in Schaub, Arbeitsrechtshandbuch, § 111 Rn. 2; Soiné, S. 218; Thüsing in H/W/K, Vor. § 611 BGB Rn. 150.

45 BAG vom 11.4.2006 - 9 AZR 500/05 - NZA 2006, 1089, 1090; BAG vom 24.9.2003 - 5 AZR 591/02 - NZA 2003, 1387, 1388; Müller-Glöge in MüKo, § 611 BGB Rn. 413; Walker, JuS 2007, 1; Weidenkaff in Palandt, Einf. § 611 BGB Rn. 76.

46 BAG vom 17.11.2009 - 9 AZR 765/08 - NZA-RR 2010, 293, 295; BAG vom 5.8.2009 - 10 AZR 483/08 - NZA 2009, 1005, 1006; BAG vom 28.6.2006 - 10 AZR 385/05 - NZA 2006, 1174.

47 BAG vom 16.5.2012 - 5 AZR 331/11 - NZA 2012, 908, 909; BAG vom 5.8.2009 - 10 AZR 283/08 - NZA 2009, 1105, 1106; Boemke/Ulrici in HK-ArbR, § 305 BGB Rn. 25; Ricken DB 2006, 1372, 1374 ff.; Thüsing AGB-Kontrolle im Arbeitsrecht, Rn. 81; Ulrici, BB 2005, 1902.

Haftungsansprüche ansieht, die sich aus der Setzung eines Vertrauenstatbestandes ergeben, führt im Ergebnis zur (analogen) Anwendung der §§ 305 ff. BGB.[48]

Neben der betrieblichen Übung begründet auch die Gesamtzusage individualarbeitsvertragliche Ansprüche als Ergänzung zum Arbeitsvertrag und unterliegt damit der AGB-Kontrolle.[49]

Aus der Feststellung, dass betriebliche Übung und Gesamtzusage individualarbeitsrechtliche Ansprüche für den Arbeitnehmer begründen, kann jedoch nicht geschlossen werden, dass es sich hierbei um vorrangige Individualabreden im Sinne der §§ 305 Abs. 1 S. 3, 305b BGB handelt. Denn zwingende Voraussetzung für eine Individualabrede ist, dass die entsprechende Klausel effektiv im Wege gegenseitigen Nachgebens zwischen den Arbeitsvertragsparteien ausgehandelt wurde.[50]

Die gemeinsame Besonderheit von betrieblicher Übung und Gesamtzusage liegt darin, dass der Zugang der arbeitnehmerseitigen Annahmeerklärung auf das arbeitgeberseitige Angebot – sei es ausdrücklich oder durch schlüssiges Verhalten – gemäß § 151 S. 1 BGB entbehrlich ist, soweit die hierdurch gewährte Leistung für den Arbeitnehmer als Leistungsempfänger vorteilhaft ist und damit nach der Verkehrssitte eine Annahmeerklärung nicht erwartet wird (§ 151 S. 1 Alt. 1 BGB).[51]

Der Arbeitnehmer hat daher nur zwei Reaktionsmöglichkeiten auf ein arbeitgeberseitiges Angebot im Rahmen von Gesamtzusage oder betrieblicher Übung:

Er kann entweder die angebotene Leistung widerspruchslos in Anspruch nehmen oder diese ablehnen. Da die angebotene Leistung in der Regel für den Arbeitnehmer vorteilhaft ist, wird er sie aus wirtschaftlichen Erwägungen heraus

---

48 Krause in Clemenz/Kreft/Krause, Einl. Rn. 105; Krause in Staudinger, Anh. § 310 BGB Rn. 120; Hromadka, NZA 1984, 241, 244; Zöllner in FS Canaris, 2007, Bd. I, S. 1519 ff.

49 BAG vom 13.11.2013 – 10 AZR 848/12 – BeckRS 2013, 74343; LAG Köln NZA-RR 2007, 120, 121; Krause in Staudinger, Anh. § 310 BGB Rn. 119; Krause in Clemenz/Kreft/Krause, Einl. Rn. 104; Lakies, Vertragsgestaltung und AGB im Arbeitsrecht, Kap. 1 Rn. 69; Stoffels in W/L/P (ArbR), § 305 BGB Rn. 40.

50 BGH vom 17.2.2010 – VIII ZR 67/09 – NJW 2010, 1131; BAG vom 6.9.2007 – 2 AZR 722/06 – NZA 2008, 219, 220; Ulrici, BB 2005, 1902.

51 BAG vom 8.12.22010 – 5 AZR 697/09 – AP § 157 BGB Nr. 40; BAG vom 17.9.2009 – 9 AZR 765/08 – NZA-RR 2010, 293; BGH vom 12.10.1999 – XI ZR 24/99 – NJW 2000, 276; Clemenz in Clemenz/Kreft/Krause, § 305 BGB Rn. 17; Ellenberger in Palandt, § 151 BGB Rn. 4; Soiné, S. 215.

wohl nicht ablehnen. Er hat jedoch keine reale Möglichkeit, auf den Inhalt des Angebotes tatsächlich in gleichberechtigter Weise Einfluss zu nehmen.[52]

Es handelt sich demzufolge sowohl bei der Gesamtzusage[53] als auch bei der betrieblichen Übung gemäß der Vertragstheorie des BAG[54] um eine arbeitsvertragliche Vereinbarung, die der AGB-Kontrolle unterliegt.[55]

5. Zwischenergebnis

Im Arbeitsrecht versteht man unter AGB i.S.d. § 305 Abs. 1 S. 1 BGB Arbeitsvertragsbedingungen, die für eine Vielzahl von Arbeitsverträgen vorformuliert und in der Regel vom Arbeitgeber einseitig gestellt werden. Auch einseitige, vom Arbeitgeber vorformulierte Erklärungen des Arbeitnehmers fallen unter den Begriff „Vertragsbedingungen". Hierbei sind an die Vorformulierung keine besonderen Formerfordernisse zu stellen. Die Vorformulierung für eine Vielzahl von Verträgen ist im Arbeitsrecht nicht erforderlich. Gemäß § 310 Abs. 3 Nr. 2 BGB genügen auch Einmalbedingungen ohne Mehrfachverwendung (-sabsicht). Bedingungen, die nach § 305 Abs. 1 S. 3 BGB nachweislich in gleichberechtigter Weise ausgehandelt wurden, unterliegen nicht der AGB-Kontrolle.

II. Anwendungsbereich der §§ 305 ff. BGB i.e.S.

1. Sachlicher Anwendungsbereich (§ 310 Abs. 4 BGB)

Fraglich ist, ob in den sachlichen Anwendungsbereich des § 310 Abs. 4 nur Arbeitsverträge im engeren Sinne oder auch arbeitsrechtliche Verträge im weiteren Sinne fallen.

---

52 BGH vom 17.2.2010 – VIII ZR 67/09 – NJW 2010, 1131; BAG vom 15.9.2009 – 3 AZR 173/08 – NZA 2010, 342, 343; BAG vom 6.9.2007 – 2 AZR 722/06 – NZA 2008, 219, 220.

53 LAG Köln vom 16.10.2006 – 14 (13) Sa 9/06 – NZA-RR 2007, 120, 121; Krause in Clemenz/Kreft/Krause, Einl. Rn. 104; Stoffels in W/L/P, Anh. §§ 305–310 (ArbR) Rn. 40.

54 BAG vom 18.3.2009 – 10 AZR 281/08 – NJW 2009, 2475, 2476; BAG vom 28.5.2008 – 10 AZR 274/07 – NZA 2008, 941; BAG vom 20.6.2007 – 10 AZR 410/06 – NZA 2007, 1293; BAG vom 14.8.1996 – 10 AZR 69/96 – NZA 1996, 1323; Preis in ErfK, § 611 BGB Rn. 220a; Ricken, DB 2006, 1372; Stoffels in W/L/P, Anh. §§ 305–310 (ArbR) Rn. 41; Thüsing, AGB-Kontrolle im Arbeitsrecht, Rn. 81.

55 BAG vom 16.5.2012 – 5 AZR 331/11 – NZA 2012, 908, 909; BAG vom 5.8.2009 – 10 AZR 283/08 – NZA 2009, 1105, 1106; BAG vom 27.8.2008 – 5 AZR 820/07 – NZA 2009, 49, 5; Boemke/Ulrici in HK-ArbR, § 305 BGB Rn. 25; Ricken, DB 2006, 1372, 1374 ff.; Thüsing, AGB-Kontrolle im Arbeitsrecht, Rn. 81; Ulrici, BB 2005, 1902.

Der Begriff **Arbeitsvertrag i.e.S.** ist seit Inkrafttreten des § 611a BGB zum 1.4.2017 legaldefiniert. Demnach wird der Arbeitnehmer im Rahmen des Arbeitsvertrages zur Leistung weisungsgebundener, fremdbestimmter Arbeit in persönlicher Abhängigkeit (§ 611a Abs. 1 S. 1 BGB) und der Arbeitgeber zur Zahlung der vereinbarten Vergütung verpflichtet (§ 611a Abs. 2 BGB).

Unter den Begriff **arbeitsrechtliche Verträge i.w.S.** fallen alle arbeitsrechtlichen Vereinbarungen zwischen Arbeitgeber und Arbeitnehmer auf individualarbeitsrechtlicher Ebene, d.h. neben Arbeits- und Änderungsverträgen, auch Nachträge sowie Aufhebungs- oder Abwicklungsverträge.

a. Arbeitsverträge

Mit der Legaldefinition des Arbeitsvertrages in § 611a BGB wurde das Merkmal der Weisungsgebundenheit ausdrücklich gesetzlich geregelt, welches den Arbeitsvertrag vom Dienstvertrag abgrenzt. Das Weisungsrecht kann danach Inhalt, Durchführung, Zeit und Ort der Tätigkeit betreffen, § 611a Abs. 1 S. 2 BGB. Weisungsgebunden ist gemäß § 611a Abs. 1 S. 3 BGB, wer nicht im Wesentlichen frei seine Tätigkeit gestalten und seine Arbeitszeit bestimmen kann. Der Grad der persönlichen Abhängigkeit hängt nach § 611a Abs. 1 S. 4 BGB auch von der Eigenart der jeweiligen Tätigkeit ab.

Auch vor Einführung des § 611a BGB verstand die h.M. den Arbeitsvertrag als Unterfall des Dienstvertrages (§ 611 BGB)[56] mit der Besonderheit, dass der Arbeitnehmer im Rahmen des Arbeitsvertrages seine Leistung unselbständig, weisungsgebunden und persönlich zu erbringen hat.[57]

Die Frage, ob ein Dienstvertrag eines Selbständigen oder ein Arbeitsvertrag vorliegt, wirkt sich maßgeblich auf die AGB-Kontrolle aus, denn ein Selbständiger kommt nicht in den Genuss der für Arbeitsverträge geltenden Privilegierungen nach § 310 Abs. 4 S. 2, 2. Hs. BGB oder § 310 Abs. 3 BGB. Es kann daher an dieser Stelle eine Inzidenzkontrolle hinsichtlich der Frage, ob tatsächlich ein Arbeitsvertrag (§ 611a BGB) oder ein klassischer Dienstvertrag (§ 611 BGB) vorliegt, erforderlich sein.[58]

---

56 Boemke, ZfA 1998, 285, 291; Boemke, NZA 1993, 532, 533; Kreuder in HK-ArbR, § 611 BGB Rn. 1; Müller-Gölge in MüKo, § 611 BGB Rn. 5; Preis in ErfK, § 611 BGB Rn. 3; Richardi in MünchArbR, § 3 Rn. 2 ff.; Thüsing in H/W/K, Vor. § 611 BGB Rn. 18.

57 Hromadka/Maschmann, Arbeitsrecht Bd. 1, § 1 Rn. 21 ff.; Preis in ErfK, § 611 BGB Rn. 4; Thüsing in H/W/K, Vor. § 611 BGB Rn. 18.

58 Zur detaillierten Abgrenzung vgl. **Kapitel 2.II.2.b.aa. (S. 35 f.).**

b. *Änderungsverträge*

Ein Änderungsvertrag dient der (individualarbeitsrechtlichen) Abänderung bestehender Arbeitsbedingungen und stellt damit eine Modifikation des Arbeitsvertrages dar. Änderungsverträge fallen daher wie Arbeitsverträge unter den Anwendungsbereich des § 310 Abs. 4 S. 2 BGB.[59]

c. *Aufhebungs- und Abwicklungsverträge*

Zweifelhaft ist, ob auch Aufhebungs- und Abwicklungsverträge unter § 310 Abs. 4 S. 2 BGB subsumiert werden können. Dies hängt insbesondere von der Frage ab, ob man den Begriff „Arbeitsverträge" nach § 310 Abs. 4 S. 2 BGB als Arbeitsverträge im engeren Sinne oder als arbeitsrechtliche Verträge im weiteren Sinne versteht.

aa. *Aufhebungsverträge*

Das BAG geht mittlerweile davon aus, dass auch Aufhebungsverträge grundsätzlich in den sachlichen Anwendungsbereich des § 310 Abs. 4 S. 2 BGB fallen, allerdings ohne seine Entscheidung näher zu begründen.[60]

(1) Wortlaut

Der Wortlaut des § 310 Abs. 4 S. 2 BGB legt auf den ersten Blick eine enge Auslegung nahe, da dieser nur von der „Anwendung auf Arbeitsverträge" spricht.

(2) Actus contrarius

Während der Arbeitsvertrag ein Arbeitsverhältnis begründet, dient der Aufhebungsvertrag der einvernehmlichen Beendigung des Arbeitsverhältnisses. Es handelt sich um einen *actus contrarius* zum Arbeitsvertrag, so dass es nicht als unzulässige Dehnung des Wortlautes anzusehen ist, den Aufhebungsvertrag unter § 310 Abs. 4 S. 2 BGB zu subsumieren.[61]

Zum gleichen Ergebnis kommt auch die sogenannte *Actus-contrarius-* oder Kehrseitentheorie im allgemeinen Verwaltungsrecht, die bei der Rückforderung

---

59 BAG vom 15.11.2016 – 3 AZR 539/15 – BeckRS 2016, 108754; Däubler in FS Richardi, 2007, S. 205, 216; Reinecke, DB 2002, 583, 587.

60 BAG vom 12.3.2015 – 6 AZR 82/14 – NZA 2015, 676 ff.; BAG vom 24.1.2013 – 8 AZR 965/11 – NZA-RR 2013, 400, 401; Linck in Schaub, Arbeitsrechtshandbuch, § 122 Rn. 13.

61 Henssler, RdA 2002, 129, 139; Krause in Clemenz/Kreft/Krause, Einf. Rn. 110.

von Subventionen Anwendung findet. Diese geht davon aus, dass die Rückforderung einer Subvention eine öffentlich-rechtliche Streitigkeit darstellt, wenn auch die vorausgegangene Subventionsgewährung ebenso öffentlich-rechtlicher Natur war.[62] Es ist kein Grund erkennbar warum das vertragsbegründende, nicht aber das vertragsbeendende Rechtsgeschäft einer AGB-Kontrolle unterliegen kann.[63]

(3) Sinn und Zweck der AGB-Kontrolle im Arbeitsrecht

Gegen eine AGB-Kontrolle von Aufhebungsverträgen spricht das Urteil des BAG vom 14.2.1996, in dem das Gericht entschied, bei Abschluss von Aufhebungsverträgen bestehe kein strukturelles Ungleichgewicht zwischen Arbeitgeber und Arbeitnehmer.[64]

> „Dem Arbeitnehmer, der dem Ansinnen des Arbeitgebers ggf. nur ein schlichtes „Nein" entgegenzusetzen braucht, kann nicht „die zur Durchsetzung seiner berechtigten Interessen erforderliche Verhandlungsmacht abgesprochen werden", vielmehr hat er „die Möglichkeit, sowohl das „Ob" als auch das „Wie" und „Wann" der Vertragsbeendigung von seinem vollen Konsens abhängig zu machen". Es fehlt somit schon an der strukturell ungleichen Verhandlungsstärke als Voraussetzung der vom BVerfG geforderten Inhaltskontrolle."[65]

Aufgrund seiner kündigungsrechtlichen starken Position (§ 4 KSchG) hat der Arbeitnehmer regelmäßig im Rahmen Aufhebungsvertragsverhandlungen „sogar die besseren Karten".[66]

---

62 BVerwG vom 17.3.1977 – VII C 59/75 – NJW 1977, 1838, 1839; BVerwG vom 26.2.1965 – BVerwG VII C 71/63 – NJW 1965, 1344, 1345; Kopp/Schenke, § 40 VwGO Rn. 21; Unruh in HK-VerwR, § 40 VwGO Rn. 11.

63 Gotthardt in H/W/K, Anh. §§ 305–310 BGB Rn. 4; Günther, AGB-Kontrolle von Arbeitsverträgen, S. 95; Krause in Clemenz/Kreft/Krause, Einf. Rn. 110; Linck in Schaub, Arbeitsrechtshandbuch, § 122 Rn. 13.

64 BAG vom 14.2.1996 – 2 AZR 234/95 – NZA 1996, 811, 812; zust. Bauer, Arbeitsrechtliche Aufhebungsverträge, Kap. I. Rn. 217, S. 74; Bauer, NZA 2002, 169; Bauer/Diller, DB 1995, 1810; Ernst, Aufhebungsverträge zur Beendigung von Arbeitsverhältnissen, 1993, S. 133; Lingemann, NZA 2002, 181, 185; i. Erg. auch Thüsing, AGB-Kontrolle im Arbeitsrecht, Rn. 64; a.A. Bengelsdorf, BB 1995, 978; Bengelsdorf, ZfA 1995, 229; Dieterich, RdA 1995, 129, 135.

65 BAG vom 14.2.1996 – 2 AZR 234/95 – NZA 1996, 811, 812.

66 Birnbaum, NZA 2003, 944, 949; i. Erg. auch unter Ablehnung des strukturellen Ungleichgewichts: Bauer, NZA 2002, 169, 172; Lingemann, NZA 2002, 181, 185; zweifelnd: Krause in Clemenz/Kreft/Krause, Einf. Rn. 110; a.A. Dieterich, RdA 1995, 129,

(4) Systematik und Entstehungsgeschichte

Betrachtet man § 310 Abs. 4 S. 2 BGB im systematischen Zusammenhang mit § 310 Abs. 4 S. 1 BGB, wonach das AGB-Recht „keine Anwendung bei Verträgen **auf dem Gebiet des** Erb-, Familien- und Gesellschaftsrechts sowie auf Tarifverträge, Betriebs- und Dienstvereinbarungen" findet, kann hieraus *e contrario* geschlossen werden, dass das AGB-Recht auf dem (gesamten) Gebiet des Arbeitsrechts durchaus Anwendung findet. Diese Schlussfolgerung ergibt sich insbesondere aus der Entstehungsgeschichte.

Die bis zur Schuldrechtsreform geltende Bereichsausnahme in § 23 Abs. 1 BGB lautete:

> „Dieses Gesetz findet keine Anwendung bei Verträgen auf dem Gebiet des **Arbeits**-, Erb-, Familien- und Gesellschaftsrechts."

Durch die Aufhebung der Bereichsausnahme in Form der Streichung des Wortes „Arbeits-" wollte der Gesetzgeber nicht nur Arbeitsverträge i.e.S., sondern Verträge auf dem Gebiet des gesamten (Individual-) Arbeitsrechts der AGB-Kontrolle unterstellen.[67] In der Gesetzesbegründung wird ausdrücklich darauf hingewiesen, dass „im Arbeitsrecht"[68] und nicht nur im Rahmen von Arbeitsverträgen ein Bedürfnis nach richterlicher Kontrolle bestehe.

Maßgeblich ist, ob der Vertrag einen arbeitsrechtlichen Inhalt hat, da nur in diesem Rahmen auch arbeitsrechtliche Besonderheiten berücksichtigt werden können. Umfasst sind daher nicht nur Arbeits-, sondern auch Aufhebungsverträge.[69]

(5) Intention des Gesetzgebers

An die Entstehungsgeschichte anknüpfend, spricht auch der Wille des Gesetzgebers für ein weites Verständnis des Begriffes „Arbeitsvertrag" im Rahmen der Aufhebung der Bereichsausnahme. Dabei war vorderstes Ziel, der Schutz im Arbeitsrecht solle nicht hinter dem Schutz des allgemeinen Zivilrechts zurückbleiben.[70] Dabei darf der Schutz im Arbeitsrecht nicht auf den Abschluss von Arbeitsverträgen beschränkt sein.

135; Günther, AGB-Kontrolle von Arbeitsverträgen, S. 97 ff.; Hümmerich, NZA 2004, 809, 810; Reinecke in FS Küttner, 2007, S. 327, 329.

67 Bauer, NZA 2002, 169, 172; Grobys, DStR 2002, 1002.

68 BT-Drs. 14/6857 vom 31.08.2001, S. 53.

69 BAG vom 12.3.2015 – 6 AZR 82/14 – NZA 2015, 676 ff.; Birnbaum, NZA 2003, 944, 949; Linck in Schaub, Arbeitsrechtshandbuch, § 122 Rn. 13; Lingemann, NZA 2002, 181, 183; Müller-Glöge in ErfK, § 620 BGB Rn. 15.

70 BT-Drs. 14/7052 vom 9.10.2001, S. 189; BT-Drs. 14/6857 vom 31.8.2001, S. 53 f.

Die Gegenprobe zeigt: Subsumiert man Aufhebungsverträge nicht unter § 310 Abs. 4 S. 2 BGB, so kann dies zu Wertungswidersprüchen führen.[71] Beispielsweise können sich Ausschlussfristen sowohl in Arbeits- als auch in Aufhebungsverträgen inhaltsgleich wiederfinden. Es leuchtet nicht ein, eine inhaltsgleiche Ausschlussklausel im Rahmen eines Arbeitsvertrages anders zu beurteilen als im Rahmen eines Aufhebungsvertrages. Im Ergebnis könnte dies dazu führen, dass ein und dieselbe Klausel im Rahmen eines Arbeitsvertrages unwirksam und im Rahmen eines Aufhebungsvertrages wirksam ist.

(6) Zwischenergebnis

Daher kann im Ergebnis davon auszugegangen werden, dass der Begriff Arbeitsvertrag i.S.d. § 310 Abs. 4 S. 2 BGB weit auszulegen und vielmehr als „arbeitsrechtlicher Vertrag" zu verstehen ist. Nach Ansicht des BAG unterliegen zumindest einzelne Klauseln eines Aufhebungsvertrags, die nicht im Synallagma stehen, sondern die übrigen, im Zusammenhang mit der Beendigung des Arbeitsverhältnisses regelungsbedürftigen Fragen betreffen, als Nebenabreden in vollem Umfang der Inhaltskontrolle nach §§ 307 ff. BGB.

bb. Abwicklungsvertrag

Da ein Abwicklungsvertrag im Gegensatz zum Aufhebungsvertrag das Arbeitsverhältnis nicht selbst beendet, sondern lediglich die Abwicklungsmodalitäten nach erfolgter einseitiger Kündigung klärt, ist die Interessenslage der beiden Vertragstypen mit der eines Aufhebungsvertrages vergleichbar, so dass an dieser Stelle im Wesentlichen auf die Ausführungen zum Aufhebungsvertrag verwiesen werden kann.[72]

d. Parallelverträge

Bereits vor Aufhebung der Bereichsausnahme hatte das BAG und die wohl h.M. die Frage, ob Parallelverträge[73] von der Bereichsausnahme des § 23 AGBG erfasst waren, verneint, so dass Verträge im Zusammenhang mit dem Arbeitsverhältnis

71 Bauer, NZA 2002, 169, 172; Däubler in D/B/D, Einl. Rn. 27.

72 Hoß in Dörner/Luczak/Wildschütz, Kap. 6 Rn. 17; Klumpp in Clemenz/Kreft/Krause, § 307 BGB Rn. 127; Linck in Schaub, Arbeitsrechtshandbuch, § 122 Rn. 13.

73 Parallelverträge werden häufig auch als Austausch- oder Mitarbeiterverträge oder Umsatzgeschäfte bezeichnet.

der AGB-Kontrolle unterlagen.[74] Auch nach Aufhebung der Bereichsausnahme, kann davon ausgegangen werden, dass eine AGB-Kontrolle grundsätzlich für Parallelverträge stattfindet.[75]

Fraglich ist aber, ob Parallelverträge vom Anwendungsbereich des § 310 Abs. 4 BGB umfasst sind, d.h. im Rahmen des § 310 Abs. 4 S. 2 BGB bei der AGB-Kontrolle von Arbeitsverträgen die im Arbeitsrecht geltenden Besonderheiten angemessen zu berücksichtigen sind.

aa. Wesen und Historie von Parallelverträgen

Bei Parallelverträgen handelt es sich um Verträge zwischen Arbeitgeber und Arbeitnehmer (oder auch Ehegatten oder Verwandten des Arbeitnehmers), die keinen arbeitsvertraglichen Inhalt haben, sondern sonstige Geschäfte betreffen, die der Arbeitnehmer nicht zwingend mit dem Arbeitgeber abschließen müsste. Dennoch finden sich diese sog. Parallelverträge in der Praxis häufig, da der Arbeitgeber wegen des zugrundeliegenden Arbeitsverhältnisses dem Arbeitnehmer in der Regel diese Verträge zu günstigeren Bedingungen als auf dem freien Markt anbietet.

Klassische Beispiele für derartige Parallelverträge, mit denen Arbeitgeber eine erhöhte Bindung ihrer Arbeitnehmer bezwecken, sind (vergünstigtes) Kantinenessen, Jahreswagen mit Personalrabatt, Werkswohnung zu günstigerer Miete oder Darlehensverträge zu günstigeren Zinssätzen als auf dem freien Markt.[76]

bb. Berücksichtigung der im Arbeitsrecht geltenden Besonderheiten

(1) Formeller und materieller Zusammenhang

Für eine arbeitsrechtliche Einordnung von Parallelverträgen könnte zunächst sprechen, dass diese im Zusammenhang mit dem Arbeitsverhältnis stehen, da die mit ihnen verbundene Vergünstigung an den bestehenden Arbeitsvertrag

---

74 BAG vom 15.3.2005 – 9 AZR 502/03 – NZA 2005, 682; BAG vom 23.9.1992 – 5 AZR 569/91 – NZA 1993, 936, 937; BAG vom 26.5.1993 – 5 AZR/219/92 – NZA 1993, 1029; LAG Saarland vom 29.7.1987 – 1 Sa 91/86 – NZA 1988, 164; Däubler in D/B/D, Einl. Rn. 39; Stoffels in W/L/P, Anh. § 310 (ArbR) Rn. 26.

75 Günther, AGB-Kontrolle von Arbeitsverträgen, S. 100 f.; Krause in Clemenz/Kreft/Krause, Einf. Rn. 112; Lingemann, NZA 2002, 181, 184; S. Roloff in Erman, § 310 BGB Rn. 36.

76 BAG vom 23.9.1992 – 5 AZR 569/91 – NZA 1993, 936, 937 (Arbeitgeberdarlehen); BAG vom 26.5.1993 – 5 AZR/219/92 – NZA 1993, 1029 (Kauf eines Jahreswagens); LAG Saarland vom 29.7.1987 – 1 Sa 91/86 – NZA 1988, 164 (Arbeitgeberdarlehen); Däubler in D/B/D, Einl. Rn. 37; Krause in Clemenz/Kreft/Krause, Einf. Rn. 112.

geknüpft ist. Parallelverträge werden grundsätzlich mit Rücksicht auf das Arbeitsverhältnis abgeschlossen.[77] Vertragspartner des Arbeitgebers kann aber nicht nur der Arbeitnehmer, sondern bspw. auch der Ehegatte oder ein Verwandter des Arbeitnehmers sein. Eine Einordnung von Parallelverträgen als Arbeitsverträge i.e.S. würde dazu führen, dass im Rahmen der AGB-Kontrolle von Verträgen des Arbeitgebers mit Arbeitnehmern gemäß § 310 Abs. 4 S. 2 BGB die im Arbeitsrecht geltenden Besonderheiten angemessen zu berücksichtigen sind. Bei der AGB-Kontrolle von Parallelverträgen mit Verwandten hingegen würden diese Besonderheiten mangels unmittelbaren arbeitsrechtlichen Bezuges keine Berücksichtigung finden. Es sind keine Gründe für eine solche unterschiedliche Behandlung ersichtlich, so dass im Hinblick auf ein einheitliches Schutzniveau Parallelverträge insgesamt auf Basis ihrer eigentlichen rechtlichen Grundlage im jeweiligen Rechtsgebiet (z.B. Kauf-, Miet- oder Darlehensrecht) beurteilt werden müssen. Das Arbeitsrecht ist demnach nur formaler „Aufhänger" bzw. Anlass, nicht aber als rechtliche oder inhaltliche Grundlage des Parallelvertrages anzusehen, denn die Parteien agieren bei Parallelverträgen nicht in ihrer Rolle als Arbeitnehmer oder Arbeitgeber, sondern bspw. als Vermieter oder Mieter bzw. Käufer oder Verkäufer.

Weiterhin ist der Arbeitnehmer (oder dessen Verwandter) beim Abschluss von Parallelverträgen nicht existenziell auf den jeweiligen Vertrag in vergleichbarer Weise angewiesen wie beim Abschluss eines Arbeitsvertrages. Auch wenn die Konditionen beim Abschluss von Parallelverträgen mit dem Arbeitgeber in der Praxis regelmäßig für den Arbeitnehmer günstiger sind als die Konditionen auf dem freien Markt, besteht aber *per se* kein strukturelles Ungleichgewicht im arbeitsrechtlichen Sinne zwischen den vertragsschließenden Parteien, da der Bestand des Arbeitsverhältnisses hiervon unberührt bleibt.

(2) Eröffnung des Arbeitsrechtswegs, § 2 ArbGG

Auch die Tatsache, dass für Parallelverträge der Arbeitsrechtsweg eröffnet ist, spricht ebenso nur auf den ersten Blick für den arbeitsrechtlichen Charakter von Parallelverträgen. Zum einen kann der Arbeitsrechtsweg gemäß § 2 Abs. 1 Nr. 3 ArbGG grundsätzlich auch für bürgerliche Streitigkeiten eröffnet sein. Konkret für Parallelverträge ergibt sich die Rechtswegszuständigkeit aus § 2 Abs. 1 Nr. 4a ArbGG. Parallelverträge stehen im unmittelbaren wirtschaftlichen Zusammenhang mit dem Arbeitsverhältnis, denn Ansprüche aus Parallelverträgen

77 Däubler in D/B/D, Einl. Rn. 37; Hexel in Moll, Münchener Anwaltshandbuch Arbeitsrecht, § 20 Rn. 16; Klebe in D/K/K/W, § 87 BetrVG Rn. 286.

resultieren nicht unmittelbar aus dem Arbeitsvertrag, sondern aus einem Rechtsverhältnis, das ohne das Arbeitsverhältnis nicht zustande gekommen wäre.[78]

Es kann daher allein von der verfahrensrechtlichen Einordnung nicht zwingend auf materielles Recht geschlossen werden.

(3) Mitbestimmungsrecht des Betriebsrates

Auch die Tatsache, dass gemäß § 87 BetrVG teilweise für Parallelverträge ein Mitbestimmungsrecht des Betriebsrates besteht, spricht gleichwohl nicht zwangsläufig für die Einordnung von Parallelverträgen in das Individualarbeitsrecht.

Zwar hat der Betriebsrat nach § 87 Abs. 1 Nr. 9 BetrVG ein Mitbestimmungsrecht bei der Zuweisung und Kündigung von Werkmietwohnungen, die den Arbeitnehmern mit Rücksicht auf das Bestehen eines Arbeitsverhältnisses vermietet werden. Allerdings spricht schon allein die Tatsache, dass beide Verträge zu ihrer wirksamen Beendigung einer gesonderten Kündigung bedürfen, für die vom Arbeitsvertrag losgelöste Eigenständigkeit des Miet- beziehungsweise Parallelvertrages. Dies ergibt sich insbesondere aus § 576 BGB, der eine automatische Koppelung ausschließt.

Entsprechendes gilt auch für § 87 Abs. 1 Nr. 10 BetrVG, wonach bei Fragen der betrieblichen Lohngestaltung, also nicht nur bei der Gewährung von Arbeitsentgelt, sondern auch bei vermögenswerten Leistungen, ein Mitbestimmungsrecht des Betriebsrates besteht, um innerbetriebliche Lohngerechtigkeit zu gewährleisten.[79]

Allein das bestehende Mitbestimmungsrecht lässt jedoch keine Schlüsse auf arbeitsrechtlichen Charakter von Parallelverträgen zu, da kollektives und Individualarbeitsrecht getrennt voneinander betrachtet werden müssen. Zudem gewährt § 87 BetrVG lediglich ein Mitbestimmungsrecht und keine Pflicht des Betriebsrates zur Mitbestimmung. Es wäre nicht sachgerecht, einerseits den arbeitsrechtlichen Charakter von Parallelverträgen für die Fälle zu bejahen, in denen der Betriebsrat in einem Betrieb sein Mitbestimmungsrecht ausübt, und

---

78 BAG vom 24.9.2004 – 5 AZB 46/04 – NZA-RR 2005, 49; BAG vom 11.9.2002 – 5 AZB 3/02 – NZA 2003, 62; BAG vom 20.2.2001 – 9 AZR 11/00 – AP BGB § 611 Nr. 5; Krasshöfer in Düwell/Lipke, § 2 ArbGG Rn. 7; Schlewing in Germelmann/Matthes/Prütting, § 2 ArbGG Rn. 85; Waas in Grunsky/Waas/Benecke/Greiner, § 2 ArbGG Rn. 68; Walker in Schwab/Weth, § 2 Rn. 150.

79 BAG vom 10.6.1986 – 1 ABR 65/84 – NZA 1987, 30; BAG vom 9.12.1980 – 1 ABR 80/77 – NJW 1982, 253; Fitting, § 87 BetrVG Rn. 396, 412; Kania in ErfK, § 87 BetrVG Rn. 96; Klebe in Däubler/Kittner/Klebe/Wedde, § 87 BetrVG Rn. 297, 301; Richardi in Richardi, § 87 BetrVG Rn. 734.

andererseits in einem anderem Betrieb, in dem der Betriebsrat von seinem Mitbestimmungsrecht nicht Gebrauch macht oder in betriebsratslosen Unternehmen den arbeitsrechtlichen Charakter von Parallelverträgen zu verneinen.[80]

cc. *Zwischenergebnis*

Folglich findet bei Parallelverträgen zwar eine vollumfängliche AGB-Prüfung statt; die im Arbeitsrecht geltenden Besonderheiten gemäß § 310 Abs. 4 S. 2 BGB finden allerdings mangels ausreichenden arbeitsrechtlichen Bezuges keine Berücksichtigung.

Dies hat auch zur Folge, dass die in § 310 Abs. 4 S. 2, 2. Hs. BGB normierte Nichtanwendbarkeit der §§ 305 Abs. 2 und Abs. 3 BGB nicht zum Zuge kommt. §§ 305 Abs. 2 und Abs. 3 BGB sind auf Parallelverträge anwendbar. § 310 Abs. 3 BGB hingegen kann im Rahmen von Parallelverträgen einschlägig sein, wenn es sich bei dem jeweiligen Parallelvertrag um einen Verbrauchervertrag handelt.

e. *Tarifverträge*

Verweisungen auf Tarifverträge kommen in der Praxis in Arbeitsverträgen sehr häufig vor. Sinn und Zweck von Bezugnahmeklauseln auf Tarifverträge ist meist die Gleichstellung von Arbeitnehmern, die nicht Mitglied einer Gewerkschaft sind, mit Gewerkschaftsmitgliedern. Damit verbunden ist die Absicht von Arbeitgebern, den Anreiz zu verringern, sich Gewerkschaften anzuschließen, weil die im Tarifvertrag vereinbarten Arbeitsbedingungen gegenüber denen im Arbeitsvertrag gegebenenfalls günstiger sind. Im Übrigen hat der Bewerber beim Bewerbungsgespräch auf die unzulässige Frage der Gewerkschaftszugehörigkeit ohnehin ein sog. Recht zur Lüge[81], so dass der Arbeitgeber in der Regel auch nicht weiß, ob eine Gewerkschaftsmitgliedschaft des einzelnen Arbeitnehmers gegeben ist. Um an dieser Stelle eine Einheitlichkeit der Arbeitsbedingungen von Gewerkschaftsmitgliedern und Nicht-Gewerkschaftsmitgliedern zu gewährleisten, sind Verweisungen auf Tarifverträge in Arbeitsverträgen durchaus die Regel.

§ 310 Abs. 4 S. 1 BGB sieht für den Inhalt von Tarifverträgen ausdrücklich keine Anwendung der §§ 305 bis 310 BGB vor und damit auch keine AGB-Kontrolle.

---

80 BAG vom 26.5.1993 – 5 AZR 219/92 – NJW 1994, 213, 214; i. Erg. ebenso Däubler in D/B/D, Einl. Rn. 39.

81 BAG vom 19.3.2003 – 4 AZR 331/02 – NZA 2003, 1207, 1208; BAG vom 28.3.2000 – 1 ABR 16/99 – NZA 2000, 1294; Boemke, NZA 2004, 142, 143 (Eine Ausnahme besteht lediglich bei Tendenzbetrieben).

Grund hierfür ist, dass sich bei der Verhandlung und beim Abschluss von Tarifverträgen Gewerkschaften auf der einen Seite und Arbeitgeber beziehungsweise Arbeitgeberverbände auf der anderen Seite auf gleicher Ebene gegenüberstehen und somit nicht von einem strukturellen Ungleichgewicht, sondern von einem hohen Maß an Richtigkeitsgewähr ausgegangen werden kann.[82] Des Weiteren darf die durch Art. 9 Abs. 3 GG gewährleistete Tarifautonomie nicht „durch die Hintertür" über eine AGB-Kontrolle einer Tarifzensur unterzogen werden. Diese Gefahr bestünde jedoch, wenn die Arbeitsgerichte mittelbar den Inhalt von Tarifverträgen überprüfen könnten.[83]

Fest steht damit, dass Tarifverträge an sich keiner AGB-Kontrolle unterliegen. Etwas anderes gilt jedoch für die Bezugnahmeklausel im Individualarbeitsvertrag, die auf den Tarifvertrag verweist. Diese kann durchaus Gegenstand der Inhaltskontrolle sein.[84]

f. Betriebsvereinbarungen

In der Praxis seltener sind arbeitsvertragliche Verweisungen auf Betriebsvereinbarungen. Grund für dieses seltene Vorkommen ist, dass Betriebsvereinbarungen gemäß § 77 Abs. 4 S. 1 BetrVG für alle Arbeitnehmer mit Ausnahme von leitenden Angestellten (§ 5 Abs. 3 BetrVG) unmittelbar und zwingend gelten. Dies gilt unabhängig von einer etwaigen freiwilligen Mitgliedschaft des Arbeitnehmers, wie es bei Tarifverträgen der Fall ist. Die im Zusammenhang mit Tarifverträgen dargelegte Einheitlichkeit von Arbeitsbedingungen gilt demnach für Betriebsvereinbarungen *per se* und muss nicht durch eine Verweisungsklausel im Arbeitsvertrag hergestellt werden.

Die Verweisungsklausel im Einzelvertrag unterliegt dabei stets der Inhaltskontrolle.

Die Betriebsvereinbarung als Verweisungsobjekt hingegen ist – wie auch der Tarifvertrag – grundsätzlich gemäß § 310 Abs. 4 S. 1 BGB der AGB-Kontrolle entzogen. Allerdings muss unterschieden werden, ob die jeweilige Betriebsvereinbarung normativ oder konstitutiv gilt.

---

82 Däubler in D/B/D, § 310 BGB Rn. 25; Kreft in Clement/Kreft/Krause, § 310 BGB Rn. 42.

83 Däubler in D/B/D, § 310 BGB Rn 25; Thüsing/Lambrich, NZA 2002, 1361, 1362.

84 Siehe hierzu ausführlich **Kapitel 5.III. (S. 114 ff.)**.

aa. Deklaratorische Bezugnahme

Eine Verweisungsklausel auf eine Betriebsvereinbarung ist in der Regel deklaratorischer Natur, da die Betriebsvereinbarung für nicht-leitende Angestellte ohnehin aufgrund Belegschaftszugehörigkeit gemäß § 77 Abs. 4 S. 1 BGB unmittelbar und zwingend gilt. In Verbindung mit der Gleichstellung von Betriebsvereinbarungen und Rechtsnormen hat dies zur Folge, dass eine Inhaltskontrolle nach § 310 Abs. 4 S. 1, 3 BGB nicht stattfindet, wenn die Betriebsvereinbarung normativ innerhalb ihres Geltungsbereiches gilt.[85]

Allerdings ist das im Rahmen der Kontrolle von Tarifverträgen angeführte Argument der verfassungsrechtlich gewährleisteten Institutsgarantie in Art. 9 Abs. 3 GG sowie die Unabhängigkeit der Tarifparteien, die die Herausnahme von Tarifverträgen aus der Inhaltskontrolle rechtfertigen, bei Betriebsvereinbarungen nicht in gleicher Weise einschlägig. Betriebsratsmitglieder genießen zwar Unabhängigkeit und besonderen Kündigungsschutz gemäß §§ 15 f. KSchG. Dies vermag die Abhängigkeit, in der sie als Arbeitnehmer stehen, aber nicht vollständig auszugleichen. Zudem ist dem Betriebsrat nach § 74 Abs. 2 BetrVG der Arbeitskampf verwehrt. Aus diesen Gründen ist die gerichtliche Inhaltsprüfung bei der Betriebsvereinbarung – anders als beim Tarifvertrag – nicht gänzlich zu entbehren.[86] Die gerichtliche Überprüfung von Betriebsvereinbarungen beschränkt sich auf eine aus § 75 BetrVG abgeleitete Rechtskontrolle, d.h. auf die Vereinbarkeit mit geltendem Recht.[87] Demnach sind die Betriebsparteien an die Grundsätze von Recht und Billigkeit gebunden und damit auch zur Wahrung der grundrechtlich geschützten Freiheitsrechte verpflichtet. Hierzu gehört die durch

85 BAG vom 1.2.2006 – 5 AZR 187/05 – NZA 2006, 563, 565; Diehn, NZA 2004, 129, 131; Rieble/Schul, RdA 2006, 339, 345; Richardi, NZA 2002, 1057, 1059; Singer, RdA 2003, 194, 198.

86 BAG vom 30.1.1970 – 3 AZR 44/68 – NJW 1970, 1620; Preis/Ulber, RdA 2013, 211, 212; krit. Rolfs, RdA 2006, 349, 354.

87 BAG vom 1.2.2006 – 5 AZR 187/05 – NZA 2006, 563, 565; BAG vom 17.8.1999 – 3 ABR 55/98 – NZA 2000, 498, 502; BAG vom 13.5.1997 – 1 AZR 75/97 – NZA 1998, 160, 162; BAG vom 26.10.1994 – 10 AZR 482/93 – NZA 1995, 266; BAG vom 1.12.1992 – 1 AZR 234/92 – NZA 1993, 614, 615; BAG vom 25.4.1991 – 6 AZR 183/90 – NZA 1991, 765, 766; BAG vom 26.7.1988 – 1 AZR 156/87 – NZA 1989, 25, 26; BAG vom 14.2.1984 – 1 AZR 574/82 – NZA 1984, 201; Kania in ErfK, § 75 BetrVG Rn. 5; Koch in Schaub, Arbeitsrechtshandbuch, § 231 Rn. 10; Richardi/Maschmann in Richardi, § 76 BetrVG Rn. 114; Seitz in Oberthür/Seitz, Betriebsvereinbarungen, VII Rn. 2, S. 686 f.; krit. dazu Leinemann, BB 1989, 1905 ff.; Fitting, § 77 BetrVG Rn. 1986.

Artikel 12 Abs. 1 GG geschützte Berufsfreiheit der Arbeitnehmer.[88] Im Rahmen der Verhältnismäßigkeitsprüfung ist zu prüfen, ob die Betriebsvereinbarung zur Verfolgung eines legitimen Zwecks geeignet, erforderlich und angemessen ist. Daraus können sich durchaus unangemessene Benachteiligungen von Arbeitnehmerinteressen herausstellen.[89] So lässt sich durchaus beobachten, dass das BAG Betriebsvereinbarungen mittelbar einer Rechtskontrolle unterzieht, die in ihrer Intensität einer Inhaltskontrolle i.S.d. § 307 BGB gleichkommt.[90]

bb. Konstitutive Bezugnahme

Einer Verweisungsklausel auf eine Betriebsvereinbarung kann jedoch ausnahmsweise konstitutive Bedeutung zukommen, wenn das Arbeitsverhältnis nicht in den Geltungsbereich der Betriebsvereinbarung fällt und die Betriebsvereinbarung dadurch nicht normativ gilt, sondern nur aufgrund der Bezugnahme. Durch die Bezugnahme werden die Regelungen der Betriebsvereinbarung Inhalt des Arbeitsvertrages und unterliegen insoweit einer Inhaltskontrolle.[91]

g. Zwischenergebnis

Der sachliche Anwendungsbereich des § 310 Abs. 4 BGB ist für individualarbeitsvertragliche Vereinbarungen wie Arbeits-, Dienst- und Änderungsverträge sowie für Aufhebungs- und Abwicklungsverträge eröffnet, da diese einen Arbeitsvertrag i.S.d. § 310 Abs. 4 S. 2, 2. Hs. BGB darstellen. Der Begriff des Arbeitsvertrages ist im weiten Sinne und damit als „arbeitsrechtlicher Vertrag" zu verstehen.

Parallelverträge hingegen stellen keinen Arbeitsvertrag i.S.d. § 310 Abs. 4 S. 2, 2. Hs. BGB dar, obwohl sie anlässlich eines Arbeitsverhältnisses abgeschlossen

---

88 BAG vom 7.6.2011 – 1 AZR 807/09 – NZA 2011, 1234, 1237; BAG vom 12.4.2011 – 1 AZR 412/09 – NZA 2011, 989, 990.

89 BAG vom 12.4.2011 – 1 AZR 412/09 – NZA 2011, 989; BAG vom 12.12.2006 – 1 AZR 96/06 – NZA 2007, 453, 456; BAG vom 18.7.2006 – 1 AZR 578/05 – NZA 2007, 462, 465; Kreft in Clemenz/Kreft/Krause, § 310 BGB Rn. 48; Preis, Arbeitsrecht Kollektivarbeitsrecht, § 152 I 9, S. 686; Preis/Ulber, RdA 2013, 211, 213.

90 Kreft in Clemenz/Kreft/Krause, § 310 BGB Rn. 48; Preis, Arbeitsrecht Kollektivarbeitsrecht, § 152 I 9, S. 686; Preis/Ulber, RdA 2013, 211, 220.

91 Diehn, NZA 2004, 129, 131; Däubler in D/B/D, § 310 BGB Rn. 55a f.; Kreft in Clemenz/Kreft/Krause, § 310 BGB Rn. 43 f.; Günther, AGB-Kontrolle von Arbeitsverträgen, S. 125; Reuter in 50 Jahre BAG, 2004, S. 177, 178; Singer, RdA 2003, 194, 198.

werden. Zwar können Parallelverträge grundsätzlich der AGB-Kontrolle unterliegen. Die im Arbeitsrecht geltenden Besonderheiten (§ 310 Abs. 4 S. 2 Hs. 1 BGB) finden jedoch keine Berücksichtigung.

Kollektivrechtliche Vereinbarungen wie Tarifverträge und Betriebsvereinbarungen (soweit diese normativ gelten) unterliegen nicht der AGB-Kontrolle, § 310 Abs. 4 S. 1 BGB.

2. Persönlicher Anwendungsbereich (§ 310 Abs. 3 BGB)

Der persönliche Anwendungsbereich des § 310 Abs. 3 BGB ist eröffnet, wenn ein Verbrauchervertrag vorliegt, d.h. wenn zwischen einem Arbeitnehmer, der unter den Verbraucherbegriff des § 13 BGB fällt, und einem Arbeitgeber, der zugleich Unternehmer im Sinne des § 14 BGB ist, ein Arbeitsvertrag geschlossen wird.

Die Begrifflichkeiten „Unternehmer" und „Verbraucher" schließen sich dabei gegenseitig aus.

a. Der Arbeitgeber als Unternehmer (§ 14 BGB)

Als Unternehmer ist gemäß § 14 BGB ist grundsätzlich jede natürliche oder juristische Person oder rechtsfähige Personengesellschaft anzusehen, die bei Abschluss des Rechtsgeschäftes in Ausübung ihrer gewerblichen oder selbständigen beruflichen Tätigkeit handelt und am Markt planmäßig und dauerhaft Leistungen gegen ein Entgelt anbietet, wobei eine Gewinnerzielungsabsicht nicht erforderlich ist.[92]

Problematisch ist, ob der Arbeitgeber bei Abschluss eines Arbeitsvertrages seiner unmittelbaren gewerblichen oder selbständigen beruflichen Tätigkeit nachgeht, da es sich beim Abschluss eines Arbeitsvertrages lediglich um eine Personalbeschaffungsmaßnahme und streng genommen nicht um Geschäfte im kaufmännischen Sinne handelt. Der Unternehmerbegriff ist jedoch weit auszulegen, so dass es für die Annahme der Unternehmereigenschaft genügt, dass der Arbeitgeber Arbeitsverträge mit Arbeitnehmern abschließt, die ihn dann wiederum nach außen für die Erfüllung seiner Aufträge im Rahmen seiner gewerblichen oder selbständigen beruflichen Tätigkeit unterstützen.[93]

---

92 BGH vom 29.3.2006 – VII ZR 173/05 – NJW 2006, 2250, 2251; Ellenberger in Palandt, § 14 BGB Rn. 2.

93 Ellenberger in Palandt, § 14 BGB Rn. 2; Däubler in D/B/D, Einl. Rn. 74; Micklitz in MüKo, § 14 BGB Rn. 5 ff.; Pfeiffer in Soergel, § 14 BGB Rn. 10 ff.; Ulmer/Schäfer in U/B/H, § 310 BGB Rn. 19.

Dagegen stellen die Fälle, in denen der Arbeitgeber in seinem Privathaushalt Personen (z.B. Haushälterin, Putzfrau, Gärtner) beschäftigt, mangels Unternehmereigenschaft des Arbeitgebers keinen Verbrauchervertrag im Sinne des § 310 Abs. 3 BGB dar.[94]

b. Der Arbeitnehmer als Verbraucher

Bis zur Entscheidung des Bundesarbeitsgerichtes vom 25.5.2005[95] war die Frage, ob Arbeitnehmer zwangsläufig auch als Verbraucher anzusehen sind, heftig umstritten.

aa. Der Arbeitnehmerbegriff

Zunächst ist der Begriff des Arbeitnehmers als Ausgangspunkt näher zu betrachten. Dieser wurde durch die Legaldefinition des Arbeitsvertrages (§ 611a BGB) nun gesetzlich geregelt.

In Anlehnung an die Ausführungen zum Arbeitsvertrag[96] sowie auch nach allgemeiner Ansicht vor Einführung des § 611a BGB handelt es sich beim Arbeitnehmer um eine natürliche Person, die im Rahmen eines privatrechtlichen Arbeitsvertrages weisungsgebunden eine entgeltliche Leistung in eigener Person erbringt, dabei in die Arbeitsorganisation und die Betriebsabläufe des Arbeitgebers eingegliedert ist und kein unternehmerisches Risiko trägt.[97]

Die Abgrenzung kann im Einzelfall Schwierigkeiten bereiten, ist jedoch von nicht unerheblicher Bedeutung. Die Klassifizierung, ob ein echtes Arbeitsverhältnis oder selbständiges Dienstverhältnis vorliegt, ist mit unterschiedlichen und weitreichenden Rechtsfolgen verbunden, z.B. die Privilegierungen für Arbeitnehmer bzw. Verbraucher nach § 310 Abs. 3 BGB. Denn nur für den Arbeitnehmer hat die Rechtsprechung die Verbrauchereigenschaft bejaht.[98]

---

94 Bauer/Kock, DB 2002, 42, 43; Deinert in D/B/D, § 305 BGB Rn. 17.

95 BAG vom 25.5.2005 – 5 AZR 572/04 – NZA 2005, 1111.

96 Vgl. **Kapitel 2.II.1.a. (S. 20).**

97 Hromadka/Maschmann, Arbeitsrecht Bd. 1, § 1 Rn. 21 ff.; Kreuder in HK-ArbR, § 611 BGB Rn. 9; Schöne in Hümmerich/Boecken/Düwell, NomosKommentar ArbR, Rn. 58 ff.

98 BAG vom 24.2.2016 – 5 AZR 258/14 – NZA 2016, 762, 764; BAG vom 25.5.2005 – 5 AZR 572/04 – NZA 2005, 1111 ff.; LAG Rheinland-Pfalz vom 4.11.2016 – 1 Sa 97/15 – BeckRS 2016, 110938.

bb. Verbrauchereigenschaft des Arbeitnehmers

Die seit der Schuldrechtsreform kontrovers diskutierte Frage, ob der Arbeitnehmer als Verbraucher i.S.d. § 13 BGB einzustufen ist, wurde durch Urteil des Bundesarbeitsgerichtes vom 25.5.2005[99] zumindest für den Abschluss eines Arbeitsvertrages entschieden und schließlich bejaht. Damit ist die Entscheidung für den absoluten Verbraucherbegriff (weite Auslegung) und gegen den relativen Verbraucherbegriff (enge Auslegung) gefallen.

Jedoch geht dieses Urteil in seiner Begründung nur teilweise auf diese vormals umfangreich diskutierte Frage ein, so dass im Folgenden die Entscheidung des BAG unter Berücksichtigung der wesentlichen Argumente des früheren Meinungsstandes dargestellt werden soll.

(1) Wortlaut des § 13 BGB

Der Verbraucherbegriff ist in § 13 BGB legal definiert als „jede natürliche Person, die ein Rechtsgeschäft zu einem Zwecke abschließt, der weder ihrer gewerblichen noch ihrer selbständigen beruflichen Tätigkeit zugerechnet werden kann". Er stellt spiegelbildlich den Gegenbegriff[100] zum Unternehmer (§ 14 BGB) dar. Bei der strikten Anwendung des Wortlauts spricht man vom sog. absoluten Verbraucherbegriff[101].

Auf das Arbeitsverhältnis bezogen bedeutet dies: Der Arbeitnehmer ist eine natürliche Person, die mit dem Arbeitgeber einen arbeitsrechtlichen Vertrag abschließt. Der Zweck dieses arbeitsrechtlichen Vertrages liegt zwar im beruflichen, nicht aber im selbständig beruflichen oder gewerblichen, sondern im unselbständig beruflichen Bereich.[102] Die mangelnde Selbständigkeit und tatsächliche Weisungsgebundenheit macht gerade den Charakter des Arbeitsverhältnisses aus.

Geht man also streng vom Wortlaut des § 13 BGB aus, ist der Arbeitnehmer in diesem Sinne als Verbraucher anzusehen.

99 BVerfG vom 23.11.2006 – 1 BvR 1909/06 – NJW 2007, 286, 287; BAG vom 25.5.2005 – 5 AZR 572/04 – NZA 2005, 1111; jüngst bestätigt durch BAG vom 24.9.2015 – 2 AZR 347/14 – NZA 2016, 351, 352.

100 Boemke, BB 2002, 96; Löwisch, NZA 2001, 465, 466.

101 Boemke, BB 2002, 96, 97; Hümmerich/Holthausen, NZA 2002, 173, 175.

102 Gotthardt in H/W/K, § 310 BGB Rn. 2; Kreft in Clemenz/Kreft/Krause, § 310 BGB Rn. 15.

Es gab allerdings seit der Schuldrechtsreform Stimmen in der Literatur, die den Wortlaut des § 13 BGB als „missglückt“[103] und damit als nicht geeigneten Ausgangspunkt für eine Auslegung betrachteten.

Dennoch wurde diese wortlautnahe Auslegung durch das BAG in seinem Urteil vom 25.5.2005[104] bestätigt.

Entgegen der zuvor teilweise vertretenen Ansicht verlangt das BAG-Urteil vom 25.5.2005 keinen konsumtiven Zweck wie typischerweise für Kauf- oder Darlehensverträge, sondern sieht den Verbraucherbegriff als Oberbegriff, losgelöst vom allgemeinen Sprachverständnis.[105] Hiernach spiele es keine Rolle, dass der Arbeitnehmer nichts verbraucht und Inhalt des Arbeitsvertrages gerade – umgekehrt – die Erbringung und nicht der Erwerb einer Dienstleistung ist. Dies bedeutet eine Abkehr von dem früher in der Literatur vertretenen relativen Verbraucherbegriff, der eine differenzierte, situationsabhängige Beurteilung – losgelöst vom strikten Wortlaut des § 13 BGB – unter Berücksichtigung des allgemeinen Sprachgebrauchs vorsah.[106] Nach dieser Ansicht war die Verbrauchereigenschaft lediglich für den Fall zu bejahen, in dem der Arbeitnehmer Waren oder Dienstleistungen zur eigenen Bedürfnisbefriedigung erwirbt, da bei derartigen Rechtsgeschäften ein konsumtiver Zweck vorliegt. Nach der Theorie des relativen Verbraucherbegriffs war der Arbeitnehmer nur beim Erwerb von Sach- und Dienstleistungen im Rahmen von Austauschverträgen als Verbraucher einzustufen, aber eben nicht für den gerade umgekehrten Fall der Erbringung von Dienstleistungen, wie es bei Abschluss und Durchführung von Arbeitsverträgen der Fall ist.[107]

Diese Ansicht, die primär vom allgemeinen Sprachgebrauch des Verbraucherbegriffes geprägt ist, war jedoch vom eindeutigen Wortlaut – sei er nun missglückt oder nicht – nicht gedeckt. Ein konsumtiver Zweck ist nicht Voraussetzung für das Vorliegen eines Verbrauchervertrages.[108]

---

103 Henssler, RdA 2002, 129, 133 f.

104 BAG vom 25.5.2005 – 5 AZR 572/04 – NZA 2005, 1111 ff.

105 BAG vom 25.5.2005 – 5 AZR 572/04 – NZA 2005, 1111, 1115; Kreft in Clemenz/Kreft/Krause, § 310 BGB Rn. 16.

106 Bauer/Kock, DB 2002, 42, 43; Hümmerich/Holthausen, NZA 2002, 173, 175.

107 Bauer/Kock, DB 2002, 42, 43; Henssler, RdA 2002, 129, 134; Hromadka, NJW 2002, 2523, 2524; Singer, RdA 2003, 194, 195.

108 BAG vom 25.5.2005 – 5 AZR 572/04 – NZA 2005, 1111, 1115; Gotthardt in H/W/K, § 310 BGB Rn. 2; Stoffels in W/L/P, Anh. § 310 BGB (ArbR) Rn. 23.

(2) Systematische Auslegung

Mit der Platzierung des Verbraucherbegriffes in § 13 BGB im allgemeinen Teil des BGB war beabsichtigt, dass der Verbraucherbegriff einheitlich für das gesamte Bürgerliche Gesetzbuch und damit für alle Arten von Rechtsgeschäften gelten sollte.[109]

Für Rechtsgeschäfte, in denen der Gesetzgeber die Anwendbarkeit von Verbrauchervorschriften auf Arbeitnehmer ausschließen wollte, hat er dies ausdrücklich getan. Dies zeigt beispielsweise § 491 Abs. 2 Nr. 4 BGB, wonach Verträge zwischen Arbeitnehmern und Arbeitgebern ausdrücklich nicht unter Verbraucherdarlehensverträge fallen sollen. Diese Regelung impliziert, dass der Gesetzgeber auch an dieser Stelle den Arbeitnehmer in seiner Eigenschaft als Verbraucher im Hinterkopf gehabt haben muss.

(3) Historisch-teleologische Auslegung

(a) Wille des Gesetzgebers

Mit Aufhebung der Bereichsausnahme des § 23 Abs. 1 AGBG und Einführung des § 310 BGB ermöglichte der Gesetzgeber die Durchführung einer Inhaltskontrolle auch für Arbeitsverträge. Er verfolgte damit die Absicht, das Schutzniveau bei der Kontrolle von Arbeitsverträgen an das Schutzniveau allgemein zivilrechtlicher Verträge anzupassen. Dem entsprechenden Gesetzesentwurf der Bundesregierung ist ausdrücklich zu entnehmen, „dass das Schutzniveau der Vertragsinhaltskontrolle im Arbeitsrecht nicht hinter demjenigen des Zivilrechts zurückbleiben“[110] dürfe. Dies spricht für eine generelle Erstreckung des Verbraucherschutzrechtes auf den Arbeitnehmer.[111]

Auch aus § 310 BGB ergibt sich nichts anderes. Es werden insbesondere zwei grundlegende Absichten des Gesetzgebers deutlich, die beide für die Anwendung der Verbraucherschutzvorschriften auf den Arbeitnehmer schließen lassen.

Zum einen hat der Gesetzgeber in § 310 Abs. 4 S. 2, 2. Hs. BGB ausdrücklich die Nicht-Anwendbarkeit des § 305 Abs. 2 und 3 BGB auf Arbeitsverträge geregelt.[112] Hätte er gewollt, dass Verbraucherschutzvorschriften, insbesondere § 310

109 BAG vom 25.5.2005 – 5 AZR 572/04 – NZA 2005, 1111; Reufels in Hümmerich/Reufels, Gestaltung von Arbeitsverträgen, § 1 Rn. 219.

110 BT-Drs. 14/6857 vom 31.8.2001, S. 54.

111 BAG vom 25.5.2005 – 5 AZR 572/04 – NZA 2005, 1111, 1116; Hümmerich/Holthausen, NZA 2002, 173, 176.

112 BAG vom 25.5.2005 – 5 AZR 572/04 – NZA 2005, 1111, 1115; Däubler, NZA 2001, 1329, 1334; Gotthardt in H/W/K, § 310 BGB Rn. 2.

Abs. 3 BGB, nicht auf Arbeitsverträge anwendbar sein sollen, hätte er wohl eine entsprechende Regelung an dieser Stelle eingefügt.

Zum anderen muss die Tatsache, dass der Gesetzgeber die Absätze 3 und 4 des § 310 BGB getrennt geregelt hat, nicht bedeuten, dass sich Verbraucher- und Arbeitsverträge gegenseitig ausschließen. Dies ist ebenso wenig der Fall für Verträge der Elektrizitäts-, Gas-, Fernwärme- und Wasserversorgungsunternehmen. Auch sie schließen nicht aus, dass Vertragspartner ein Verbraucher sein kann, obwohl diese Fälle ebenfalls getrennt von § 310 Abs. 3 BGB normiert sind. Es ist kein Grund ersichtlich, warum für Arbeitsverträge etwas anderes gelten soll.

(b) Notwendigkeit des § 15 UKlaG

Fest steht, dass der Gesetzgeber im Hinblick auf arbeitsrechtliche Formularklauseln durch die Aufhebung der Bereichsausnahme in § 23 Abs. 1 AGBG das Schutzniveau für Arbeitsvertragsklauseln zu Gunsten des Arbeitnehmers erhöhen wollte. Er wollte jedoch ein kollektives Verbandsklagerecht für Verbraucherverbände oder Gewerkschaften verhindern, indem er in § 15 UKlaG ausdrücklich die Anwendbarkeit des Unterlassungsklagengesetz für das Arbeitsrecht ausschloss.[113] Auf den Verbraucherbegriff bezogen bedeutet dies, dass eine Notwendigkeit, das UKlaG für das Arbeitsrecht auszuschließen, nur dann besteht, wenn zumindest nicht ausgeschlossen werden kann, dass der Arbeitnehmer Verbraucher ist. Anderenfalls bestünde erst gar nicht die Befürchtung, dass man im Arbeitsrecht mit einer Flut an Verbandsklagen durch die Gewerkschaften rechnen muss. Die Schaffung des § 15 UKlaG ist daher als Indiz für die Verbrauchereigenschaft des Arbeitnehmers zu werten und der Bericht des Rechtsausschusses ausdrücklich von der Verbrauchereigenschaft des Arbeitnehmers ausgeht.[114]

(4) Europarechtlicher Verbraucherbegriff

Gemäß Art. 2 Nr. 2 der Fernabsatzrichtlinie (97/7/EG), Art. 1 Abs. 2 lit. a der Verbraucherkreditrichtlinie (87/102/EWG) und Art. 2 der Haustürgeschäfterichtlinie (85/577/EWG) sowie aus Art. 2 lit. b der Klauselrichtlinie (93/13/EWG) ist Verbraucher im europarechtlichen Sinne jede natürliche Person, die beim Abschluss von Verträgen zu Zwecken handelt, die nicht ihrer gewerblichen oder beruflichen Tätigkeit zugerechnet werden können. Der deutsche Gesetzgeber

---

113 BAG vom 25.5.2005 – 5 AZR 572/04 – NZA 2005, 1111, 1115; Singer, RdA 2003, 194, 196.

114 BT-Drs. 14/7052 vom 9.10.2011, S. 189; BAG vom 25.5.2005 – 5 AZR 572/04 – NZA 2005, 1111, 1115.

entschied sich jedoch aufgrund des erhöhten Schutzbedürfnisses bewusst für einen weitergehenden Verbraucherbegriff als der in den EU-Richtlinien vorgegebene Mindeststandard.[115]

Diese Vorgehensweise des deutschen Gesetzgebers steht nicht im Widerspruch zu den Richtlinien, denn diese legen nur die Mindeststandards fest und haben im Gegensatz zu europäischen Verordnungen keine unmittelbare, sondern nur mittelbare Wirkung, Art. 249 EGV. Die Art und Weise der Umsetzung einer Richtlinie obliegt dem jeweiligen Mitgliedstaat. Bei der Erweiterung des Verbraucherbegriffes hat die Bundesrepublik in unionsrechtlich zulässiger Weise von ihrer Umsetzungsfreiheit Gebrauch gemacht, so dass der europarechtliche Verbraucherbegriff insofern keinen Einfluss auf die Auslegung des deutschen Verbraucherbegriffes hat.[116] Es mag dahinstehen, ob diese Erweiterung bewusst erfolgte. Dem Bericht des Rechtsausschusses kann jedenfalls entnommen werden, dass von der Verbrauchereigenschaft des Arbeitnehmers ausgegangen wurde.[117]

(5) Interessenslage

Soweit die Verbrauchereigenschaft des Arbeitnehmers verneint würde, würde dies zum einen bedeuten, dass dieser nicht in den Genuss der Privilegierungen des § 310 Abs. 3 BGB käme. Zum anderen könnte im Rahmen des Wortlauts des § 288 BGB auf den ersten Blick der Eindruck erweckt werden, dass die Frage der Verbrauchereigenschaft des Arbeitnehmers negative Auswirkungen auf die Höhe der Verzugszinsen mit sich bringt. Geht man davon aus, dass der Arbeitnehmer nicht unter den Verbraucherbegriff fällt, so würde dies nach dem Wortlaut des § 288 Abs. 2 BGB bedeuten, dass sich die Höhe der Verzugszinsen sowohl für Ansprüche des Arbeitnehmers gegen den Arbeitgeber, als auch im umgekehrten Fall neun statt fünf Prozentpunkte über dem Basiszinssatz betrügen. Nach Ansicht des BAG ist § 288 Abs. 2 jedoch einschränkend dahingehend auszulegen, dass er Ansprüche aus einem Arbeitsverhältnis nicht erfasst, da der Gesetzgeber erklärtermaßen die EU-Richtlinie 2000/35/EG vom 29.6.2000 umsetzen wollte. Der höhere Zinssatz sollte nur bei Rechtsgeschäften im Geschäftsverkehr i.S.v. Art. 2 der Richtlinie zur Anwendung kommen, d.h. bei Geschäftsvorgängen „zwischen Unternehmen oder zwischen Unternehmen und öffentlichen Stellen".

---

115 Hümmerich/Holthausen NZA 2002, 173, 177.

116 Däubler in D/B/D, Einl. Rn. 69; Konzen in FS Hadding, 2004, S. 145, 163; Kreft in Clemenz/Kreft/Krause, § 310 BGB Rn. 15, Roloff in Erman, § 310 BGB Rn. 11; Singer, RdA 2003, 194, 195.

117 BT-Drs. 14/7052 vom 9.10.2001, S. 190: „Da Arbeitnehmer auch Verbraucher sind […]".

Folglich ist ein Arbeitsverhältnis nicht als Rechtsgeschäft i.S.d. BGB § 288 Abs. 2 BGB anzusehen,[118] so dass sich unabhängig von der Verbrauchereigenschaft des Arbeitnehmers für diesen keine Verpflichtung zur Zahlung höherer Verzugszinsen ergibt.

c. Zwischenergebnis

Der persönliche Anwendungsbereich des § 310 Abs. 3 BGB umfasst alle Verbraucher- und damit auch Arbeitsverträge. Sowohl die Rechtsprechung, als auch die h.L. gehen mittlerweile von der Verbrauchereigenschaft des Arbeitnehmers aus. Hierfür sprechen insbesondere der Wortlaut und die Systematik des § 13 BGB sowie die Intention des Gesetzgebers. Seit der Entscheidung des BAG vom Jahre 2005 ist die Verbrauchereigenschaft des Arbeitnehmers zu bejahen.

3. Zeitlicher Anwendungsbereich

Das am 1.1.2002 in Kraft getretene Schuldrechtsmodernisierungsgesetz brachte mit sich, dass alle nach diesem Datum abgeschlossenen Arbeitsverträge nach neuem Recht zu beurteilen sind.

Für Altverträge, die vor dem 1.1.2002 abgeschlossen wurden, galt die einjährige Übergangsregelung des Art. 229 § 5 EGBGB für Dauerschuldverhältnisse, zu denen auch Arbeitsverträge zählen. Mit dieser Übergangsregelung beabsichtigte der Gesetzgeber, den Arbeitsvertragsparteien noch eine Möglichkeit zur Anpassung der alten Verträge auf das neue Schuldrecht zu geben. Von dieser Möglichkeit konnte aber in der Praxis nur schwer Gebrauch gemacht werden. Die Schwierigkeit bestand darin, dass eine Änderung von individualrechtlichen Arbeitsvertragsbedingungen lediglich durch Änderungskündigung oder Änderungsvertrag möglich ist. Für Änderungskündigungen fehlt es regelmäßig an einem Sachgrund. Änderungsverträge sind nur einvernehmlich möglich und setzen eine Änderungsbereitschaft beider Seiten voraus. In der Regel wird jedoch ein Arbeitnehmer eine für ihn nachteilige alte Regelung, die nach neuem Recht ohnehin unwirksam ist und deren Nachteile ihn durch den Wegfall dieser Klausel nicht mehr negativ treffen können, nicht freiwillig im Rahmen eines Änderungsvertrages in eine neue wirksame nachteilige Regelung „tauschen“

---

118 Erwägungsgrund (9) der RL 2000/35/EG; BT-Dr 14/6040 vom 14.5.2001, S. 148; BAG vom 23.2.2005 – 10 AZR 602/03 – NZA 2005, 694, 697; ebenso Bauer/Diller, NJW 2002, 1609, 1610; Boemke, BB 2002, 96, 97; Henssler, RdA 2002, 129, 135; Joussen, NZA 2001, 745, 749; Löwisch, NZA 2001, 465, 466; Tschöpe/Pirscher, RdA 2004, 358, 367; krit. Boemke, BB 2002, 96, 97.

wollen, so dass eine Anpassung an das neue Recht – wie dies vom Gesetzgeber beabsichtigt war – in der Mehrzahl der Altfälle nicht erfolgte.

Diese Problematik hat das BAG erkannt und daher – zumindest bei der Überprüfung von Widerrufsvorbehalten – entschieden, dass für vor und nach dem 1.1.2002 geschlossene Arbeitsverträge unterschiedliche Konsequenzen aus der Unwirksamkeit der vertraglichen Regelung zu ziehen seien. Eine nach neuem Recht unwirksam gewordene Widerrufsvorbehaltsklausel soll demnach – soweit die Unwirksamkeit der Klausel auf das Fehlen der Widerrufsgründe beruht – nicht gemäß § 306 Abs. 2 BGB ersatzlos wegfallen, sondern für den Fall, dass ein ersatzloser Wegfall auf eine echte Rückwirkung hinausliefe, mit der der Arbeitgeber nicht rechnen konnte und musste, eine verfassungskonforme Abmilderung in Form einer ergänzenden Vertragsauslegung erfahren.[119]

Der Annahme des 9. Senates des BAG, eine ergänzende Vertragsauslegung könne nur stattfinden, wenn der Arbeitgeber in der einjährigen Übergangsfrist bis 1.1.2003 einen – wenn auch gegebenenfalls erfolglosen - Anpassungsversuch durch Angebot eines Änderungsvertrages vorgenommen habe[120], ist der 5. Senat im Jahre 2011 zu Recht ausdrücklich entgegen getreten. Der 5. Senat macht unter Verweis auf die Gesetzesbegründung deutlich, dass Art. 229 § 5 EGBGB weder eine Verhandlungsobliegenheit des Arbeitgebers, noch eine Verpflichtung des Arbeitnehmers, ein entsprechendes Änderungsangebot des Arbeitgebers anzunehmen, entnommen werden könne.[121]

Die einjährige Übergangsfrist des Art. 229 § 5 EGBGB ist zum 31.12.2002 abgelaufen. Damit ist aktuell für alle bestehenden Arbeitsverträge der zeitliche Anwendungsbereich der §§ 305 ff. BGB eröffnet.

---

119 BAG vom 20.4.2011 – 5 AZR 191/10 – NZA 2011, 796, 797; BAG vom 11.10.2006 – 5 AZR 721/05 – NZA 2007, 87, 90; BAG vom 12.1.2005 – 5 AZR 364/04 – NZA 2005, 465, 468.

120 BAG vom 11.4.2006 – 9 AZR 610/05 – NJW 2006, 3083, 3086; BAG vom 19.12.2006 – 9 AZR 294/06 – NZA 2007, 809, 812; tendenziell zustimmend, aber letztlich offen gelassen BAG vom 11.2.2009 – 10 AZR 222/08 – NZA 2009, 428, 429; BAG vom 10.12.2008 – 10 AZR 1/08 – NZA-RR 2009, 576, 587; BAG vom 24.10.2007 – 10 AZR 825/06 – NZA 2008, 40, 44.

121 BAG vom 20.4.2011 – 5 AZR 191/10 – NZA 2011, 796, 797; BT-Dr 14/6040 vom 14.5.2001, S. 273; zustimmend Bonin in D/B/D, § 306 BGB Rn. 24a; Schlewing in Clemenz/Kreft/Krause, § 306 BGB Rn. 68.

III. Ergebnis

Allgemeine Geschäftsbedingungen i.S.d. § 305 Abs. 1 BGB liegen vor, wenn der Arbeitgeber vorformulierte Vertragsbedingungen verwendet und diese dem Arbeitnehmer einseitig stellt. Sinn und Zweck der AGB-Kontrolle ist es, den Arbeitnehmer davor zu schützen, dass der Arbeitgeber in die Gestaltungsfreiheit des Arbeitnehmers in unzulässiger Weise eingreift.

Daher stellen Rechtsnormen sowie einseitige Erklärungen, die vom Verwender selbst stammen, keine Vertragsbedingungen i.S.d. § 305 Abs. 1 BGB dar. Bedingungen, die im gegenseitigen Nachgeben ausgehandelt wurden (§ 305 Abs. 1 S. 3 BGB), unterliegen nicht der AGB-Kontrolle.

Entgegen des ersten Anscheins sind an die Vorformulierung keine besonderen Formerfordernisse geknüpft. Aufgrund der Privilegierung des § 310 Abs. 3 Nr. 2 BGB unterliegt eine vorformulierte Klausel, auf deren Inhalt der Arbeitnehmer keinen Einfluss hatte, bereits dann der AGB-Kontrolle, wenn diese nur zur einmaligen Verwendung bestimmt ist.

Der sachliche Anwendungsbereich der §§ 305 ff., 310 Abs. 4 BGB ist nicht nur für „Arbeitsverträge" i.e.S., sondern auch für (individual-) arbeitsrechtliche Verträge i.w.S. eröffnet. Hierunter fallen neben Arbeits- und Änderungsverträgen auch Aufhebungs- und Abwicklungsverträge. Kollektivrechtliche Vereinbarungen wie Tarifverträge und Betriebsvereinbarungen unterliegen nicht der AGB-Kontrolle nach § 310 Abs. 4 S. 1 BGB, soweit sie normativ gelten. Sog. Parallelverträge fallen mangels ausreichenden arbeitsrechtlichen Bezuges nicht unter § 310 Abs. 4 S. 2, 2. Hs. BGB.

Der persönliche Anwendungsbereich der §§ 310 Abs. 3, 13 f. BGB umfasst alle Verbraucher- und damit alle Arbeitsverträge. Die Verbrauchereigenschaft des Arbeitnehmers ist mittlerweile höchstrichterlich entschieden und bejaht, so dass bereits eine einmalige Verwendungsabsicht ausreicht.

Kapitel 3: Einbeziehungskontrolle

I. Einbeziehung gemäß §§ 305 Abs. 2 und Abs. 3 BGB

§ 305 Abs. 2 BGB verlangt für die Einbeziehung Allgemeiner Geschäftsbedingungen drei Voraussetzungen, die kumulativ vorliegen müssen. Demnach werden Allgemeine Geschäftsbedingungen nur dann Bestandteil eines Vertrages, wenn der Verwender bei Vertragsschluss – oder gemäß § 305 Abs. 3 BGB im Voraus – ausdrücklich auf diese hinweist **und** der anderen Vertragspartei die Möglichkeit verschafft, in zumutbarer Weise von ihrem Inhalt Kenntnis zu nehmen, **und** die andere Partei mit ihrer Geltung einverstanden ist.

Nach dem eindeutigen Wortlaut des § 310 Abs. 4 S. 2, 2. Hs. BGB findet § 305 Abs. 2 und 3 BGB jedoch keine Anwendung auf Arbeitsverträge.

Hintergrund dieser Regelung ist, dass der Gesetzgeber annahm, es bestünde keine Notwendigkeit für eine Anwendung des § 305 Abs. 2 und 3 BGB auf Arbeitsverträge, da er davon ausging, der Informationspflicht im Arbeitsrecht sei bereits durch § 2 NachwG Genüge getan. § 2 Abs. 1 NachwG legt fest, dass die wesentlichen Vertragsbedingungen durch den Arbeitgeber an den Arbeitnehmer auszuhändigen seien. Insoweit war der Gesetzgeber der Ansicht, hiermit sei der Einbeziehungszweck des § 305 Abs. 2 und 3 BGB für Arbeitsverträge bereits durch das Nachweisgesetz erfüllt.[122]

Dieser Vergleich ist jedoch verfehlt, da er sowohl die unterschiedliche Zielsetzung als auch die zeitliche Komponente der Vorschriften unberücksichtigt lässt. Während § 305 Abs. 2 und 3 BGB auf den Zeitpunkt **bei** Vertragsschluss abstellt, greift § 2 Abs. 1 NachwG erst **nach** Vertragsschluss ein.[123]

Allerdings kann auch vor dem Hintergrund dieser Erkenntnis § 305 Abs. 2 und 3 BGB nicht *contra legem* analog angewandt werden,[124] da dies dem eindeutigen Willen des Gesetzgebers zuwiderlaufen würde.[125]

---

122 BT-Drs. 14/6857 vom 31.8.2001, S. 54.

123 Boemke/Ulrici in HK-ArbR, § 305 Rn. 23; Deinert in D/B/D, § 305 BGB Rn. 38; Hromadka, NJW 2002, 2523, 2525; Joost in FS Ulmer, 2003, S. 1199, 1200; Richardi, NZA 2002, 1057, 1058; Thüsing, BB 2002, 2666, 2670; Wolf in Dauner-Lieb/Henssler/Preis, Inhaltskontrolle im Arbeitsrecht, S. 17.

124 BAG vom 24.9.2008 – 6 AZR 76/07 – NZA 2009, 154, 156; Boemke/Ulrici in HK-ArbR, § 305 Rn. 24; Deinert in D/B/D, § 305 Rn. 40.

125 BT-Drs. 14/6857 vom 31.8.2001, S. 54; BAG vom 14.3.2007 – 5 AZR 630/06 – NZA 2008, 45, 47.

Der Arbeitgeber ist von den Anforderungen der §§ 305 Abs. 2 und Abs. 3 BGB befreit. Somit müssen die dort normierten Voraussetzungen im Arbeitsrecht nicht erfüllt werden. Es gelten vielmehr die allgemeinen Regeln über das Zustandekommen von Verträgen nach §§ 145 ff. BGB.[126] Somit ist auch eine stillschweigende Einbeziehung möglich.[127]

II. Nichteinbeziehung überraschender Klauseln

Gemäß § 305c Abs. 1 BGB werden Bestimmungen in Allgemeinen Geschäftsbedingungen nicht Bestandteil des Vertrages, wenn sie nach den Umständen, insbesondere nach dem äußeren Erscheinungsbild des Vertrags so ungewöhnlich sind, dass der Vertragspartner des Verwenders mit ihnen nicht zu rechnen braucht. Voraussetzung für das Vorliegen einer sogenannten überraschenden Klausel ist, dass diese objektiv ungewöhnlich ist **und** der andere Vertragsteil subjektiv nicht mit ihr rechnen musste.

1. Objektiv: ungewöhnliche Klausel

Die objektive Ungewöhnlichkeit einer Klausel setzt die Abweichung von der „Normalität"[128] voraus. Maßgeblich für die Frage, ob eine Klausel als „normal" oder „ungewöhnlich" einzustufen ist, sind nach dem Wortlaut des § 305c Abs. 1 BGB die Umstände des Einzelfalls, insbesondere das äußere Erscheinungsbild des Vertrages. Durch diese Umstände, die den Vertragsschluss begleiten, wird eine bestimmte Erwartungshaltung und Vorstellung vom Vertragsinhalt begründet. Folgerichtig ist eine Klausel immer dann objektiv ungewöhnlich, wenn eine deutlich feststellbare Diskrepanz zwischen den Erwartungen des Arbeitnehmers und dem tatsächlichem Vertragsinhalt vorliegt.[129] Zu berücksichtigen sind hierbei insbesondere der Grad der Abweichung vom dispositiven Gesetzesrecht, die übliche

---

126 LAG Niedersachsen vom 18.3.2005 – 10 Sa 1990/04 – NZA-RR 2005, 401, 402; Boemke/Ulrici in HK-ArbR, § 305 Rn. 24.

127 BAG vom 29.8.2012 – 10 AZR 385/11 – NZA 2013, 148, 150; Deinert in D/B/D, § 305 Rn. 43; Diehn, NZA 2004, 129, 132; Gotthardt in H/W/K, § 305 BGB Rn. 11; Stoffels, AGB-Recht, Rn. 307.

128 BAG vom 13.7.2005 – 10 AZR 532/04 – AP HGB § 74 Nr. 78; Däubler in D/B/D, § 305c Rn. 9; Melms in Moll, Münchener Anwaltshandbuch Arbeitsrecht, § 10 Rn. 100.

129 BAG vom 21.6.2011 – 9 AZR 203/10 – NZA 2011, 1338, 1340; BGH vom 6.3.1986 – VII ZR 195/84 – NZA 1986, 1805, 1806; BGH vom 17.5.1982 – VII ZR 316/81 – NZA 1982, 2309.

Vertragsgestaltung, die Umstände und der Verlauf der Vertragsverhandlungen sowie der äußere Zuschnitt des Vertrages.[130] Das äußere Erscheinungsbild setzt sich in erster Linie zusammen aus der äußeren Gestaltung des Vertrages und dem Vertragstyp.[131] Vor allem bei der Verharmlosung einer Klausel im Rahmen der Verhandlungen wird ein Überraschungseffekt als besonders hoch einzustufen sein.[132] Ein Überraschungsmoment ist regelmäßig anzunehmen, wenn die einzelne Klausel ihrem Inhalt nach mit dem äußeren Zuschnitt des Vertrages im Widerspruch steht.[133] Maßstab für die Beurteilung im Rahmen einer abstrakt-generellen Betrachtungsweise ist dabei der Erwartungshorizont eines durchschnittlichen Vertragspartners.[134]

Die Klausel kann insofern sowohl formal als auch materiell überraschend sein.[135]

a. *Formelle Ungewöhnlichkeit*

Eine in Arbeitsverträgen häufig vorkommende formelle Ungewöhnlichkeit ist gegeben, wenn eine vorformulierte Vertragsklausel einen ungewöhnlichen Zuschnitt

---

130 LAG Köln vom 22.6.2012 – 10 Sa 88/12 – juris; BAG vom 15.2.2007 – 6 AZR 286/06 – NZA 2007, 614, 616; BGH vom 30.6.1995 – V ZR 184/94 – BB 1995, 2186; Boemke/Ulrici in HK-ArbR, § 305c BGB Rn. 4; Däubler in D/B/D, § 305c BGB Rn. 11 f.

131 LAG Köln v. 22.6.2012 – 10 Sa 88/12 – juris; BAG vom 15.2.2007 – 6 AZR 286/06 – NZA 2007, 614, 616; BGH vom 30.6.1995 – V ZR 184/94 – BB 1995, 2186; Boemke/Ulrici in HK-ArbR, § 305c BGB Rn. 4; Däubler in D/B/D, § 305c BGB Rn. 11 f.

132 BAG v. 23.2.2005 - 4 AZR 139/04 - NZA 2005, 1193, 1198; Boemke/Ulrici in HK-ArbR, § 305c BGB Rn. 5; Däubler in D/B/D, § 305c BGB Rn. 11.

133 BAG vom 21.6.2011 – 9 AZR 203/10 – NZA 2011, 1340, 1341; BAG vom 19.1.2011 – 10 AZR 738/09 – NZA 2011, 631, 633; BAG vom 28.5.2009 – 8 AZR 896/07 – NZA 2009, 1337, 1339; BAG vom 16.4.2008 – 7 AZR 132/07 – NZA 2008, 876, 877; BAG vom 9.7.2007 – 4 AZR 319/06 – NJOZ 2010, 178, 180; BAG vom 15.2.2007 – 6 AZR 286/06 – NZA 2007, 614, 616; BAG vom 23.2.2005 – 4 AZR 139/04 – NZA 2005, 1193, 1198; BAG vom 23.9.2003 - 3 AZR 551/02 – BeckRS 2004, 40545; LAG München vom 20.1.2010 – 5 Sa 603/09 – BeckRS 2010, 32415; LAG Schleswig-Holstein vom 2.2.2005 – 3 Sa 515/04 – NZA-RR 2005, 351, 353; BAG vom 29.11.1995 – 5 AZR 447/94 – NZA, 1996, 702, 703; LAG Hamm vom 11.7.2007 – 6 Sa 410/07 - BeckRS 2007, 31831; Däubler in D/B/D, § 305c BGB Rn. 12; Stoffels in W/L/P, Anh. § 310 (ArbR) Rn. 47.

134 Boemke/Ulrici in HK-ArbR, § 305c BGB Rn. 5; S. Roloff in Erman, § 305 BGB Rn. 8.

135 BAG vom 21.6.2011 – 9 AZR 203/10 – NZA 2011, 1338, 1340; BAG vom 19.1.2011 – 10 AZR 738/09 - NZA 2011, 631, 633.

hat oder an ungewöhnlicher Stelle erscheint.[136] Eine formelle Ungewöhnlichkeit ist dann zu bejahen, wenn sich die Regelung an einer unerwarteten oder systemwidrigen Stelle oder unter einer falschen beziehungsweise missverständlichen Überschrift im Vertrag befindet.[137]

Auch außerhalb von Arbeitsverträgen kann eine formelle Ungewöhnlichkeit vorliegen. So muss der Arbeitnehmer bspw. nicht mit einem Vermerk auf der Gehaltsmitteilung rechnen, der darauf gerichtet ist, einen bestehenden Anspruch zu beseitigen. Die Gehaltsabrechnung stellt lediglich eine Wissenserklärung nach § 108 GewO dar. Demnach muss der Arbeitnehmer im Rahmen dieser Wissenserklärung nicht mit einer darin enthaltenen rechtsverbindlichen Willenserklärung des Arbeitgebers, als Angebot, eine (vorrangige) Individualvereinbarung nach § 305b BGB rechnen.[138]

Im Übrigen können Formularklauseln, mit denen der Arbeitnehmer nicht von vornherein rechnen musste, die Eignung zur formellen Ungewöhnlichkeit oder Überrumpelung verlieren, wenn der Verwender durch einen eindeutigen Hinweis oder drucktechnische Hervorhebung auf sie aufmerksam macht.[139]

Zweifelhaft ist, ob ein gegenüber dem Normaldruck stärkerer Drucktypus (z.B. Fettdruck) allein geeignet ist, die etwaige Ungewöhnlichkeit einer Klausel zu kompensieren.

So entschied der BGH im Falle einer formularmäßig verlängerten Bürgschaft, der Überraschungscharakter entfalle nicht schon alleine durch die Verwendung von Fettdruck, wenn wegen der bisherigen Gestaltung des Rechtsverhältnisses nicht mit einer solchen ungewöhnlichen Klausel zu rechnen war. Es bedürfe im

136 BAG vom 31.8.2005 – 5 AZR 545/04 – NZA 2006, 323, 326; BAG vom 29.11.1995 – 5 AZR 447/94 – NZA, 1996, 702, 703; Basedow in MüKo, § 305c BGB Rn. 17.

137 BGH vom 21.7.2010 – XII ZR 198/08 – NJW 2010, 3152, 3153; BAG vom 16.4.2008 – 7 AZR 132/07 – NZA 2008, 876, 877; BAG vom 15.2.2007 – 6 AZR 286/06 – AuR 2007, 93; BAG vom 29.11.1995 – 5 AZR 447/94 – NZA 1996, 702.

138 Boemke, JuS 2009, 1061, 1062; ebenfalls zweifelnd an der Rechtsverbindlichkeit von einseitigen Erklärungen in Gehaltsmitteilungen: BAG vom 1.3.2006 – 5 AZR 363/05 – NZA 2006, 746; Clemenz in Clemenz/Kreft/Krause, § 305 BGB Rn. 16.

139 BAG vom 21.6.2011 – 9 AZR 203/10 – NZA 2011, 1340; BAG vom 19.1.2011 – 10 AZR 738/09 – NZA 2011, 631, 633; BAG vom 28.5.2009 – 8 AZR 896/07 – NZA 2009, 1337, 1339; BAG vom 8.8.2007 – 7 AZR 605/06 – NJOZ 2008, 4217, 4221; BAG vom 16.4.2008 – 7 AZR 132/07 – NZA 2008, 876, 877; BAG vom 15.2.2007 – 6 AZR 286/06 – NZA 2007, 614, 617; BGH vom 21.6.2001 – IX ZR 69/00 – NJW-RR 2002, 485; BAG vom 29.11.1995 – 5 AZR 447/94 – NZA, 1996, 702, 703.

Einzelfall vielmehr **zusätzlich** zur drucktechnischen Hervorhebung eines individuellen Hinweises.[140]

Die Rechtsprechung des BAG hält es hingegen für ausreichend, wenn die sich an ungewöhnlicher Stelle befindliche Klausel irgendwie drucktechnisch hervorgehoben wird, sei es durch Schriftart, Schriftgröße, Fettdruck oder Unterstreichungen., ohne dabei Vorgaben zur Art und Weise der drucktechnischen Hervorhebung zu machen. Demnach genügt im Arbeitsrecht entweder ein besonderer Hinweis auf die Regelung „oder", d.h. **alternativ** die drucktechnische Hervorhebung.[141]

b. Materielle Ungewöhnlichkeit

Neben der in der Praxis weit verbreiteten formellen Ungewöhnlichkeit kommt die materielle Ungewöhnlichkeit nur äußerst selten zum Tragen.

Materiell ungewöhnlich ist eine für den Arbeitsvertrag untypische Klausel, mit der veränderte Hauptleistungspflichten einhergehen[142] oder zusätzliche zu den arbeitsvertraglichen Hauptleistungspflichten nach § 611a BGB aus anderen Vertragstypen hinzutreten. Ein Beispiel hierfür wäre eine Klausel im Arbeitsvertrag, nach der sich der Arbeitnehmer mit Abschluss des Arbeitsvertrages zum Kauf eines Fernsehgerätes verpflichtet.

c. Zwischenergebnis

Unabhängig davon, ob die Ungewöhnlichkeit der Regelung formellen oder materiellen Ursprung hat, gilt folgende Faustregel:

Je größer die Belastung des Arbeitnehmers ist, die mit der ungewöhnlichen Klausel einhergeht, desto eher ist von einer überraschenden Klausel auszugehen.[143]

---

140 BGH vom 21.6.2001 – IX ZR 69/00 – NJW-RR 2002, 485; OLG Nürnberg vom 8.6.1999 – 1 U 480/99 – NJW-RR 2000, 278, 279.

141 BAG vom 28.5.2009 – 8 AZR 896/07 – NZA 2009, 1337, 1339; BAG vom 16.4.2008 – 7 AZR 132/07 – NZA 2008, 876, 877; BAG vom 8.8.2007 – 7 AZR 605/06 – NJOZ 2008, 4217, 4221; BAG vom 23.2.2005 – 4 AZR 139/04 – NZA 2005, 1193, 1199; BAG vom 29.11.1995 – 5 AZR 447/94 – NZA, 1996, 702, 703; Preis in ErfK §§ 305–310 BGB Rn. 29.

142 Boemke/Ulrici in HK-ArbR, § 305c BGB Rn. 6; Däubler in D/B/D, § 305c BGB Rn. 9; S. Roloff in Erman, § 305c BGB Rn. 2.

143 BAG vom 21.6.2011 – 9 AZR 203/10 – NZA 2011, 1338, 1340; BAG vom 23.2.2205 – 4 AZR 139/04 – NZA 2005, 1193, 1198; BAG vom 6.8.2003 – 7 AZR 9/03 – NZA 2004, 96, 98; BAG vom 29.11.1995 – 5 AZR 447/94 – NJW 1996, 2117, 2118; Hoefs in Clemenz/Kreft/Krause, § 305c BGB Rn. 7.

2. Subjektiv: „nicht zu rechnen braucht“

In subjektiver Hinsicht ist eine Formularklausel gemäß § 305c Abs. 1 BGB überraschend, wenn die ungewöhnliche Klausel infolge der objektiven Ungewöhnlichkeit einen nachvollziehbaren „Überrumpelungs- oder Übertölpelungseffekt“[144] hervorruft und der Arbeitnehmer nicht mit einer derartigen Klausel rechnen musste. Hierbei sind im Rahmen eines generell-konkreten Maßstabes zwischen den verschiedenen Berufsgruppen unterschiedliche Maßstäbe anzusetzen, je nach Qualifizierung, (Aus-) Bildungsstand, (Führungs-) Verantwortung und Art der Tätigkeit. Der Arbeitnehmer trägt grundsätzlich die Beweislast für die Umstände, aus denen sich die objektive Ungewöhnlichkeit sowie das subjektive Überraschungsmoment ergeben. Der Arbeitgeber als Verwender hingegen trägt die Beweislast dafür, dass seinerseits ein besonderer Hinweis auf die ungewöhnliche Klausel erfolgte.[145] Eine Klausel „Gelesen und verstanden“ genügt jedoch nicht für die Verhinderung eines Überrumpelungs- oder Übertölpelungseffektes. Eine solche einseitige Bestätigung bedeutet eine faktische Verschiebung der Beweislast zu Lasten des Arbeitnehmers und ist ihrerseits gemäß § 309 Nr. 12b BGB unwirksam.[146]

---

144 BAG vom 21.6.2011 – 9 AZR 203/10 – NZA 2011, 1338, 1340; BAG vom 19.1.2011 – 10 AZR 738/09 – NZA 2011, 631, 633; BAG vom 16.4.2008 – 7 AZR 132/07 – NZA 2008, 876, 877; BAG vom 13.7.2005 – 10 AZR 532/04 – AP HGB § 74 Nr. 78; BAG vom 29.11.1995 – 5 AZR 447/94 – NZA, 1996, 702, 703; BGH vom 6.3.1986 – VII ZR 195/84 – NZA 1986, 1805, 1806; BGH vom 17.5.1982 – VII ZR 316/81 – NZA 1982, 2309; LAG Hessen vom 4.2.2013 – 16 Sa 709/12 – BeckRS 2013, 68872; LAG Berlin-Brandenburg vom 15.1.2013 – 16 Sa 1829/12 – NZA-RR 2013, 459, 460; LAG Sachsen-Anhalt vom 22.8.2007 – 4 Sa 118/07 – BeckRS 2009, 72983; LAG Baden-Württemberg vom 24.4.2006 – 9 Sa 46/05 – BeckRS 30806106; LAG München vom 16.2.2006 – 3 Sa 876/05 – BeckRS 2009, 67820; LAG Schleswig-Holstein vom 2.2.2005 – 3 Sa 515/04 – NZA-RR 2005, 351, 353; LAG Düsseldorf vom 15.8.1997 – 9 Sa 852/97 – BeckRS 2007, 45804; Melms in Moll, Münchener Anwaltshandbuch Arbeitsrecht, § 10 Rn. 100; Preis in ErfK, §§ 305–310 BGB Rn. 29.

145 Boemke/Ulrici in HK-ArbR, § 305c BGB Rn. 7 ff.; Däubler in D/B/D, § 305c BGB Rn. 17; Gotthardt in H/W/K, § 305c Rn. 6; Hoefs in Clemenz/Kreft/Krause, § 305c BGB Rn. 8; Lindacher/Hau in W/L/P, § 305c Rn. 39.

146 BGH vom 28.3.1996 – III ZR 95/95 – NJW 1996, 1819; Basedow in MüKo, § 305c Rn. 8; Boemke/Ulrici in HK-ArbR, § 309 BGB Rn. 75; Däubler in D/B/D, § 305c BGB Rn. 17; Grüneberg in Palandt, § 309 BGB Rn. 106; Preis in ErfK, §§ 305–310 BGB Rn. 80.

3. Praktisch bedeutsame überraschende Klauseln

Im Folgenden sollen die unter II. 1. und II. 2. dargelegten Kriterien anhand aktueller und typischer Anwendungsfälle näher dargestellt werden.

So handelt es sich nach gefestigter Rechtsprechung des BAG um eine überraschende Klausel, wenn diese neben einer durch Fettdruck und vergrößerte Schrift optisch hervorgehobenen Befristung für die Dauer eines Jahres im folgenden Text ohne besondere Hervorhebung eine **weitere Befristung** zum Ablauf der sechsmonatigen Probezeit vorsieht. Die Befristung zum Ablauf der Probezeit wird daher gemäß § 305c Abs. 1 BGB nicht Vertragsbestandteil und führt nicht zur Beendigung des Arbeitsverhältnisses nach der Probezeit.[147]

Ebenfalls zur Probezeitbefristung hat auch LAG Brandenburg entschieden, dass eine vorformulierte **Probezeitbefristung** überraschend sein kann, wenn die Befristung zum Ablauf der Probezeit unter „§ 1 Entstehung des Arbeitsverhältnisses“ und nicht unter „§ 12 Beendigung des Arbeitsverhältnisses“ ohne Hervorhebung oder sonstige Hinweise im Arbeitsvertrag geregelt ist.[148]

Ähnlich argumentiert das BAG auch zur Frage des Überraschungscharakters einer **Ausschlussfrist**. Formularmäßig vereinbarte Ausschlussfristen sind in materieller Hinsicht nicht generell überraschend;[149] jedoch können sie formell überraschend sein, wenn sie am Ende des Arbeitsvertrages oder an unerwarteter Stelle unter „Schlussbestimmungen“, beispielsweise nach „Salvatorische Klausel“ platziert sind. Die Klausel, über deren Wirksamkeit das Gericht zu entscheiden hatte, befand sich am Ende eines Arbeitsvertrages, der insgesamt 19 Paragraphen enthielt, unter der Überschrift „§ 18 Schlussbestimmungen". Diese „Schlussbestimmungen" in § 18 des Arbeitsvertrags enthielten zunächst eine salvatorische Klausel (Nr. 1), gefolgt von einer Schriftformklausel (Nr. 2) und einem Hinweis auf die Rechtsfolgen unwirksamer Bestimmungen (Nr. 3). Es war sodann geregelt (Nr. 4), dass alle Ansprüche aus dem Arbeitsverhältnis vom Arbeitnehmer binnen einer gewissen Ausschlussfrist schriftlich geltend zu machen und im Falle der Ablehnung innerhalb einer weiteren Frist einzuklagen sind. Zu beachten ist, dass in diesem Arbeitsvertrag neben den gängigen gemäß § 2 Abs. 1 NachwG

---

147 BAG vom 24.6.2008 – 7 AZR 132/07 – BeckRS 2008, 53939; BAG vom 16.4.2008 – 7 AZR 132/07 – NZA 2008, 876; Basedow in MüKo, § 305c BGB Rn 17.

148 LAG Berlin-Brandenburg vom 15.1.2013 – 16 Sa 1829/12 – ArbRAktuell 2013, 372.

149 BAG vom 25.5.2005 – 5 AZR 572/04 – NZA 2205, 1111; BAG vom 27.2.2002 – 9 AZR 543/00 – DB 2002, 1720; BAG vom 13.12.2000 – 10 AZR 168/00 – NZA 2001, 723; Preis in ErfK, §§ 194–218 BGB Rn. 44; Preis in Preis, Der Arbeitsvertrag, II A 150, Rn. 14.

erforderlichen Bestimmungen unter anderem die Entgeltabtretung, Verschwiegenheitspflichten, Nebentätigkeiten, Dienstkleidung, Führungszeugnis sowie die Arbeitnehmerhaftung sogar eigenständig unter gesonderten Überschriften geregelt waren. Dementsprechend kam auch das BAG zu dem Ergebnis, ein verständiger Arbeitnehmer müsse bei einem so detaillierten Vertrag unter der Überschrift „Schlussbestimmungen" nicht mit einer Klausel rechnen, durch die der Verfall von Ansprüchen bei nicht rechtzeitiger Geltendmachung herbeigeführt werden soll.[150]

Bereits vor der Schuldrechtsreform vertrat die Rechtsprechung die Ansicht, eine überraschende Vertragsklausel könne aufgrund Verstoßes gegen Treu und Glauben (§ 242 BGB) nicht Vertragsbestandteil werden, wenn der Verwender die Unerfahrenheit seines Vertragspartners dadurch ausnützt, dass er ihm durch Verwendung eines vorformulierten Regelwerkes in einer Weise eine versteckte Vertragsklausel unterschiebt, mit welcher dieser auf Grund der Umstände des Einzelfalles nicht zu rechnen brauchte und auf die er auch nicht auf Grund der Gestaltung der Vertragsurkunde aufmerksam werden musste.[151]

Überraschend kann daneben auch eine als „Ergänzung zum Arbeitsvertrag" bezeichnete Beendigungsvereinbarung sein, die den **Übertritt des Arbeitnehmers in eine „betriebsorganisatorisch eigenständige Einheit"** (beE) regelt.

Aus der Überschrift „Ergänzung zum Arbeitsvertrag" ist nicht erkennbar, dass es sich um eine einvernehmliche Beendigung des Arbeitsverhältnisses handeln soll.[152] Andererseits handelt es sich um keine überraschende Klausel, wenn eine **Vertragsstrafenklausel** nicht versteckt und unter gesondertem Gliederungspunkt platziert ist, da das äußere Erscheinungsbild erwartungsprägend ist.[153]

Auch stellt eine formularmäßige **Verlängerung der Kündigungsfristen** für eine ordentliche Arbeitnehmerkündigung grundsätzlich keine überraschende Klausel i.S. des § 305c Abs. 1 BGB dar, wenn unter „Beendigung des Arbeitsverhältnisses" vereinbart ist, dass nach Ablauf der Probezeit das Arbeitsverhältnis

---

150 BAG vom 31.8.2005 – 5 AZR 545/04 – NZA 2006, 324, 326.

151 BAG vom 13.12.2000 – 10 AZR 168/00 – NZA 2001, 723, 724; BGH vom 30.6.1995 – V ZR 184/94 – BB 1995, 2186.

152 BAG vom 15.2.2007 – 6 AZR 286/06 – NZA 2007, 614; LAG München vom 18.10.2005 – 6 Sa 30/05 – BeckRS 2009, 68038; Basedow in MüKo, § 305c BGB Rn. 17.

153 BAG vom 27.4.2000 – 8 AZR 201/99 – NZA 2000, 940, 942; LAG Rheinland-Pfalz vom 27.6.2016 – 3 Sa 159/16 – BeckRS 2016, 72566; LAG München vom 20.1.2010 – 5 Sa 603/09 – BeckRS 2010, 32415; LAG Schleswig-Holstein vom 2.2.2005 – 3 Sa 515/04 – BB 2005, 896.

unter Einhaltung der für den Arbeitgeber nach § 622 BGB gesetzlich geltenden Kündigungsfristen beiderseits ordentlich gekündigt werden kann. Die Verlängerung von Kündigungsfristen für den Arbeitnehmer ist nach Ansicht des BAG im Arbeitsleben als Gestaltungsinstrument sehr verbreitet und daher nicht überraschend. Zudem normiert auch das Gesetz selbst in § 622 Abs. 5 S. 3 BGB die grundsätzliche Möglichkeit, längere als die in § 622 Abs. 1 bis Abs. 3 BGB vorgegebenen Kündigungsfristen einzelvertraglich zu vereinbaren.[154]

III. Vorrang der Individualabrede

Nach § 305b BGB haben wirksame individuelle Vertragsabreden Vorrang vor Allgemeinen Geschäftsbedingungen. Die Norm knüpft an den Grundsatz an, dass eine speziellere Regelung immer eine allgemeinere Regelung verdrängt.

Der Begriff der Individualabrede nach § 305b BGB deckt sich inhaltlich mit dem Begriff des „Aushandelns"[155] gemäß § 305 Abs. 1 S. 3 BGB und setzt eine Vereinbarung zwischen den Arbeitsvertragsparteien voraus, die nicht vorformuliert, sondern deren Inhalt im Einzelnen von beiden Seiten gestaltet und beeinflusst werden konnte. Daher soll vorliegend auf die Ausführungen in **Kapitel 2.I.3.b.aa. (S. 12 ff.)** verwiesen werden.

IV. Ergebnis

Überraschende Formularklauseln werden gemäß § 305c Abs. 1 BGB nicht Bestandteil eines Arbeitsvertrages, wenn sie in objektiver Hinsicht nach den Umständen, insbesondere nach dem äußeren Erscheinungsbild des Vertrages, so ungewöhnlich sind, dass der Arbeitnehmer in subjektiver Hinsicht mit ihnen nicht zu rechnen braucht. Voraussetzung ist, dass aus der objektiven Ungewöhnlichkeit ein subjektiv nachvollziehbarer Überrumpelungs- oder Übertölpelungseffekt für den Arbeitnehmer resultiert. Je größer die Belastung des Arbeitnehmers ist, die mit der ungewöhnlichen Klausel einhergeht, desto eher ist eine überraschende Klausel anzunehmen.

---

154 BAG vom 25.9.2008 – 8 AZR 717/07 – NZA 2009, 370, 372; BAG vom 28.5.2009 – 8 AZR 896/07 – NZA 2009, 1337, 1339; Hoefs in Clemenz/Kreft/Krause, § 305c BGB Rn. 30.

155 Basedow in MüKo, § 305 BGB Rn. 35; Clemenz in Clemenz/Kreft/Krause, § 305b BGB Rn. 5; a.A. Roloff in Erman, § 305b BGB Rn. 4; Däubler in D/B/D, § 305b BGB Rn. 4.

Die objektive Ungewöhnlichkeit kann sowohl im formellen als auch materiellen Sinne gegeben sein. Während das BAG zur Wirksamkeit einer formell ungewöhnlichen Klausel entweder eine drucktechnische Hervorhebung oder einen entsprechend klarstellenden Hinweis genügen lässt, fordert der BGH beide Komponenten.

Soweit es sich nicht um eine Formularklausel, sondern um eine individuell zwischen den Parteien ausgehandelte Vertragsabrede handelt, unterliegt letztere aufgrund des Vorrangs von Individualabreden (§ 305b BGB) nicht der AGB-Kontrolle.

Kapitel 4: Inhaltskontrolle einer einbezogenen Klausel

Die Inhaltskontrolle gemäß §§ 307 ff. BGB einer einbezogenen Klausel dient als Kompensation für die einseitige Inanspruchnahme der Vertragsfreiheit durch den Verwender, der die vorformulierten Formularklauseln für eine Vielzahl von Verträgen einseitig gestellt hat.

I. Auslegung vor Inhaltskontrolle

Allgemeine Geschäftsbedingungen, die die tatbestandlichen Voraussetzungen des § 305 Abs. 1 BGB erfüllen, werden einer Inhaltskontrolle nach §§ 307 ff. BGB unterzogen, soweit sie inhaltlich von Rechtsvorschriften nach § 307 Abs. 3 BGB abweichen oder diese ergänzen. Ob eine materielle Abweichung vorliegt, ist im Wege der Auslegung zu ermitteln, §§ 133, 157 BGB.

1. Abweichung von Rechtsvorschriften (§ 307 Abs. 3 S. 1 BGB)

§ 307 Abs. 3 BGB entscheidet grundsätzlich über die Frage, ob eine Klausel kontrollfrei ist oder einer Angemessenheitskontrolle nach § 307 Abs. 1 S. 1 BGB unterworfen wird.

Eine Angemessenheitskontrolle erfolgt nach dem Wortlaut des § 307 Abs. 3 S. 1 BGB nur für Bestimmungen in Allgemeinen Geschäftsbedingungen, durch die von Rechtsvorschriften abweichende oder diese ergänzende Regelungen vereinbart werden.

a. Deklaratorische Klauseln

Deklaratorische Klauseln, die nur den Inhalt einer Gesetzesnorm wiedergeben, sind von der Inhaltskontrolle grundsätzlich ausgenommen.[156] Der Grund für diese Regelung ist in der Gewaltenteilung (Art. 20 GG) verankert. Die Rechtsprechung soll nicht „durch die Hintertür" die Rechtmäßigkeit gesetzlicher Regelungen überprüfen können, indem sie eine in einem privatrechtlichen Vertrag befindliche Bestimmung einer Inhaltskontrolle unterzieht. Die AGB-Kontrolle

156 BT-Drs. 7/3919 vom 6.8.1975, S. 22; BGH vom 16.3.2004 – XI ZR 13/03 – NJW-RR 2004, 1124, 1125; Grüneberg in Palandt, § 307 BGB Rn. 50; Preis in ErfK, §§ 305–310 Rn. 35; Wurmnest in MüKo, § 307 BGB Rn. 6.

dient nicht der Untersuchung gesetzlicher Interessenbewertungen.[157] Betrachtet man diese Feststellung von der Rechtsfolgenseite, so würde eine zum Vertragsinhalt gewordene gesetzliche Regelung nach Inhaltkontrolle und Feststellung von deren Unwirksamkeit unsinnigerweise dazu führen, dass gemäß § 306 Abs. 2 BGB an die Stelle der unwirksamen Vertragsklausel die identische oder zumindest inhaltsgleiche Gesetzesnorm tritt, so dass die AGB-Kontrolle deklaratorischer Klauseln leer laufen würde.[158] Der Begriff Rechtsvorschriften ist indes weit auszulegen und umfasst neben förmlichen Gesetzen auch ungeschriebene Rechtsgrundsätze und Richterrecht[159] sowie auch Tarifverträge und Betriebsvereinbarungen gemäß § 310 Abs. 4 S. 3 BGB aufgrund der Verweisung auf § 307 Abs. 3 BGB.

b. Haupt- und Nebenleistungspflichten

Kontrollfrei sind nach h.M. neben deklaratorischen Klauseln auch Hauptleistungspflichten, wie etwa Arbeitszeit, Arbeitsleistung und Arbeitsentgelt, da diese der Vertragsfreiheit und den Regeln des Wettbewerbes unterliegen.[160] Das BAG sieht es ausdrücklich „nicht [als] Aufgabe des Gerichts" an, „über die §§ 305 ff.

---

157 BGH vom 9.4.2002 – XI ZR 245/01 – NJW 2002, 1950, 1951; BGH vom 9.5.2001 – IV ZR 121/00 – NJW 2001, 2014, 2015; Annuß BB, 2002, 458, 460; Wurmnest in MüKo, § 307 BGB Rn. 6.

158 BAG vom 9.2.2011 – 7 AZR 91/10 – NZA-RR 2012, 232, 237; BAG vom 18.1.2006 – 7 AZR 191/05 – NJOZ 2007, 1139, 1144; BGH vom 9.4.2002 – XI ZR 245/01 – NJW 2002, 1950, 1951; BGH vom 9.5.2001 – IV ZR 121/00 – NJW 2001, 2014, 2015; BGH vom 6.2.1985 – VIII ZR 61/84 – NJW 1985, 3013; BGH vom 5.4.1984 – III ZR 2/83 – NJW 1984, 2161; Däubler in D/B/D, § 307 BGB Rn. 256; Gotthardt in H/W/K, § 307 BGB Rn. 9; Klumpp in Clemenz/Kreft/Krause, § 307 BGB Rn 17; Linck in Schaub, Arbeitsrechtshandbuch, § 35 Rn. 37.

159 BAG vom 16.1.2013 – 10 AZR 26/12 – NJW 2013, 1020, 1022; BAG vom 18.1.2012 – 10 AZR 612/10 – NZA 2012, 561, 562; BAG vom 24.10.2007 – 10 AZR 825/06 – NZA 2008, 40, 42; BAG vom 11.10.2006 – 5 AZR 721/05 – NJW 2007, 536, 537; Grüneberg in Palandt, § 307 BGB Rn. 51.

160 BAG vom 17.10.2012 – 5 AZR 792/11 – NZA 2013, 266, 267; BAG vom 16.5.2012 – 5 AZR 331/11 – NJW 2012, 2683, 2684; BAG vom 13.6.2007 – 5 AZR 564/06 – NZA 2007, 974, 975; Preis in ErfK, §§ 305–310 BGB Rn. 36; Reichold in Münchener Handbuch zum Arbeitsrecht, § 36 Rn. 19; Stoffels, AGB-Recht, Rn. 449; Kieninger in MüKo, § 307 BGB Rn. 12; Hromadka/Schmitt-Rolfes, NJW 2007, 1777; Rolfs, RdA 2006, 349, 350; krit. Däubler in D/B/D, § 307 Rn. 263 ff.

BGB den „gerechten Preis“ zu ermitteln“.[161] Ob ein Eingriff in das Äquivalenzverhältnis vorliegt, also ein Missverhältnis zwischen Leistung und Gegenleistung, soll nach wie vor allein nach den Maßstäben der Sittenwidrigkeit (§ 138 BGB) zu beurteilen sein.[162] Dies entspricht auch Art. 4 Abs. 2 der Richtlinie 93/13/EWG,[163] wonach die Beurteilung der Missbräuchlichkeit der Klauseln weder den Hauptgegenstand des Vertrages noch die Angemessenheit zwischen Leistung und Gegenleistung betreffen soll.

Die Abgrenzung zwischen Haupt- und Nebenabrede ist im Einzelfall schwierig und muss, auf die jeweilige Formularklausel bezogen, gesondert betrachtet werden. Beispielsweise unterliegen sog. Preisnebenabreden, also Klauseln, die Hauptleistungsabreden modifizieren, der Angemessenheitskontrolle.[164]

2. Zweifels-/Unklarheitenregelung (§ 305c Abs. 2 BGB)

Gemäß § 305c Abs. 2 BGB gehen Zweifel bei der Auslegung Allgemeiner Geschäftsbedingungen zu Lasten des Verwenders, im Arbeitsrecht somit zu Lasten des Arbeitgebers. Da der Verwender maßgeblichen Einfluss auf den Vertragsinhalt hat, liegt es in seiner Verantwortung, sich klar und unmissverständlich auszudrücken.[165]

Zur Feststellung vorab, ob überhaupt Zweifel vorliegen, ist nicht alleine ausreichend, dass Streit über die Auslegung besteht. Vorrangig muss vielmehr eine Auslegung stattgefunden haben. Erst wenn nach Ausschöpfung aller in Betracht kommenden Auslegungsmethoden ein nicht behebbarer Zweifel bleibt und mindestens zwei mögliche und gleichermaßen vertretbare Auslegungsergebnisse

---

161 BAG vom 17.10.2012 – 5 AZR 792/11 – NZA 2013, 266, 267; BAG vom 16.5.2012 – 5 AZR 331/11 – NJW 2012, 2683, 2684; BAG vom 31.8.2005 – 5 AZR 545/04 – NZA 2006, 423, 328; Preis in ErfK, §§ 307–310 BGB Rn. 36.

162 BAG vom 17.10.2012 – 5 AZR 792/11 – NZA 2013, 266, 267; Deinert in D/B/D, § 307 BGB Rn 40.

163 Richtlinie 93/13/EWG des Rates vom 5.4.1993 über mißbräuchliche Klauseln in Verbraucherverträgen.

164 BAG vom 27.7.2005 – 7 AZR 486/04 – NZA 2006, 40, 45; Preis in ErfK, §§ 307–310 BGB Rn. 40.

165 Däubler in D/B/D, § 305c BGB Rn 24; Gotthardt ZIP 2002, 277, 281; Grüneberg in Palandt, § 305c BGB Rn. 15; Hau in W/L/P, § 305c Rn. 124; Hoefs in Clemenz/Kreft/Krause, § 305c Rn. 41; Hunold, NZA-RR 2008, 449, 450; Lakies, Vertragsgestaltung im Arbeitsrecht, Kap. 1 Rn. 267; Ulmer/Schäfer in U/B/H, § 305c Rn 61.

bleiben, bestehen echte bzw. „erhebliche Zweifel“ im Sinne des § 305c Abs. 2 BGB, so dass auch erst dann die Zweifelsregelung Anwendung findet.[166]

Bei der Auslegung von AGB ist neben dem Wortlaut der Klausel auch der Zweck des Vertrages sowie der Wille der Parteien maßgeblich.[167] Hierbei wird nach ständiger Rechtsprechung auf die Verständnismöglichkeiten eines durchschnittlich verständigen und redlichen Vertragspartners ohne rechtliche Vorkenntnisse abgestellt.[168]

Konsequenz der Zweifelsregelung ist, dass diejenige Auslegungsvariante anzunehmen ist, die für den Arbeitgeber als Verwender am ungünstigsten und umgekehrt für den Arbeitnehmer typischerweise am günstigsten ist.[169]

3. Der Begriff der „im Arbeitsrecht geltenden Besonderheiten“

Gemäß § 310 Abs. 4 S. 2, 1. Hs. BGB sind bei der Anwendung der §§ 305 ff. BGB auf Arbeitsverträge die im Arbeitsrecht geltenden Besonderheiten angemessen zu berücksichtigen. Fraglich ist, was konkret unter „im Arbeitsrecht geltenden Besonderheiten“ zu verstehen ist, denn die Reichweite dieser Besonderheiten bestimmt, inwieweit bei der Kontrolle Allgemeiner Arbeitsvertragsbedingungen von den Maßstäben der AGB-Kontrolle im allgemeinen Zivilrecht abgewichen werden kann.

Es besteht aufgrund des Zusammentreffens dieser beiden unbestimmten Rechtsbegriffe ein erheblicher Auslegungsspielraum. Auslegungsbedürftig sind zum einen die Definition der „im Arbeitsrecht geltende Besonderheiten“ und zum anderen deren „angemessene“ Berücksichtigung.

---

166 BAG vom 25.8.2010 – 10 AZR 275/09 – NZA 2010, 1355, 1357; BAG vom 10.12.2008 – 10 AZR 1/08 – NZA-RR 2009, 576, 577; BGH vom 15.11.2006 – VIII ZR 166/06 – NJW 2007, 504, 506; BAG vom 12.9.2006 – 9 AZR 675/05 – NZA 2007, 218, 220; BAG vom 17.1.2006 – 9 AZR 41/05 – NZA 2006, 923, 927; BAG vom 9.11.2005 – 5 AZR 128/05 – NZA 2006, 202, 204; BAG vom 19.3.2003 – 4 AZR 331/02 – NZA 2003, 1207, 1208 f.; BGH vom 4.7.1990 – VIII ZR 288/89 – NJW 1990, 3016, 3017; Däubler in D/B/D, § 305c BGB Rn. 28; Grüneberg in Palandt, § 305c BGB Rn. 15.

167 BAG vom 13.6.2012 – 7 AZR 738/10 – AP BGB § 307 Nr. 64; BAG vom 18.11.2008 – 3 AZR 277/07 – NZA-RR 2009, 153, 155; BAG vom 18.11.2008 – 3 AZR 277/07 – NZA-RR 2009, 153, 158.

168 BAG vom 13.6.2012 – 7 AZR 738/10 – AP BGB § 307 Nr. 64; BAG vom 9.6.2010 – 5 AZR 332/09 – NJW 2010, 2455, 2457; BAG vom 18.11.2008 – 3 AZR 277/07 – NZA-RR 2009, 153, 155; BAG vom 19.3.2008 – 5 AZR 429/07 – NZA 2008, 757, 759; Grüneberg in Palandt, § 305c BGB Rn. 16.

169 LAG Köln vom 2.2.2001 – 11 Sa 1262/00 – BeckRS 9998, 03870; Boemke/Ulrici in HK-ArbR, § 305c BGB Rn. 19; Däubler in D/B/D, § 305c BGB Rn. 33.

a. Rechtliche und tatsächliche Besonderheiten

Fraglich ist zunächst, ob der Begriff der Besonderheiten auf rechtliche **oder** tatsächliche Besonderheiten abstellt oder ob sowohl rechtliche als **auch** tatsächliche Besonderheiten im Rahmen des § 310 Abs. 4 S. 2, 1. Hs. BGB Berücksichtigung finden sollen. Hierfür ist es zunächst erforderlich, die Begrifflichkeiten näher zu definieren.

„Rechtliche Besonderheiten" liegen vor, wenn Rechtsvorschriften oder Rechtsgrundsätzen speziell im Arbeitsrecht eine besondere Bedeutung zukommt, z.B. die eingeschränkte Kündbarkeit eines Vertrages[170].

Um rein „tatsächliche Besonderheiten" handelt es sich hingegen, wenn bestimmte Tatsachen im Arbeitsverhältnis im Vergleich zu anderen Rechtsverhältnissen einen erhöhten Regelungsbedarf aufweisen, z.B. die Üblichkeit von Ausschlussfristen[171].

aa. Wortlaut

Geht man vom Wortlaut des § 310 Abs. 4 S. 2, 1. Hs. BGB aus, so spricht dieser sehr klar von im Arbeits „recht" „geltenden" Besonderheiten. Ein Teil der Literatur schließt die Berücksichtigung tatsächlicher Besonderheiten aus,[172] da begrifflich gesehen nur rechtliche Prinzipien und Vorgaben Geltung erlangen können. Nach teilweiser Auffassung in der Instanzrechtsprechung können tatsächliche Momente jedoch isoliert betrachtet nicht „gelten"[173]. Dies wird im Schrifttum unter Verweis auf den allgemeinen Sprachgebrauch vereinzelt anders gesehen, wonach tatsächliche Momente und Gegebenheiten durchaus gelten können.[174] In diesem Sinne benutzt der Gesetzgeber selbst in § 310 Abs. 1 S. 2 BGB diese Formulierung, indem er von „geltenden" Gewohnheiten und Gebräuchen spricht.

---

170 BAG vom 4.3.2004 - 8 AZR 196/03 - NZA 2004, 727, 732; Boemke/Ulrici in HK-ArbR, § 310 Rn. 33; Deinert in D/B/D, § 310 BGB Rn. 64.

171 Boemke/Ulrici in HK-ArbR, § 310 Rn. 33; Deinert in D/B/D, § 310 BGB Rn. 64.

172 Hönn, ZfA 2003, 325, 331; Thüsing, NZA 2002, 591, 592.

173 LAG Hamm vom 24.1.2003 – 10 Sa 1158/02 - NZA 2003, 499, 501; ArbG Bochum vom 8.7.2002 – 3 Ca 1287/02 – NZA 2002, 978, 979.

174 Birnbaum, NZA 2003, 944, 946; Herresthal, Anm. zu BAG vom 12.1.2005 - 5 AZR 364/04 - EzA BGB 2002 § 308, 1 - S. 19.

bb. Wille des Gesetzgebers

In der Gesetzesbegründung ist eindeutig die Rede von „Besonderen Bedürfnissen des Arbeits**verhältnisses**".[175]

Ein Teil der Literatur schließt aus dieser Formulierung, dass im Rahmen einer weiten Auslegung auch tatsächliche Besonderheiten berücksichtigt werden sollen, da dies dem ausdrücklichen Willen des Gesetzgebers entspräche. Die Autoren führen die Nichtaufnahme des Aspektes der tatsächlichen Besonderheiten im Gesetzeswortlaut auf ein ungewolltes Versehen zurück. Die Rede ist oftmals von einem „legislatorischen Schnellschuss" oder von „spontane[r] Gesetzgebung", wonach der Gesetzgeber wohl in letzter Minute die arbeitsrechtlichen Besonderheiten bei der AGB-Kontrolle einbringen wollte, sich aber in der Eile des Gesetzgebungsverfahrens ohne besonderes Problembewusstsein nicht näher mit deren Auslegung befasste.[176] Hintergrund für diese Übereilung war eine Anfrage des Bundesrates im Rahmen des Gesetzgebungsverfahrens dahingehend, ob die Herausnahme der Arbeitsverträge aus der AGB-Kontrolle noch sachgerecht sei sowie die Befürchtung, der Schutz im Arbeitsrecht könne hinter dem Schutz des allgemeinen Zivilrechts zurückbleiben.[177]

cc. Kombination aus Wortlaut und Systematik

Sieht man Wortlaut und Systematik innerhalb des § 310 BGB in einem Gesamtbild, so spricht dies dafür, nur rechtliche Besonderheiten unter § 310 Abs. 4 S. 2, 1. Hs. BGB zu subsumieren, insbesondere, wenn man diese im Lichte des § 310 Abs. 1 S. 2, 2. Hs. BGB betrachtet.

In § 310 Abs. 1 S. 2, 2. Hs. BGB hat der Gesetzgeber eine andere Formulierung als in § 310 Abs. 4 S. 2, 1. Hs. BGB gewählt und schreibt in Bezug auf den Handelsverkehr die Berücksichtigung von „geltenden Gewohnheiten und Gebräuche" vor,[178] also rein tatsächliche Momente. Im Umkehrschluss würde dies bedeuten, dass der Gesetzgeber im Rahmen einer engen Auslegung des § 310 Abs. 4 S. 2, 1. Hs. BGB nur rechtliche Besonderheiten vorsah und durch die unterschiedliche Formulierung tatsächliche Besonderheiten ausschließen wollte.

---

175 BT-Drs. 14/6857 vom 31.8.2001, S. 54.

176 Joost in FS Ulmer, 2003, S. 1199, 1200; Leder/Morgenroth, NZA 2002, 952, 956; Thüsing, NZA 2002, 591.

177 BT-Drs. 14/7052 vom 9.10.2001, S. 189; BT-Drs. 14/6857 vom 31.8.2001, S. 53 f.; BR-Drs. 338/01 vom 13.7.2001, S. 28.

178 Kreft in Clemenz/Kreft/Krause, § 310 BGB Rn. 55; Thüsing, NZA 2002, 591, 592.

dd. Rechtsprechung des BAG

Das Bundesarbeitsgericht hat mittlerweile entschieden, dass sowohl rechtliche als auch tatsächliche Besonderheiten des Arbeitslebens im Rahmen des § 310 Abs. 4 S. 2, 1. Hs. BGB berücksichtigt werden müssen, jedoch ohne näher auf die wesentlichen streitigen Argumente einzugehen. Nach Ansicht des BAG gehe es vielmehr um die Beachtung „aller dem Arbeitsverhältnis innewohnenden Besonderheiten".[179]

ee. Zwischenergebnis

Der mittlerweile gefestigten Rechtsprechung des BAG, die von einer weiten Auslegung des § 310 Abs. 4 S. 2, 1. Hs. BGB ausgeht, ist zuzustimmen. Danach sollen „nicht nur rechtliche, sondern auch tatsächliche Besonderheiten des Arbeitslebens"[180] Berücksichtigung finden. Hierfür spricht zum einen die Gesetzesbegründung. Soweit hier von „Besonderen Bedürfnissen des Arbeits**verhältnisses**"[181] die Rede ist, sind tatsächliche Besonderheiten inkludiert. Zum anderen verwendet auch der Gesetzgeber selbst das Verb „gelten" im Zusammenhang mit (tatsächlichen) Gegebenheiten und Gebräuchen (§ 310 Abs. 1 S. 2, 2. Hs. BGB), ohne zwischen tatsächlichen und rechtlichen Besonderheiten zu differenzieren. Demnach kann davon ausgegangen werden, dass es dem gesetzgeberischen Willen entspricht, die tatsächlichen Besonderheiten mit zu berücksichtigen.

b. Besonderheiten „des" Arbeitsrechts oder „im" Arbeitsrecht?

Zudem stellt sich die Frage, wie im Rahmen des § 310 Abs. 4 S. 2, 1. Hs. BGB der Begriff der „**im** Arbeitsrecht geltenden Besonderheiten" zu verstehen ist. Es könnten Besonderheiten „innerhalb" des Arbeitsverhältnisses gemeint sein, aber auch Besonderheiten „**des**" Arbeitsrechtes im Vergleich zu anderen Rechtsgebieten.

aa. Wortlaut

Geht man, wie ein Teil der Literatur, streng vom Wortlaut des § 310 Abs. 4 S. 2, 1. Hs. BGB aus, so ist dieser nicht dahingehend zu verstehen, dass mit den „im

---

179 BAG vom 14.8.2007 – 9 AZR 18/07 – NZA 2008, 1194, 1198; BAG vom 25.5.2005 – 5 AZR 572/04 – NZA 2005, 1111, 1113.

180 BAG vom 29.9.2010 – 3 AZR 557/08 – NZA 2011, 206, 209; BAG vom 23.9.2010 – 8 AZR 897/08 – NZA 2011, 89, 93; BAG vom 14.1.2009 – 3 AZR 900/07 – NZA 2009, 666, 669.

181 BT-Drs. 14/6857 vom 31.8.2001, S. 54.

Arbeitsrecht geltenden Besonderheiten" dasjenige gemeint wäre, was dieses Rechtsgebiet von anderen unterscheidet. Vielmehr seien dann nur spezielle Ausprägungen innerhalb des Arbeitsrechts oder Sonderarbeitsverträge gemeint, also Besonderheiten des jeweiligen Vertrags wie Befristungen, Arbeitsverhältnisse mit Tendenzunternehmen usw. Hiernach unterläge ein Arbeitsvertrag zunächst der uneingeschränkten Inhaltskontrolle; lediglich für einzelne Ausschnitte des Arbeitsrechts oder Sonderarbeitsrechtsbeziehungen würde eine modifizierte Inhaltskontrolle gelten, nämlich soweit Besonderheiten der speziellen Arbeitsverhältnisse solche Modifikationen erforderlich machten.[182]

Für diese Ansicht spricht der ausdrückliche Hinweis in der Gesetzesbegründung, der Rechtsausschuss verbinde mit der vorgesehenen Formulierung die Erwartung, dass den Besonderheiten spezifischer Bereiche des Arbeitsrechts wie des kirchlichen Arbeitsrechts angemessen Rechnung getragen werden kann.[183]

Geht man daher vom Wortlaut des Gesetzes („im Arbeitsrecht") und der Gesetzesbegründung aus, würden nur die innerhalb des Arbeitsrechtes geltenden Besonderheiten Berücksichtigung finden, nicht jedoch die Besonderheiten des Arbeitsrechtes im Vergleich zum sonstigen Zivilrecht.

bb. Sinn und Zweck

Stellt man auf den Sinn und Zweck des § 310 Abs. 4 S. 2, 1. Hs. BGB ab, dass der Schutz im Arbeitsrecht nicht hinter dem Schutz des allgemeinen Zivilrechts zurückbleiben dürfe,[184] und berücksichtigt dabei die generelle Funktion des Arbeitsrechts als Arbeitnehmerschutzrecht, so können die im Arbeitsrecht geltenden Besonderheiten sowohl zu Gunsten des Arbeitnehmers, jedoch auch zu Gunsten des Arbeitgebers ausgelegt werden. § 310 Abs. 4 S. 2, 1. Hs. BGB könnte im Ergebnis auch dazu führen, dass ein festgestellter Verstoß gegen § 307 BGB oder §§ 308 f. BGB, aus der sich die Unwirksamkeit und der prinzipielle ersatzlose Wegfall (§ 306 BGB) einer Klausel ergeben würde, mit den „Besonderheiten" zu rechtfertigen wäre und § 310 Abs. 4 S. 2, 1. Hs. BGB diesen an sich unwirksamen Klauseln letztlich doch zu deren Wirksamkeit verhelfen kann. Vor dem Hintergrund, dass rechtsgebietsspezifische Besonderheiten (z.B. im Kauf- oder Werkvertragsrecht) ohnehin – auch ohne explizite gesetzliche Anordnung – über die unbestimmten Rechtsbegriffe berücksichtigt werden, kann davon ausgegangen

182 BAG von 4.3.2003 – 8 AZR 196/03 – NZA 2004, 727, 729; Birnbaum, NZA 2003, 944, 946, 948.

183 BT-Drs. 14/7052 vom 9.10.2001, S. 189.

184 BT-Drs. 14/6857 vom 31.8.2001, S. 53 f.; BT-Drs. 14/7052 vom 9.10.2001, S. 189.

werden, dass § 310 Abs. 4 S. 2, 1. Hs. BGB darüber hinausgehen soll und wohl als eine Art „soziale Endkontrolle“[185] zu sehen ist, die nach der Prüfung erfolgt, ob eine vorformulierte Klausel an sich mit dem AGB-Recht im Einklang steht.

Dementsprechend sind nach Ansicht des BAG unter Besonderheiten im Sinne des § 310 Abs. 4 S. 2 BGB die Besonderheiten des Rechtsgebietes Arbeitsrecht im Ganzen und nicht nur Besonderheiten bestimmter Arbeitsverhältnisse wie z.B. kirchlicher Arbeitsverhältnisse zu verstehen. Dabei müsse es sich nicht um Besonderheiten handeln, die nur im Arbeitsrecht gelten. Es genüge grundsätzlich, wenn sich die Abweichungen von typischen Regelungslagen insbesondere im Arbeitsverhältnis in besonderem Maße auswirken.[186] Diese Abweichungen sind jedoch konsequenterweise in beide Richtungen möglich, also sowohl zu Gunsten, als auch zu Lasten des Arbeitnehmers oder Arbeitgebers.

cc. Beispiele

Ein Beispiel für eine im Arbeitsrecht geltende Besonderheit ist die **fehlende Vollstreckungsmöglichkeit** nach § 888 Abs. 3 ZPO, § 62 Abs. 2 ArbGG[187]. Zwar hat § 888 Abs. 3 ZPO nicht nur Auswirkungen auf das Arbeitsrecht, sondern auf das gesamte Dienstvertragsrecht im weiteren Sinne. Indes genügt, dass § 888 Abs. 3 sich **auch** im Arbeitsrecht in besonderem Maße auswirkt. Es ist hingegen nicht erforderlich, dass sich § 888 Abs. 3 **nur** im Arbeitsrecht besonders auswirkt.[188] Auch bei der Beurteilung von **Ausschlussfristen** sind die im Arbeitsrecht vorherrschenden verhältnismäßig kurzen Fristen als eine im Arbeitsrecht geltende Besonderheit anzusehen, da im Arbeitsrecht ein Interesse an zeitnahem Rechtsfrieden und Klarheit geboten ist.[189] **Anrechnungsvorbehalte** in arbeitsvertraglichen Vergütungsabreden sind seit Jahrzehnten in der Praxis ebenfalls

185 Birnbaum, NZA 2003, 944, 946; ebenso Hromadka, NJW 2002, 2523, 2529 f.

186 BAG von 4.3.2003 - 8 AZR 196/03 – NZA 2004, 727; ebenso Deinert in D/B/D, § 310 BGB Rn. 71; Kreft in Clemenz/Kreft/Krause, § 310 BGB Rn. 54; Reichenbach, NZA 2003, 311.

187 BAG vom 4.3.2004 – 8 AZR 196/03 – NZA 2004, 727, 731 f.; LAG Berlin-Brandenburg vom 14.6.2007 – 18 Sa 506/07 - BeckRS 2008, 54701; LAG Hessen vom 3.11.2004 – 6 Sa 405/04 – BeckRS 2004, 30984962; Deinert in D/B/D, § 310 BGB Rn. 71; Hromadka, NJW 2002, 2523, 2528; Herbert/Oberrath, NZA 2004, 121, 125; Kraft, NZA 1989, 777, 778.

188 BAG vom 4.3.2004 – 8 AZR 196/03 – NZA 2004, 727, 732; Deinert in D/B/D, § 310 BGB Rn. 71.

189 BAG vom 25.5.2005 - 5 AZR 572/04 – NZA 2005, 1111, 1114.

üblich. Sie stellen eine im Arbeitsrecht geltende Besonderheit dar, die gem. § 310 Abs. 4 S. 2 BGB angemessen zu berücksichtigen ist.[190]

dd. Zwischenergebnis

Der Gesetzgeber hat die Notwendigkeit zutreffend erkannt, dass die plötzlich mit der Schuldrechtsreform unmittelbar auf Arbeitsverträge anwendbaren §§ 305 ff. BGB die Berücksichtigung arbeitsrechtlicher Besonderheiten nach sich ziehen müssen. Es bietet sich daher an, den Begriff der „im Arbeitsrecht geltenden Besonderheiten" im weiten Sinne zu verstehen und neben rechtlichen auch tatsächliche Besonderheiten zu berücksichtigen.

Außerdem sind diejenigen Besonderheiten zu berücksichtigen, die das (gesamte) Arbeitsrecht im Vergleich zum allgemeinen Zivilrecht mit sich bringt, wobei diese nicht auf spezielle Gegebenheiten innerhalb des Arbeitsrechts oder Sonderarbeitsrechtsbeziehungen begrenzt sind.

Allerdings trägt dieses weite Verständnis nicht unbedingt zur Erreichung der ursprünglich bezweckten Rechtsicherheit und Rechtsklarheit bei. Im Rahmen der in den §§ 305 ff. BGB weit verbreiteten unbestimmten Rechtsbegriffen kann somit in beinahe jedem Stadium der AGB-Prüfung durch die angemessene Berücksichtigung der im Arbeitsrecht geltenden Besonderheiten eine Ergebniskorrektur erfolgen.

II. Spezielle Klauselverbote (§§ 308, 309 BGB)

Die speziellen Klauselverbote nach §§ 308 f. BGB stellen Konkretisierungen zur Generalklausel nach § 307 BGB dar und sollen dem Schutz des anderen Teils, im Arbeitsrecht also des Arbeitnehmers dienen.[191]

Aus dem Umkehrschluss aus § 308 Nr. 3 und § 309 Nr. 1 BGB sowie aus dem Wortlaut des § 309 Nr. 9 BGB ergibt sich, dass §§ 308 f. BGB grundsätzlich auch auf Dauerschuldverhältnisse, also auch auf Arbeitsverhältnisse anwendbar sind.

Nach Ansicht des BAG sind sowohl im Rahmen von § 308 BGB als auch in dem von § 309 BGB die im Arbeitsrecht geltenden Besonderheiten angemessen zu berücksichtigen.[192] Damit setzt sich das BAG über den ausdrücklichen Wortlaut

---

190 BAG vom 1.3.2006 – 5 AZR 363/05 – NJW-Spezial 2006, 323; a.A. Thüsing, NZA 2002, 591, 593.

191 Dammann in W/L/P, Vorb. zu §§ 308, 309 BGB Rn. 1; Stoffels, AGB-Recht, Rn. 576 ff.; Wurmnest in MüKo, § 307 BGB Rn. 21.

192 BAG vom 4.3.2004 – 8 AZR 196/03 – NZA 2004, 727, 731; Annuß, BB 2002, 458, 462.

in der amtlichen Überschrift „Klauselverbote ohne Wertungsmöglichkeit" (§ 309 BGB) hinweg und begründet dies systematisch und grammatikalisch mit § 310 Abs. 4 S. 2 BGB. Denn nach § 310 Abs. 4 S. 2, 1. Hs. BGB bezieht sich die Berücksichtigung der im Arbeitsrecht geltenden Besonderheiten auf den gesamten Abschnitt 2 über die „Gestaltung rechtsgeschäftlicher Schuldverhältnisse durch Allgemeine Geschäftsbedingungen" (§§ 305 bis 310 BGB). Dies ergibt sich auch aus dem Sinn und Zweck des § 310 Abs. 4 S. 2 BGB. Nach Maßgabe der Bundesregierung im Gesetzgebungsverfahren ist es gerade Sinn der Regelung, dass „vor allem die besonderen Klauselverbote ohne Wertungsmöglichkeit im Arbeitsrecht nicht zwingend uneingeschränkt zur Anwendung kommen".[193] Dieses Ziel würde verfehlt, nähme man § 309 BGB von der Berücksichtigung der arbeitsrechtlichen Besonderheiten aus. In diesem Falle bliebe im Wesentlichen nur dort Raum zur Anwendung von § 310 Abs. 4 S. 2 BGB, wo ohnehin eine richterliche Wertungsmöglichkeit durch unbestimmte Rechtsbegriffe eröffnet ist, nämlich vor allem im Rahmen des § 307 und § 308 BGB.[194]

III. Generalklausel (§ 307 BGB)

Soweit die besonderen Klauselverbote nach §§ 308 f. BGB nicht eingreifen, sind Allgemeine Geschäfts- und Arbeitsbedingungen an der Generalklausel des § 307 zu messen.

1. Verbot unangemessener Benachteiligung

Gemäß § 307 Abs. 1 S. 1 BGB ist eine formularmäßige Klausel unwirksam, wenn der Vertragspartner des Verwenders durch sie unangemessen benachteiligt wird. Eine unangemessene Benachteiligung liegt vor, wenn der Verwender seine Interessen einseitig auf Kosten des Vertragspartners durchzusetzen versucht, ohne dessen Interessen in ausreichendem Maße zu berücksichtigen oder einen angemessenen Ausgleich hierfür zu gewähren. Nach ständiger Rechtsprechung des BAG ist dies der Fall, wenn die Bestimmung ein rechtlich anerkanntes Interesse des Arbeitnehmers zu dessen Nachteil beeinträchtigt, das nicht durch begründete und billigenswerte Interessen des Arbeitgebers gerechtfertigt ist oder durch gleichwertige Vorteile ausgeglichen wird. Die Feststellung einer unangemessenen Benachteiligung setzt eine wechselseitige Berücksichtigung und Bewertung

193 BT-Drs. 14/6857 vom 31.8.2001, S. 54.

194 BAG vom 4.3.2004 – 8 AZR 196/03 – NZA 2004, 727, 731; Preis in ErfK, §§ 305–310 BGB Rn. 11.

rechtlich anzuerkennender Interessen der Vertragspartner voraus.[195] Die beiderseitigen Positionen müssen unter Berücksichtigung des Grundsatzes von Treu und Glauben umfassend gewürdigt werden, wobei bei der Beurteilung der Unangemessenheit ein genereller, typisierender, vom Einzelfall losgelöster Maßstab anzusetzen ist.[196]

Im Zweifel wird eine unangemessene Benachteiligung angenommen, wenn einer der Tatbestände des § 307 Abs. 2 BGB erfüllt ist. Unabhängig von der systematischen Einordnung des § 307 Abs. 2 BGB als Sondertatbestand[197], Regelbeispiel[198] oder Vermutungstatbestand[199] soll die Vorschrift zumindest als Konkretisierung des § 307 Abs. 1 BGB dienen.

2. Transparenzgebot

Gemäß § 307 Abs. 1 S. 2 BGB muss eine vorformulierte Klausel klar und verständlich sein. Besondere Ausprägungen des Transparenzgebotes sind im Wesentlichen das Verständlichkeitsgebot, das Bestimmtheitsgebot und das Täuschungsverbot.[200]

---

195 BAG vom 23.9.2010 – 8 AZR 897/08 – BeckRS 2010, 75925; BGH vom 4.3.2010 – III ZR 79/09 – NJW 2010, 1449; BGH vom 17.1.2008 – III ZR 74/07 – NJW 2008, 1064, 1065; BAG vom 9.5.2006 – 9 AZR 424/05 – Beck RS 2007, 40190; BAG vom 11.4.2006 – 9 AZR 557/05 – NJW 2006, 3303, 3305; BAG vom 18.1.2006 – 7 AZR 191/05 – NJOZ 2007, 1139, 1145 f.; BAG vom 27.7.2005 – 7 AZR 486/04 – NZA 2006, 40, 46; BAG vom 24.10.2002 – 6 AZR 632/00 – NZA 2003, 668, 669; BGH vom 3.11.1999 – VIII ZR 269/98 – NJW 2000, 1110, 1112; BGH vom 24.3.1999 - IV ZR 90/98 – NJW 1999, 2279, 2281; BGH vom 4.11.1992 – VIII ZR 235/91 – NJW 1993, 326, 329; BGH vom 30.10.1985 - VIII ZR 251/84 – NJW 1986, 424, 426; BGH vom 8.3.1984 - IX ZR 144/83 – NJW 1984, 1531, 1532.

196 BAG vom 9.2.2011 – 7 AZR 91/10 – NZA-RR 2012, 232, 237; BAG vom 23.9.2010 – 8 AZR 897/08 – BeckRS 2010, 75925; BAG vom 28.5.2009 – 8 AZR 896/07 – NZA 2009, 1337, 1339; BAG vom 18.1.2006 – 7 AZR 191/05 – NJOZ 2007, 1139, 1146 f.; BAG vom 4.3.2004 – 8 AZR 196/03 – NZA 2004, 727.

197 Coester in Staudinger, § 307 BGB Rn. 226; Klumpp in Clemenz/Kreft/Krause, § 307 BGB Rn. 57; Stoffels, AGB-Recht, Rn. 500.

198 Becker, Die Auslegung des AGB-Gesetz, S. 41 ff; Fuchs in U/B/H, § 307 BGB Rn. 193; v. Hoyningen-Huene, Inhaltskontrolle nach § 9 AGBG, Rn. 236.

199 BAG vom 9.2.2011 – 7 AZR 91/10 – AP BGB § 307 Nr. 52 Nr. 57 f.; BAG vom 18.1.2006 – 7 AZR 191/05 – NJOZ 2007, 1139, 1146; BAG vom 27.7.2005 – 7 AZR 486/04 – NZA 2006, 40, 46; Pfeiffer in W/L/P, § 307 BGB Rn. 96.

200 BGH vom 20.7.2005 – VIII ZR 121/04 – NJW-RR 2005, 1496, 1505; LAG Hamm vom 11.5.2004 – 19 S 2132/03 – BeckRS 2006, 40643; Bonin in D/B/D, § 307 BGB Rn. 154 f.; Hromadka, NJW 2002, 2523, 2528; Pfeiffer in W/L/P, § 307 BGB Rn. 253 ff.

Nach § 307 Abs. 1 S. 2 BGB ist der Arbeitgeber als AGB-Verwender gemäß den Grundsätzen von Treu und Glauben verpflichtet, die Voraussetzungen und Rechtsfolgen einer Klausel möglichst so klar, verständlich und durchschaubar darzustellen, dass keine ungerechtfertigten und vermeidbaren Gestaltungsspielräume entstehen[201] und der Arbeitnehmer als juristischer Laie erkennen kann, was gegebenenfalls „auf ihn zukommt“[202] (Bestimmtheits- und Verständlichkeitsgebot). Allgemeine Arbeitsbedingungen müssen wirtschaftliche Nachteile und Belastungen so weit erkennen lassen, wie dies nach den Umständen gefordert werden kann. Sinn und Zweck des Transparenzgebots ist es, der Gefahr vorzubeugen, dass der Arbeitnehmer von der Durchsetzung bestehender Rechte abgehalten wird[203] (Täuschungsverbot). Das Transparenzgebot soll jedoch keinen Belehrungs- oder Beratungsauftrag gegenüber dem Arbeitnehmer erfüllen. Ebenso wenig soll es dem Ausgleich einseitiger Rechtsunkenntnis dienen. Zweck des Transparenzgebotes ist vielmehr zu verhindern, dass sich der Klauselverwender durch bewusst unklare Formulierungen gegenüber dem Verwendungsgegner einen Wissensvorsprung verschafft.[204]

IV. Ergebnis

Eine Formularklausel unterliegt der Inhaltskontrolle, wenn sie gemäß § 307 Abs. 3 BGB von Rechtsvorschriften oder ungeschriebenen Rechtsgrundsätzen abweicht oder diese ergänzt. Kontrollfrei sind daher grundsätzlich neben deklaratorischen Klauseln auch die Hauptleistungspflichten des Arbeitsvertrages.

---

201 BAG vom 28.5.2009 – 8 AZR 896/07 – NZA 2009, 1337, 1338; BAG vom 14.8.2007 – 8 AZR 973/06 – NZA 2008, 170, 172; BAG vom 31.8.2005 – 5 AZR 545/04 – NZA 2006, 324, 328; BGH vom 5.11.2003 – VIII ZR 10/03 - NJW 2004, 1598, 1600.

202 BAG vom 17.8.2011 – 5 AZR 406/10 – AP BGB § 307 Nr. 55; BAG vom 11.10.2006 – 5 AZR 721/05 – NZA 2007, 87, 89; BAG vom 18.8.2005 – 8 AZR 65/05 – NZA 2006, 34, 37; BAG vom 21.4.2005 – 8 AZR 425/04 – NZA 2005, 1053, 1055; BAG vom 12.1.2005 – 5 AZR 364/04 – NZA 2005, 465; Bonin in D/B/D, § 307 BGB Rn. 156b; Ohlendorf/Salomon, NZA 2008, 856, 859; Reichold, Münchener Handbuch zum Arbeitsrecht, § 39 Rn. 50.

203 BAG vom 18.1.2012 – 10 AZR 670/10 – AP BGB § 307 Nr. 57; BAG vom 14.9.2011 – 10 AZR 526/10 – AP BGB § 307 Nr. 56; BAG vom 6.5.2009 – 10 AZR 390/08 – AP BGB § 307 Nr. 44; BAG vom 20.5.2008 – 9 AZR 382/07 – NZA 2008, 1233, 1237; BAG vom 3.4.2007 – 9 AZR 867/06 – NZA 2007, 1045, 1048; BGH vom 27.9.2000 – VIII ZR 155/99 – NJW 2001, 292, 296; BGH vom 23.3.1988 – VIII ZR 58/87 – NJW 1988, 1726; Bonin in D/B/D, § 307 BGB Rn. 156.

204 Lapp/Salamon in jurisPK-BGB, § 307 BGB Rn. 89 f.; Schmidt, NJW 2011, 3329.

Im Rahmen der Inhaltskontrolle ist eine Regelung dabei zunächst an den speziellen Klauselverboten nach §§ 309 BGB, 308 BGB sowie an der Generalklausel des § 307 BGB zu messen. Eine Formularklausel ist unwirksam, wenn sie den Arbeitnehmer unangemessen benachteiligt (§ 307 Abs. 1 S. 1, Abs. 2 BGB) oder gegen das Transparenzgebot (§ 307 Abs. 1 S. 2 BGB) verstößt.

Im Rahmen der Inhaltskontrolle sind gemäß § 310 Abs. 4 S. 2, 1. Hs. BGB die im Arbeitsrecht geltenden Besonderheiten angemessen zu berücksichtigen. Der Begriff ist indes weit zu verstehen und umfasst neben rechtlichen auch tatsächliche Besonderheiten.

Kapitel 5: Inhaltskontrolle anhand einzelner Klauseln

I. Anspruchs- und rechtsvernichtende Klauseln

Einzelvertraglich vereinbarte Klauseln, die bereits entstandene oder künftige Ansprüche oder Rechte beseitigen sollen, treten im Arbeitsrecht häufig in Form von Verzichtsklauseln und Ausschlussfristen auf. Sie dienen dem Interesse der Arbeitsvertragsparteien an einer möglichst zeitnahen Klärung etwaiger noch offener Ansprüche und tragen auf diese Weise zu einer alsbaldigen Rechtssicherheit und -klarheit bei. Während Verzichtsklauseln einen unmittelbaren Verlust von Ansprüchen oder Rechten zur Folge haben, verkürzen Ausschlussfristen den Zeitraum, innerhalb dessen ein Anspruch geltend gemacht werden kann bevor dieser verfällt.

1. Verzichtsklauseln

Unter den Begriff der vorformulierten Verzichtsklauseln fallen neben ausdrücklichen Verzichtsvereinbarungen auch Abgeltungs- und Erledigungsklauseln. Hierbei handelt es sich um Vereinbarungen zwischen Arbeitgeber und Arbeitnehmer, die eine einseitige oder beiderseitige Bestätigung enthalten können, dass bestimmte oder sämtliche Ansprüche im Zusammenhang mit dem Arbeitsverhältnis und dessen Beendigung, abgegolten und erledigt seien, gleichgültig welchen Rechtsgrundes, seien sie bekannt oder unbekannt.

a. Inhaltliche und rechtliche Einordnung

Inhaltlich kann eine Verzichtsklausel verschiedene Aspekte umfassen. Sie kommt zum einen bereits bei der Begründung von Arbeitsverhältnissen in Arbeitsverträgen vor, häufig in Form von Überstundenabgeltungsklauseln. Zum anderen findet man im Rahmen der Beendigung von Arbeitsverhältnissen in der Regel vorformulierte Klauseln, die einen Anspruchs- oder Rechtsverzicht beinhalten. Dieser Verzicht kann sich sowohl auf (Rück-) Zahlungs- oder Vergütungsansprüche jeglicher Art beziehen als auch einen Verzicht auf ein Recht beinhalten, beispielsweise die Vornahme von Handlungen, wie etwa einen Klageverzicht.

Neben der Frage, ob ein Verzicht auf ein bestimmtes Recht im Einzelfall überhaupt zulässig oder gegebenenfalls zustimmungsbedürftig ist (§ 77 Abs. 4 S. 2

BetrVG, § 4 Abs. 4 S. 1 TVG), ist eine vorformulierte Verzichtserklärung grundsätzlich auch der AGB-Kontrolle zu unterziehen.

Unabhängig von der rechtlichen Einordnung von Verzichtsklauseln als Erlassvertrag (§ 397 Abs. 1 BGB), Vergleich (§ 779 BGB) oder als deklaratorisches oder konstitutives negatives Schuldanerkenntnis (§ 397 Abs. 2 BGB)[205] steht fest, dass an die AGB-rechtliche Wirksamkeit einer Verzichtsklausel aufgrund der damit einhergehenden weitreichenden und irreversiblen Rechtsfolgen besonders hohe Anforderungen zu stellen sind.

b. *Einseitige und beiderseitige Verzichtsklauseln*

aa. *Kontrollfähigkeit*

Grundsätzlich unterliegt eine Verzichtsklausel der Inhaltskontrolle, wenn sie gemäß § 307 Abs. 3 S. 1 BGB von dispositivem Gesetzesrecht abweicht. Unter Rechtsvorschriften i.S.d. § 307 Abs. 3 S. 1 BGB fallen auch anerkannte, ungeschriebene Rechtsgrundsätze und -prinzipien. Hierzu gehört auch das im Schuldrecht verankerte und anerkannte Äquivalenzprinzip, welches dazu dient, das ursprünglich von den Parteien festgelegte Verhältnis von Leistung und Gegenleistung zu erhalten.[206]

Soweit es sich also bei der Verzichtsvereinbarung um eine Nebenabrede zum Arbeits- oder Aufhebungsvertrag handelt, ist diese kontrollfähig. Nebenabreden sind Vereinbarungen, die nicht die synallagmatischen Pflichten aus dem Arbeitsvertrag, d.h. weder die Arbeitsleistung des Arbeitnehmers noch die Gegenleistung des Arbeitgebers unmittelbar betreffen.[207]

Soweit die Verzichtsklausel hingegen isoliert, d.h. als einzige Vertragsbedingung, vereinbart wird, stellt sie grundsätzlich eine nicht kontrollfähige Hauptleistungsabrede im Rahmen eines isolierten Rechtsverzichtes dar. Hier ist das Aufgeben von Ansprüchen bzw. sonstigen Rechtspositionen der einzige Regelungsgehalt der Vereinbarung.[208] Gemäß § 307 Abs. 3 S. 1 BGB kann eine solche

---

205 BAG vom 21.6.2011 – 9 AZR 203/10 – NZA 2011, 1338, 1339; BAG vom 19.11.2003 – 10 AZR 174/03 – NZA 2004, 554, 555.

206 BAG vom 21.6.2011 – 9 AZR 203/10 – NZA 2011, 1338, 1341; BGH vom 7.12.2010 – XI ZR 3/10 – NJW 2011, 1801, 1802; BGH vom 12.6.2001 – XI ZR 274/00 – NJW 2001, 2635, 2636; BGH vom 9.10.1985 – VIII ZR 217/84 – NJW 1986, 179, 180.

207 BAG vom 24.2.2016 – 5 AZR 258/14 – NZA 2016, 762, 765; LAG Baden-Württemberg vom 7.10.2013 – 10 Sa 10/13 – BeckRS 2014, 67099; Linck in Schaub, Arbeitsrechts-Handbuch, § 183 Rn. 2.

208 Krause in MünchArbR, § 64 Rn. 9; Kroeschell, NZA 2008, 560, 562; Preis in ErfK, §§ 305–310 BGB Rn. 100; Preis/Bleser/Rauf, DB 2006, 2812, 2813.

Vereinbarung nicht auf inhaltliche Angemessenheit kontrolliert werden, weil es in die eigenverantwortliche Entscheidung der Parteien fällt, ob sie Rechte aufheben und wie das Verhältnis von (Haupt-) Leistung und Gegenleistung vertraglich festgelegt wird.[209]

bb. Inhaltskontrolle

(1) Einseitige Verzichtsklauseln

Einseitige Verzichtsklauseln stellen mangels Vorliegen einer Gegenleistung grundsätzlich eine unangemessene Benachteiligung (§ 307 BGB) dar.[210]

Eine besondere Ausprägung einseitiger Verzichtsklauseln stellt die in der Praxis weit verbreitete **Ausgleichsquittung** dar, mit der der Arbeitnehmer zum einen den Erhalt der Arbeitspapiere und zum anderen das Nichtbestehen sämtlicher Ansprüche im Zusammenhang mit dem Arbeitsverhältnis und dessen Beendigung bestätigt. Die Ausgleichsquittung ist eine Kombination aus Quittung und Verzicht.[211] Sie beinhaltet zum einen das sog. Quittungselement, das als reines Empfangsbekenntnis (§ 368 S. 1 BGB) eine Bestätigung über den Erhalt bestimmter Arbeitspapiere und Unterlagen darstellt und in AGB-rechtlicher Hinsicht weitestgehend unproblematisch ist. Zum anderen kommt das sog. Ausgleichs- oder Verzichtselement hinzu, in dem lediglich der Arbeitnehmer das Nichtbestehen weiterer Ansprüche aus dem Arbeitsverhältnis bestätigt. Den Anforderungen des § 305c BGB ist allerdings nur bei einer strikten Trennung von Quittungs- und Verzichtselement Genüge getan, sofern beispielsweise diese Trennung deutlich

---

209 Bauer/Günther, NJW 2008, 1617, 1621; Krause in MünchArbR, § 64 Rn. 9; Preis/Bleser/Rauf, DB 2006, 2812, 2814; Rolfs in Preis, Der Arbeitsvertrag, II V 50, Rn. 12; Thüsing, AGB-Kontrolle im Arbeitsrecht, Rn. 442; Thüsing/Leder, BB 2005, 1563, 1563; a.A. BAG vom 6.9.2007 – 2 AZR 722/06 – NZA 2008, 219 im Rahmen eines Verzichts auf Kündigungsschutzklage, jedoch ohne nähere Begründung.

210 BAG vom 21.6.2011 – 9 AZR 203/10 – NZA 2011, 1338; BAG vom 31.8.2005 – 5 AZR 545/04 – NZA 2006, 324; LAG Köln vom 30.7.2002 – 9 Sa 1301 – BeckRS 2002, 30796521; ArbG Heilbronn vom 2.7.1986 – 4 Ca 156/86 – NZA 1987, 446; Hunold, NZA-RR 2002, 225, 229; Bauer, NZA 1987, 440, 442; Kramer, BB 1997, 731, 734; Preis/Roloff, RdA 2005, 144, 154; Rolfs in Preis, Der Arbeitsvertrag, II V 50, Rn. 13; Thüsing, BB 2005, 1563, 1564; Reinecke, BB 2005, 378, 381; so auch tendenziell bereits BAG vom 2.3.2004 – 1 AZR 271/03 – NZA 2004, 852.

211 Rolfs in Preis, Der Arbeitsvertrag, II V 50, Rn. 2; Boudon in Moll, Münchener Anwaltshandbuch Arbeitsrecht, § 22 Rn. 25.

drucktechnisch hervorgehoben und das Verzichtselement eindeutig und offensichtlich erkennbar ist.[212]

(2) Beiderseitige Verzichtsklauseln

Beiderseitige Verzichtsklauseln, in denen beide Arbeitsvertragsparteien sämtliche gegenseitige Ansprüche für erledigt und abgegolten erklären, verstoßen nicht von vorneherein gegen § 307 BGB. Zu berücksichtigen ist jedoch, dass auch im Falle eines beiderseitigen Verzichtes eine Verzichtsklausel oftmals nicht beide Parteien gleichermaßen, sondern faktisch primär den Arbeitnehmer trifft, da dieser mit der Arbeitsleistung in Vorleistung gehen muss, § 614 S. 1 BGB. In der Praxis sind nach der Beendigung von Arbeitsverhältnissen Ansprüche des Arbeitnehmers gegen den Arbeitgeber die Regel. Zu denken ist hierbei an Vergütungsansprüche jeglicher Art. Mögliche Ansprüche des Arbeitgebers gegen den Arbeitnehmer beschränken sich hingegen weitestgehend auf eher seltenere Fälle wie die Rückzahlung von Arbeitgeberdarlehen oder Aus- bzw. Fortbildungskosten, so dass die Verzichtserklärung des Arbeitgebers in tatsächlicher Hinsicht regelmäßig ein verhältnismäßig geringes Zugeständnis darstellt.

c. Verzichtsklauseln bei der Begründung von Arbeitsverhältnissen

Bereits bei der Begründung von Arbeitsverhältnissen sind Verzichtsklauseln, häufig in Form von Überstundenabgeltungsklauseln im Arbeitsvertrag, üblich. Hiernach sollen Überstunden entweder pauschal vollständig oder teilweise mit dem Gehalt abgegolten sein.

Die Thematik der Überstundenabgeltung hat vor nicht allzu langer Zeit erneut für Aufsehen gesorgt, als das BAG in seiner neueren Rechtsprechung neue Maßstäbe im Hinblick auf die objektive Vergütungserwartung im Rahmen des § 612 BGB festlegte. Im Hinblick auf die Maßstäbe bei der AGB-Kontrolle blieb das BAG seiner bisherigen Rechtsprechung allerdings im Wesentlichen treu.

aa. Kontrollfähigkeit

Im Rahmen von vorformulierten Überstundenvereinbarungen ist zunächst zwischen Überstunden**anordnungs**- und Überstunden**abgeltungs**klauseln zu differenzieren.

---

212 LAG Berlin-Brandenburg vom 24.11.2011 – 5 Sa 1524/11 – BeckRS 2012, 67524; Naumann/Mosch, NJW-Spezial 2014, 50; Rolfs in Preis, Der Arbeitsvertrag, II V 50, Rn. 46, S. 1580; daneben auch Krause in v. Hoyningen-Huene/Linck, § 1 KSchG Rn. 53 für den Klageverzicht.

Eine Vereinbarung, wonach der Arbeitgeber den Arbeitnehmer einseitig zur Ableistung von Überstunden verpflichten kann (sog. **isolierte Überstundenanordnungsklausel**), unterliegt grundsätzlich der Inhaltskontrolle. Zwar betrifft die Anordnung von Überstunden eine – prinzipiell nicht kontrollfähige – Hauptleistungspflicht des Arbeitnehmers. Soweit die Klausel den Arbeitgeber berechtigt, einseitig Überstunden anzuordnen, modifiziert diese nach überwiegender Ansicht in der Literatur das eigentliche Leistungsversprechen und greift in den Kernbereich des Arbeitsvertrages ein, so dass damit eine Abweichung vom Äquivalenzprinzip angenommen wird, aus der sich die Kontrollfähigkeit ergibt.[213]

Von der Möglichkeit des Arbeitgebers, Überstunden einseitig anzuordnen, sind Vereinbarungen zu unterscheiden, die lediglich die Vergütung von Überstunden regeln. Die Frage, ob eine **(pauschale) isolierte Überstundenabgeltungsklausel**, wonach Überstunden vollständig oder teilweise mit dem Bruttomonatsverdienst abgegolten sein sollen, kontrollfähig ist (§ 307 Abs. 3 BGB), wird vom BAG verneint. Nach Ansicht des BAG sei es nicht Aufgabe des Gerichts, den „gerechten Preis" zu ermitteln. Es verweist bei der Kontrolle der Vergütungshöhe ohne Anordnungsbefugnis auf § 138 BGB und nimmt hier eine kontrollfreie Hauptleistungsabrede an, da § 612 BGB als gesetzliche Anspruchsgrundlage von Überstunden wie auch § 611a BGB n.F. (vormals § 611 BGB) von einem synallagmatischen Austauschverhältnis von Arbeitsleistung und Arbeitsentgelt ausgehen.[214]

Die Frage, ob eine Klausel, die eine Pauschalvergütung von Überstunden mit einer Abrede über die Befugnis des Arbeitgebers zur Anordnung von Überstunden kombiniert **(sog. Kombinationsklausel)**, eine kontrollfähige Preisnebenabrede darstellt, ist bislang höchstrichterlich nicht entschieden,[215] wird jedoch von der Instanzrechtsprechung und dem Schrifttum überwiegend bejaht.[216] Die

---

213 Däubler in D/B/D, § 307 BGB Rn. 182a; Klumpp in Clemenz/Kreft/Krause, § 307 BGB Rn. 107; Preis in Preis, Der Arbeitsvertrag, II M 20, Rn. 11; a.A. Thüsing/Leder, BB 2005, 1563, 1579, die eine Abweichung von Rechtsvorschriften nur im Zusammenspiel von Überstundenanordnungs- und -abgeltungsklausel sehen.

214 BAG vom 16.5.2012 – 5 AZR 331/11 – NZA 2012, 908, 909 f.; im Erg. auch BAG vom 1.9.2010 – 5 AZR 517/09 – NZA 2011, 575, das lediglich eine Transparenzkontrolle vornimmt; a.A. Klocke, RdA 2014, 223, 225; Preis in Preis, Der Arbeitsvertrag, II M 20, Rn. 14; Schramm/Kuhnke, NZA 2012, 127, 128 (die auch bei reinen Überstundenabgeltungsklauseln von einer kontrollfähigen Nebenabrede ausgehen).

215 BAG vom 16.5.2012 – 5 AZR 331/11 – NZA 2012, 908, 910; Bonin in D/B/D, § 307 BGB Rn. 182c.

216 LAG Hamm vom 11.7.2007 – 6 Sa 410/07 – BeckRS 2007, 31831; LAG Düsseldorf vom 11.7.2008 – 9 Sa 1958/07 – juris; Boemke/Ulrici in HK-ArbR, Anh. §§ 307–309 BGB Rn. 34; Hümmerich/Rech, NZA 1999, 1132; Klumpp in Clemenz/Kreft/Krause,

Einordnung der Klausel als kontrollfähige Vergütungsnebenabrede wird insbesondere mit der in ihr vorbehaltenen Änderungsmöglichkeit und dem damit verbundenen Widerspruch zum Austauschcharakter des Arbeitsvertrages begründet.[217]

bb. Inhaltskontrolle

(1) Angemessenheitskontrolle

Die derzeit h.M. nimmt eine Angemessenheitskontrolle nur bei reinen Überstundenanordnungsklauseln und Kombinationsklauseln aus Überstundenanordnungs- und Überstundenabgeltungsklausel vor.

Als wirksam betrachtet das BAG eine Vereinbarung, wonach bei einer Vollzeittätigkeit von 40 Stunden pro Woche die ersten 20 Überstunden im Monat „mit drin" und damit von der vereinbarten Vergütung erfasst sein sollen.[218] Eine Ansicht im Schrifttum orientiert sich an einem Prozentsatz von 10 Prozent.[219] Eine andere Auffassung geht von einem Prozentsatz von 25 Prozent aus.[220] Daneben wird auch ein Prozentsatz von 12,5 Prozent als angemessen betrachtet.[221]

Diese als zulässig erachteten Grenzen lassen jedoch den neuerdings gesetzlich vorgeschriebenen Mindestlohn von 8,84 Euro brutto pro Stunde (§ 1 MiLoG) unberücksichtigt. Eine unangemessene Benachteiligung könnte sich zusätzlich vor dem Hintergrund des zum 16.8.2014 in Kraft getretenen Mindestlohngesetztes ergeben. Denn eine pauschale Abgeltung von Überstunden führt mittelbar dazu, dass sich der Stundenlohn entsprechend verringert. In mindestlohnnahen Bereichen kann dies dazu führen, dass der gesetzliche Mindestlohn damit unterschritten wird. Gemäß § 3 S. 1, 2 MiLoG sind Vereinbarungen, die den Anspruch auf Mindestlohn unterschreiten oder seine Geltendmachung beschränken oder ausschließen, insoweit unwirksam. Der Arbeitnehmer kann auf den entstandenen

---

§ 307 BGB Rn. 109; Kock, DB 2012, 1328; Linck in Schaub, Arbeitsrechtshandbuch, § 35 Rn. 79; Preis, Der Arbeitsvertrag, II M 20, Rn. 12; Salamon/Hoppe/Rogge, BB 2013, 1720, 1721; Thüsing, BB 2006, 1563, 1569.

217 LAG Hamm vom 11.7.2007 - 6 Sa 410/07 - BeckRS 2007, 31831; LAG Schleswig-Holstein vom 22.9.2004 - 3 Sa 245/04 - BeckRS 2004, 41792.

218 BAG vom 16.5.2012 - 5 AZR 331/11 – NJW 2012, 2683, 2684 (i.R.d. Transparenzkontrolle); ebenso Raif/Nann, ArbRAktuell 2016, 204, 206; Strecker, BB 2013, 949, 950.

219 Kock, DB 2012, 1328, 1330.

220 Bauer/Merten, RdA 2012, 178, 179; Lindemann in Preis II M 20, Rn. 18; Raif/Nann, ArbRAktuell 2016, 204, 206.

221 Klocke, RdA 2014, 223, 227.

Anspruch nach § 1 Abs. 1 MiLoG nur durch gerichtlichen Vergleich verzichten; im Übrigen ist ein Verzicht ausgeschlossen.

(2) Transparenzkontrolle

Eine Transparenzkontrolle wird sowohl bei der reinen Überstundenanordnungsklausel, als auch bei einer reinen Überstundenabgeltungsklausel, sowie bei der Kombination aus diesen beiden Klauseln vorgenommen, § 307 Abs. 3 S. 2 BGB.

Gemäß § 307 Abs. 1 S. 2 BGB ist eine Vereinbarung, die dem Arbeitgeber eine voraussetzungs- und einschränkungslose **isolierte** Überstundenanordnung erlaubt, gemäß § 307 Abs. 1 BGB unwirksam. Insbesondere sieht das BAG eine Klausel, die eine Überstundenanordnung „bei betrieblicher Erfordernis“[222] oder bei einer „etwaig notwendig werdende[n] Über- oder Mehrarbeit“[223] ohne nähere Präzisierung für nicht hinreichend bestimmt.

Auch eine **isolierte** Überstundenabgeltungsklausel, aus der der Arbeitnehmer nicht klar, verständlich und eindeutig erkennen kann, welche Arbeitsleistungen in welchem zeitlichen Umfang erfasst werden sollen, stellt einen Verstoß gegen das Bestimmtheitsgebot dar.[224] Der Arbeitnehmer muss bei Vertragsschluss erkennen können, worauf er sich einlässt und welche Leistung von ihm maximal für die vereinbarte monatliche Vergütung erwartet wird.[225] Es muss zumindest – aber nicht nur – erkennbar sein, ob die Überstunden auf die gemäß § 3 ArbZG zulässige maximale Arbeitszeit begrenzt sein sollen.[226] Hinreichende Bestimmtheit kann

---

222 BAG vom 22.2.2012 – 5 AZR 765/10 – NZA 2012, 861, 862 (entschieden im Zusammenhang mit der Abgeltung von Überstunden, jedoch bezogen auf die Anordnung von Überstunden); zustimmend Bauer/Merten, RdA 2012, 178, 179; Raif/Nann, ArbRAktuell 2016, 204, 206.

223 BAG vom 17.8.2011 – 5 AZR 406/10 – NZA 2011, 1335, 1336 f. (entschieden im Zusammenhang mit der Abgeltung von Überstunden, jedoch bezogen auf die Anordnung von Überstunden); zustimmend Bauer/Merten, RdA 2012, 178, 179; Raif/Nann, ArbRAktuell 2016, 204, 206.

224 BAG vom 22.2.2012 – 5 AZR 765/10 – NZA 2012, 861, 862; BAG vom 17.8.2011 – 5 AZR 406/10 – NZA 2011, 1335, 1336; BAG vom 1.9.2010 – 5 AZR 517/09 – NZA 2011, 575; BAG vom 31.8.2005 – 5 AZR 545/04 – NZA 2006, 324, 328.

225 BAG vom 16.5.2012 – 5 AZR 331/11 – NJW 2012, 2683, 2684; BAG vom 1.9.2010 – 5 AZR 517/09 – NZA 2011, 575, 576; LAG Hamm vom 6.1.2012 – 19 Sa 896/11- BeckRS 2012, 66747; Bauer/Merten, RdA 2012, 178, 179; Bepler in FS Wank, 2014, S. 41.

226 BAG vom 17.8.2011 – 5 AZR 406/10 – NZA 2011, 1335, 1337; Bauer/Arnold/Willemsen, DB 2012, 1986; Klocke, RdA 2014, 223, 224; Kock, DB 2012, 1328; a.A. Crisolli/Zaumzeil, BB 2012, 1281, 1283.

daher nur angenommen werden, wenn die Klausel eine genaue Angabe enthält, wie viele Stunden (z.B. 20 Stunden bei einer 40-Stunden-Woche) oder welcher Prozentsatz von Überstunden im Verhältnis zur arbeitsvertraglich vereinbarten Arbeitszeit dem Arbeitnehmer abverlangt werden können.

Zusätzlich muss für den Arbeitnehmer trotz vereinbarter Überstundenabgeltungsklausel der Stundenlohn erkennbar bzw. zumindest berechenbar sein.[227] Diese Anforderung gewinnt nun mit Inkrafttreten des MiLoG erheblich an Bedeutung. Demnach ist eine Überstundenabgeltungsklausel, die Mindestlohnansprüche umfassen kann, gemäß § 307 Abs. 1 S. 2 BGB intransparent, denn sie erweckt beim Arbeitnehmer den Eindruck, dass neben dem regulären Gehalt kein Anspruch auf den gesetzlichen Mindestlohn besteht. Dadurch besteht die Gefahr, dass der Arbeitnehmer von der Geltendmachung von Mindestlohnansprüchen abgehalten wird.[228]

Diese strengen Maßstäbe müssen erst recht bei Regelungen gelten, die aus einer **Kombination von Überstundenanordnungs- und Überstundenabgeltungsklausel** bestehen.

d. Verzichtsklauseln bei der Beendigung von Arbeitsverhältnissen

Neben der Möglichkeit, Verzichtsklauseln bereits bei der Begründung von Arbeitsverhältnissen zu vereinbaren, können diese auch im Rahmen der Beendigung von Arbeitsverhältnissen formularmäßig vereinbart werden. Der Verzicht kann sich sowohl auf Zahlungsansprüche als auch auf ein Recht zur Vornahme von (Prozess-) Handlungen beziehen.

aa. Klageverzichtsklausel

Von der Vereinbarung, in der die Parteien anlässlich der Beendigung des Arbeitsverhältnisses auf etwaige Ansprüche verzichten, ist ein Verzicht auf Erhebung

227 BAG vom 22.2.2012 – 5 AZR 765/10 – NZA 2012, 861; BAG vom 1.9.2010 – 5 AZR 517/09 – NZA 2011, 575.

228 Boemke, JuS 2015, 385, 392; Pütz, AuR 2016, 186, 190; Preis in ErfK, § 218 BGB Rn. 50a; Trümner in Schubert/Jerchel/Düwell, Das neue MiLoG § 3 Rn. 30; zum Transparenzgebot: BAG vom 18.1.2012 – 10 AZR 670/10 – AP BGB § 307 Nr. 57, Rn. 14; BAG vom 14.9.2011 – 10 AZR 526/10 – AP BGB § 307 Nr. 56, Rn. 22; BAG vom 6.5.2009 – 10 AZR 390/08 AP BGB § 307 Nr. 44; BAG vom 20.5.2008 – 9 AZR 382/07 – NZA 2008, 1233, 1237; BAG vom 3.4.2007 – 9 AZR 867/06 – NZA 2007, 1045, 1048; BGH vom 27.9.2000 – VIII ZR 155/99 – NJW 2001, 292, 296; BGH vom 23.3.1988 – VIII ZR 58/87 – NJW 1988, 1726; Bonin in D/B/D, § 307 BGB Rn. 156.

einer Kündigungsschutzklage nicht konkludent erfasst. Denn der Klageverzicht stellt keinen Anspruch des Arbeitnehmers gegen den Arbeitgeber i.S.d. der Legaldefinition des § 194 BGB dar[229], sondern ein Recht nach § 4 KSchG.

Fraglich ist, ob eine vorformulierte Klausel, wonach der Arbeitnehmer ausdrücklich auf sein Recht auf Erhebung einer Kündigungsschutzklage verzichtet, einer AGB-Kontrolle standhält. Dabei kommt es zunächst maßgeblich auf den Zeitpunkt der Verzichtserklärung an. Vor Ausspruch einer Kündigung kann ein Arbeitnehmer mangels Dispositionsbefugnis von vorneherein nicht wirksam auf die Erhebung einer Kündigungsschutzklage verzichten.[230] Nach Ausspruch einer Kündigung hingegen ist eine Klageverzichtsvereinbarung nicht *per se* unzulässig.[231]

(1) Kontrollfähigkeit

Die Frage nach der Kontrollfähigkeit von Klageverzichtsklauseln ist durch das BAG bereits geklärt, steht jedoch im Widerspruch mit der Rechtsprechung zur Kontrollfähigkeit von Beendigungsvereinbarungen. Während das BAG Klageverzichtsklauseln als kontrollfähig einstuft, verneint es die Kontrollfähigkeit von Beendigungsvereinbarungen. Zweifelhaft ist, ob diese unterschiedliche Beurteilung geboten ist.

(a) Rechtsprechung zur Klageverzichtsvereinbarung

Nach der Rechtsprechung des 2. Senates des BAG stellt eine Klageverzichtsklausel eine kontrollfähige Nebenabrede dar. Er begründet dies insbesondere mit einer Abweichung von §§ 4 S. 1, 13 Abs. 1 S. 2 KSchG, da dem Verzichtenden die Drei-Wochenfrist genommen werde. Bislang wurde teilweise davon ausgegangen, es handele sich nicht um eine Hauptabrede eines selbständigen Vertrages, sondern um eine Nebenabrede zum ursprünglichen Arbeitsvertrag.[232] Diese Frage hat das BAG aber jüngst mit Verweis auf die Abweichung von Rechtsvorschriften

229 BGH vom 2.12.2010 – IX ZR 247/09 – NJW 2011, 1133, 1134 f.; Boemke/Ulrici in HK-ArbR, Anh. §§ 307–309 BGB Rn. 63; Grothe in MüKo, § 194 BGB Rn. 2.

230 BAG vom 6.4.1977 – 4 AZR 147/99 – AP KSchG 1969 § 4 Nr. 4; Oetker in ErfK, § 1 KSchG Rn. 13; Hamacher in BeckOK, § 55 ArbGG Rn. 10.

231 BAG vom 24.9.2015 – 2 AZR 347/14 – NZA 2016, 351, 352; BAG vom 6.9.2007 – 2 AZR 722/06 – NZA 2008, 219; BAG vom 25.9.1969 – 2 AZR 524/68 – AP KSchG § 3 Nr. 36; LAG Köln vom 22.2.2000 – 13 (10) Ca 1388/99 – NZA-RR 2001, 85, 86.

232 BAG vom 12.3.2015 – 6 AZR 82/14 – NZA 2015, 676, 678; BAG vom 6.9.2007 – 2 AZR 722/06 – NZA 2008, 219; LAG Hamm vom 7.11.2013 – 16 Sa 879/13 – BeckRS 2014, 65840; Krause in v. Hoyningen-Huene/Linck, § 1 KSchG Rn 32.

(§ 307 Abs. 3 S. 1 BGB) dahinstehen lassen.[233] Der 2. Senat weicht damit in seiner neueren Rechtsprechung von seiner früheren Rechtsprechung ab, in der er nicht zwischen Beendigungsvereinbarung und Klageverzicht differenzierte, sondern vielmehr annahm, dass eine arbeitsrechtliche Beendigungsvereinbarung in der Regel keiner Inhaltskontrolle unterliege, „weil die unmittelbaren Hauptleistungspflichten – das sind bei der Beendigungsvereinbarung die Beendigung des Arbeitsverhältnisses zu einem bestimmten Termin, Verzicht auf den Ausspruch einer außerordentlichen Kündigung, keine Erhebung einer Kündigungsschutzklage – einer vertraglichen Regelung keiner Inhaltskontrolle unterliegen."[234]

(b) Rechtsprechung zur Beendigungsvereinbarung

In Übereinstimmung mit der Rechtsprechung des 2. Senates aus dem Jahre 2003 stuft auch der 6. Senat des BAG in seiner aktuellen Rechtsprechung formularmäßige Beendigungsvereinbarungen als solche nicht als Abweichung von Rechtsvorschriften im Sinne des § 307 Abs. 3 BGB ein. Er begründet diese Entscheidung damit, dass es sich bei einer Beendigungsvereinbarung um ein selbständiges Rechtsgeschäft handele, bei dem die Hauptleistung die Beendigung des Arbeitsverhältnisses sei.[235] Daher ist sowohl die Vereinbarung, dass der Vertrag enden soll, als auch die in diesem Zusammenhang als Gegenleistung versprochene Abfindung nicht kontrollfähig.[236] Selbst eine Beendigungsvereinbarung ohne Abfindung wäre demnach wirksam.[237]

(c) Vergleichbarkeit

Zweifelhaft ist, ob eine derart unterschiedliche Behandlung von Klageverzichts- und Beendigungsvereinbarung im Rahmen des § 307 Abs. 3 BGB geboten ist.

Sowohl die Beendigungsvereinbarung als auch die Klageverzichtsvereinbarung stellen eine Vereinbarung über eine im Ergebnis einvernehmliche endgültige

---

233 BAG vom 24.9.2015 – 2 AZR 347/14 – NZA 2016, 351, 352 f.; BAG vom 25.8.2014 – 2 AZR 788/13 – NZA 2015, 350, 352.

234 BAG vom 27.11.2003 – 2 AZR 135/03 – NZA 2004, 597, 598 (Ls.).

235 BAG vom 8.5.2008 – 6 AZR 517/07 – NZA 2008, 1148; BAG vom 22.4.2004 – 2 AZR 281/03 – NJOZ 2004, 4096, 4101; BAG vom 27.11.2003 – 2 AZR 135/03 – NZA 2004, 597, 604.

236 LAG Köln vom 13.2.2006 – 2 Sa 1271/05 – NZA-RR 2006, 463, 464; Thüsing/Leder, BB 2004, 42, 44.

237 BAG vom 21.6.2011 – 9 AZR 203/10 – NZA 2011, 1338, 1341; Bauer, Arbeitsrechtliche Aufhebungsverträge, Kap. I. Rn. 218, S. 75; Boemke/Ulrici in HK-ArbR, § 307 BGB Rn. 40; Rolfs in Preis, Der Arbeitsvertrag, II A 100, Rn. 85.

Beendigung des Arbeitsverhältnisses dar. Zwar geht der Klageverzichtsvereinbarung stets eine Kündigung voraus; die Erklärung, nicht im Wege der Kündigungsschutzklage gegen diese Kündigung vorzugehen, ist jedoch als Einvernehmen zur Kündigung zu verstehen. Der Verzicht auf den Fortbestand des Arbeitsverhältnisses und auf den gesetzlichen Kündigungsschutz unterliegt der Vertragsbeendigungsfreiheit.[238] Sowohl Beendigungs- als auch Klageverzichtsvereinbarung sollen damit die Frage, „ob" das Arbeitsverhältnis fortbesteht,[239] regeln und stellen folglich eine Hauptabrede dar. Eine unterschiedliche rechtliche Beurteilung ist daher nicht geboten.[240]

(d) Zwischenergebnis

Entgegen der derzeitigen Auffassung des BAG sprechen die dargelegten Argumente dafür, davon auszugehen, dass eine Klageverzichtsvereinbarung nicht nach § 307 Abs. 1 S. 1 BGB kontrollfähig ist, sondern nur der Transparenzkontrolle unterliegt.

Zunächst fällt es bereits aufgrund der unterschiedlichen Zweckrichtung schwer, die Klageverzichtsvereinbarung als (kontrollfähige) Nebenabrede zum Arbeitsvertrag anzusehen. Während der Arbeitsvertrag das Arbeitsverhältnis begründet, soll ein Verzicht auf Erhebung einer Kündigungsschutzklage die kündigungsbedingte Beendigung des Arbeitsverhältnisses ermöglichen. Der formularmäßige Verzicht auf Erhebung einer Kündigungsschutzklage ist im Rahmen eines Abwicklungsvertrages als die vom Arbeitnehmer zu erbringende Hauptleistung anzusehen.[241]

Auch liegt in der Klageverzichtsvereinbarung keine Abweichung von Rechtsvorschriften. Zwar könnte diese formal in einer Verkürzung der Drei-Wochenfrist gemäß §§ 4 S. 1, 13 Abs. 1 S. 2 KSchG zu sehen sein. Betrachtet man §§ 4 S. 1, 13 Abs. 1 S. 2 KSchG allerdings in der Gesamtschau mit § 1a KSchG, kann eine Abweichung von Rechtsvorschriften nicht eindeutig angenommen werden. § 1a KSchG sieht einen – wenn auch konkludenten – Klageverzicht

238 Becker, Die unzulässige Einflussnahme des Arbeitgebers auf die Entscheidungsfreiheit des Arbeitnehmers am Beispiel des arbeitsrechtlichen Aufhebungsvertrages, S. 132; Boemke, NZA 1993, 532, 537; Giesing, Inhaltskontrolle und Abschlusskontrolle arbeitsrechtlicher Aufhebungsverträge, S. 225, anders jedoch auf S. 90.

239 Lakies, Vertragsgestaltung und AGB im Arbeitsrecht, Kap. 1 Rn. 119.

240 Däubler in D/B/D, Einl. Rn. 156; Junker in FS Buchner, 2009, S. 369, 376 ff., der bereits die Vorfrage der Abgrenzung von Beendigungsvertrag und Klageverzichtsvereinbarung als „gekünstelt" bezeichnet.

241 Rolfs in Preis, Der Arbeitsvertrag, II A 15, Rn. 13.

durch Verstreichenlassen der Frist des § 4 S. 1 KSchG als Voraussetzung für eine Abfindung nach einer betriebsbedingten Kündigung vor. Dass die formularmäßige Vereinbarung eines Klageverzichtes regelmäßig eine Verkürzung der Drei-Wochenfrist nach sich zieht, ist vielmehr eine Frage des Überrumpelungscharakters im Rahmen der subjektiven Ungewöhnlichkeit einer Klausel, § 305c Abs. 1 BGB. Der Sinn und Zweck der §§ 4 S. 1, 13 Abs. 1 S. 2 KSchG besteht neben dem Bestandsschutz selbst darin, im Falle einer Kündigung den Arbeitsvertragsparteien alsbald Klarheit über den Bestand des Arbeitsverhältnisses zu schaffen. Der Gesetzgeber trägt damit dem berechtigten Interesse des Arbeitgebers Rechnung, zeitnah zu erkennen, ob er über den fraglichen Arbeitsplatz disponieren und die durch die Kündigung frei gewordene Stelle gegebenenfalls wieder besetzen kann.[242]

(2) Inhaltskontrolle

Folgt man der Rechtsprechung trotz der genannten Bedenken, so stellt sich die Frage, ob eine Klageverzichtsklausel für den Arbeitnehmer nach § 307 Abs. 1 S. 1 BGB eine unangemessene Benachteiligung darstellt.

Für den Fall einer Klageverzichtsklausel ohne kompensatorische Gegenleistung nimmt die Rechtsprechung sowie ein Teil der Literatur eine unangemessene Benachteiligung an.[243]

Der Begriff der „kompensatorischen Gegenleistung" ist jedoch bislang nicht abschließend geklärt. Sie kann neben einer monetären Kompensation auch in einem Verzicht auf eigene Ersatzansprüche oder in einem Entgegenkommen in Bezug auf den Beendigungszeitpunkt oder die Beendigungsart bestehen.[244] Ebenso könnte man ein Absehen von einer außerordentlichen Kündigung und deren Umwandlung in eine ordentliche Kündigung als adäquate Gegenleistung

242 BAG vom 28.1.2010 – 2 AZR 985/08 – NZA 2010, 2681, 2683; BAG vom 11.12.2008 – 2 AZR 472/08 – NZA 2009, 692, 695.

243 BAG vom 25.8.2014 – 2 AZR 788/13 – NZA 2015, 350, 352; BAG vom 6.9.2007 – 2 AZR 722/06 – NZA 2008, 219, 220; LAG Baden-Württemberg vom 19.7.2006 – 2 Sa 123/05 – BeckRS 2010, 73031; LAG Düsseldorf vom 13.4.2005 – 12 Sa 154/05 – BeckRS 2005, 41644; LAG Hamburg vom 29.4.2004 – 1 Sa 47/03 – NZA-RR 2005, 151, 153; LAG Schleswig-Holstein vom 24.9.2003 – 3 Sa 6/03 – NZA-RR 2004, 74; Linck in Schaub, Arbeitsrechts-Handbuch, § 138 Rn. 6; Müller, BB 2011, 1653, 1655; Bauer/Günther, NJW 2008, 1617, 1620; Stoffels, NJW 2012, 107, 108; anders wohl LAG Rheinland-Pfalz vom 27.4.2006 – 6 Sa 827/05 – BeckRS 2006, 44671.

244 BAG vom 6.9.2007 – 2 AZR 722/06 – NZA 2008, 219, 222; Bauer/Günther, NJW 2008, 1617, 1621.

ansehen.[245] Im Rahmen einer Kündigungsschutzklage hat das BAG jedoch jüngst die Erteilung eines Zeugnisses mit der Note „gut" als angemessene Kompensation nicht anerkannt[246] und dabei die Anforderungen verschärft. Die in einer Abwicklungsvereinbarung vom Arbeitgeber übernommene Verpflichtung, dem Arbeitnehmer ein Zeugnis mit einer näher bestimmten Zeugnisbeurteilung zu erteilen, stellt nach Ansicht des 2. Senates keinen Vorteil dar, der geeignet wäre, den Verzicht auf Erhebung einer Kündigungsschutzklage auszugleichen, da der Arbeitnehmer gemäß § 109 Abs. 1 S. 1 und 3 GewO einen gesetzlichen Anspruch auf ein qualifiziertes Zeugnis habe. In der vertraglichen Bestätigung eines ohnehin bestehenden Anspruchs liege „kein spezifischer Vorteil" für den Arbeitnehmer. Dabei ließ das BAG die Argumentation des Arbeitgebers, der Vorteil liege darin, dass sich der Arbeitnehmer einen aufwändigen Rechtsstreit erspart, in dem er aufgrund der Note „gut" beweispflichtig gewesen wäre, nicht gelten.[247]

Im Falle einer monetären Gegenleistung ist zudem zweifelhaft, ab welcher Höhe diese als angemessene Kompensation angesehen werden kann. Als Anhaltspunkt hierfür könnte – zumindest im Falle von Klageverzichtsvereinbarungen – grundsätzlich die Formel des § 1a Abs. 2 S. 1 KSchG herangezogen werden.[248] Allerdings kann diese Formel nur sehr schwer auf die Fälle von verhaltens- und personenbedingten Kündigungen übertragen werden. Der wesentliche Unterschied der betriebsbedingten Kündigung im Vergleich zur verhaltens- und personenbezogenen liegt darin, dass der Kündigungsgrund bei ersterer nicht der Sphäre des Arbeitnehmers, sondern des Arbeitgebers zuzuordnen ist. Dementsprechend wird man beispielsweise bei einer verhaltensbedingten Kündigung, der bereits mehrere (rechtmäßige) Abmahnungen aufgrund erheblicher Verstöße gegen arbeitsvertragliche Pflichten vorangegangen sind, eine weitaus niedrigere Abfindung als angemessene Kompensation für den Verlust des Arbeitsplatzes empfinden, als bei einer betriebsbedingten Kündigung, der ein an sich reibungsloses Arbeitsverhältnis über mehrere Jahre vorangegangen ist.

245 Bauer/Günther, NJW 2008, 1617, 1621.

246 BAG vom 24.9.2015 – 2 AZR 347/14 – NZA 2016, 351, 353; a.A. LAG Niedersachsen 27.3.2014 – 5 Sa 1099/13 – BeckRS 2014, 68742; Hilgenstock, ArbRAktuell 2013, 254, 255 f.

247 BAG vom 24.9.2015 – 2 AZR 347/14 – NZA 2016, 351, 353 f.; a.A. Hilgenstock, ArbRAktuell 2013, 254, 255.

248 Müller, BB 2011, 1653, 1655; Rolfs in FS Reuter, 2010, S. 825, 836.

(3) Zwischenergebnis

Sieht man in Anlehnung an die BAG Rechtsprechung eine Klageverzichtsklausel im Rahmen eines Aufhebungsvertrages als kontrollfähige Nebenabrede an, hält diese einer Angemessenheitskontrolle nur stand, wenn dem Klageverzicht auf der einen Seite eine kompensatorische Gegenleistung auf der anderen Seite gegenübersteht.

bb. Verzicht auf Zahlungsansprüche

Bei Beendigung des Arbeitsverhältnisses besteht für beide Parteien ein gesteigertes Interesse an alsbaldiger Rechtsklarheit, insbesondere hinsichtlich der Geltendmachung etwaiger Zahlungsansprüche. Als Ansprüche des Arbeitnehmers kommen dabei insbesondere Vergütungsansprüche jeglicher Art in Betracht, als Ansprüche des Arbeitgebers hingegen vorwiegend Rückzahlungsansprüche von Aus- und Fortbildungskosten sowie aus Arbeitgeberdarlehen.

Im Folgenden soll dargestellt werden, inwieweit eine Verzichtsvereinbarung auf Zahlungsansprüche einer Inhaltskontrolle standhält.

(1) Kontrollfähigkeit

Verzichtsklauseln, die einen Verzicht auf Zahlungsansprüche beinhalten und in einem Aufhebungsvertrag neben der Hauptleistung stehen, stellen kontrollfreie Nebenabreden dar[249] und unterliegen der Angemessenheitskontrolle, § 307 Abs. 3 S. 1, Abs. 1 S. 1 BGB. Selbständige oder isolierte Verzichtsklauseln über den unmittelbaren Gegenstand der Hauptleistung hingegen unterliegen aus Gründen der Vertragsfreiheit regelmäßig ebenso wenig wie Vereinbarungen über das von dem anderen Teil zu erbringende Entgelt einer Angemessenheitskontrolle.[250]

(2) Inhaltskontrolle

Zweifelhaft ist, unter welchen Voraussetzungen Verzichtsklauseln eine unangemessene Benachteiligung (§ 307 Abs. 1 S. 1 BGB) darstellen.

---

249 BAG vom 21.6.2011 – 9 AZR 203/10 – NZA 2011, 1338, 1341; BAG vom 6.9.2007 – 2 AZR 722/06 – NZA 2008, 219; Preis in ErfK, §§ 305 – 310 BGB Rn. 100.

250 LAG Berlin-Brandenburg vom 5.6.2007 – 12 Sa 524/07 – BeckRS 2008, 50563; Krause in MünchArbR, § 64 Rn. 9; Kroeschell, NZA 2008, 560, 561; Preis in ErfK, §§ 305–310 BGB Rn. 100; Preis/Bleser/Rauf, DB 2006, 2812, 2813; Thüsing/Leder, BB 2005, 1563; Thüsing, AGB-Kontrolle im Arbeitsrecht, Rn. 442.

Nachdem lange Zeit unklar war, ob die höchstrichterliche Rechtsprechung zu Klageverzichtsklauseln auch auf Verzichtsklauseln zu Zahlungsansprüchen übertragen werden kann, hat das BAG nun in neuerer Rechtsprechung im Jahre 2011 unter besonderer Hervorhebung des Äquivalenzprinzips auch für den formularmäßigen Verzicht auf Ausgleichsansprüche im Zusammenhang mit der Beendigung des Arbeitsverhältnisses[251] entsprechend der Maßstäbe hinsichtlich der AGB-rechtlichen Wirksamkeit einer Klageverzichtsvereinbarung eine kompensatorische Gegenleistung gefordert. Damit ist das BAG einem Teil der Instanzrechtsprechung gefolgt[252]. Dies mit der Begründung, dass andernfalls das Gleichgewicht von Leistung und Gegenleistung gestört sei. Weiterhin bezieht sich das BAG in seiner Begründung auf die bereits gefestigte Rechtsprechung zu vorformulierten einseitigen Ausschlussfristen, wonach die unangemessene Benachteiligung daraus resultiere, dass der Arbeitgeber damit missbräuchlich versuche, sein eigenes Interesse an einer raschen Klärung offener Ansprüche ohne angemessenen Ausgleich durchzusetzen. Diese Grundsätze müssten erst recht für Verzichtsklauseln gelten, die einen unmittelbaren Verlust von Ansprüchen bewirken sollen und damit den Arbeitnehmer noch stärker belasten als Ausschlussfristen. Bei Ausschlussfristen besteht für den Arbeitnehmer die Möglichkeit, seine Ansprüche bis zum Ablauf der Frist durchzusetzen. Bei einer Verzichtserklärung, durch die die Frist „auf Null" gesetzt wird, besteht diese Möglichkeit nicht.[253]

Im Hinblick auf das Transparenzgebot (§ 307 Abs. 1 S. 2 BGB) ist zu berücksichtigen, dass ein vorformulierter pauschaler Verzicht auf alle bestehenden Ansprüche, dessen Reichweite nicht erkennbar ist und einen Verzicht auf unverzichtbare Ansprüche mit umfasst, nach Ansicht des LAG Berlin-Brandenburg als intransparent anzusehen ist.[254] Unverzichtbar sind bspw. der Zeugnisanspruch oder der Anspruch auf Zahlung des gesetzlichen Mindestlohns (§ 3 S. 2, 2. Hs. MiLoG) durch Einzelvertrag.

251 BAG vom 21.6.2011 – 9 AZR 203/10 – NZA 2011, 1338; Rolfs in Preis, Der Arbeitsvertrag, II V 50, Rn. 43.

252 LAG Düsseldorf vom 13.4.2005 – 12 Sa 154/05 – BeckRS 2005, 41644; LAG Schleswig-Holstein vom 24.9.2003 – 3 Sa 6/03 – NZA-RR 2004, 74.

253 BAG vom 21.6.2011 – 9 AZR 203/10 – NZA 2011, 1338, 1341 f.; Preis/Bleser/Rauf, DB 2006, 2812, 2815.

254 LAG Berlin-Brandenburg vom 24.11.2011 – 5 Sa 1524/11 – BeckRS 2012, 67524; LAG Berlin-Brandenburg vom 5.6.2007 – 12 Sa 524/07 – BeckRS 2008, 50563.

(3) Zwischenergebnis

Eine formularmäßige Verzichtsklausel hält der AGB-Kontrolle nur stand, wenn sie für beide Parteien gleichermaßen gilt oder ihr in Anlehnung an das Äquivalenzprinzip eine gleichwertige kompensatorische Gegenleistung als Ausgleich für den Verzicht gegenübersteht und für den Arbeitnehmer die Reichweite des Verzichts erkennbar ist.

e. Ergebnis

Verzichtsklauseln sind gemäß § 307 Abs. 3 S. 1 BGB kontrollfähig, wenn sie eine Nebenabrede zum Arbeits- oder Aufhebungsvertrag darstellen. Nicht kontrollfähig sind hingegen isolierte Verzichtsvereinbarungen.

Im Rahmen der Inhaltskontrolle stellen einseitige Verzichtsklauseln eine unangemessene Benachteiligung dar, wenn für sie kein Ausgleich vereinbart wurde. Dies gilt auch für Ausgleichsquittungen. Beiderseitige Verzichtsklauseln benachteiligen den Arbeitnehmer nicht *per se* unangemessen.

Einen Sonderfall stellen hierbei Überstundenabgeltungsklauseln im Rahmen der Begründung von Arbeitsverhältnissen dar.

Isolierte Überstundenabgeltungsklauseln ohne einseitige Anordnungsbefugnis des Arbeitgebers unterliegen keiner Angemessenheitskontrolle, sondern lediglich dem Transparenzgebot. Ein Verstoß gegen das Transparenzgebot liegt vor, wenn die Regelung im Arbeitsvertrag keine Aussage über den Umfang der mit dem Gehalt abgegoltenen Überstunden enthält. Vereinbarungen, nach denen die ersten 20 Überstunden pro Monat mit dem Gehalt abgegolten sein sollen, erfüllen hingegen nach Ansicht des BAG die Anforderungen des § 307 Abs. 1 S. 2 BGB.

Im Zusammenhang mit der Beendigung von Arbeitsverhältnissen ist ein Verzicht auf Zahlungsansprüche als Nebenabrede zum Aufhebungsvertrag kontrollfähig. Eine Verzichtsvereinbarung ohne kompensatorische Gegenleistung stellt gemäß § 307 Abs. 1 S. 1 BGB eine unangemessene Benachteiligung dar.

Klageverzichtsvereinbarungen nach Ausspruch einer Kündigung sind entgegen der neueren Auffassung des 2. Senates nicht kontrollfähig, sondern entsprechend der Rechtsprechung des 6. Senates zur Kontrollfreiheit von Beendigungsvereinbarungen zu behandeln. Eine unterschiedliche Behandlung von Klageverzichts- und Beendigungsvereinbarungen im Rahmen der Kontrollfähigkeit ist nicht gerechtfertigt.

2. Ausschlussfristen

Bei Ausschluss- beziehungsweise Verfallfristen handelt es sich um Fristen, innerhalb derer Ansprüche geltend gemacht werden müssen, damit sie nicht untergehen. Sie kommen gleichermaßen in Arbeits- und Aufhebungsverträgen vor und dienen – wie Verzichtsklauseln – dem Rechtsfrieden und dem Interesse alsbaldiger Rechtsklarheit. Vor dem Hintergrund des § 3 S. 1 MiLoG muss die bisherige Rechtslage zur AGB-rechtlichen Wirksamkeit von Ausschlussfristen in einigen Punkten allerdings neu zu betrachtet werden.

a. Kontrollfähigkeit

Die formularmäßige Vereinbarung von Ausschlussfristen im Arbeitsvertrag stellt eine Abweichung von Rechtsvorschriften (§ 307 Abs. 3 S. 1 BGB) dar.[255] Gesetzlich bleiben Ansprüche – abgesehen von einer Verwirkung (§ 242 BGB) – erhalten und unterliegen nur den Verjährungsvorschriften.[256]

Sowohl die Verjährung als auch Ausschlussfristen verfolgen zwar das gemeinsame Ziel, zwischen den Parteien möglichst rasch Rechtsklarheit und -frieden herzustellen, sind jedoch im Hinblick auf ihre rechtliche Einordnung unterschiedlich zu betrachten. Der wesentliche Unterschied zwischen der gesetzlichen Verjährung und der rechtsgeschäftlichen Vereinbarung einer Ausschlussfrist liegt in deren Geltendmachung und Wirkung. Die Verjährung stellt eine Einrede dar, die der Anspruchsteller ausdrücklich erheben muss. Eine unterlassene Geltendmachung führt dazu, dass der Anspruch nach Fristablauf nicht mehr durchsetzbar ist, jedoch nicht erlischt.[257] Eine Ausschlussfrist hingegen ist von

---

255 BAG vom 12.3.2008 – 10 AZR 152/07 – NZA 2008, 699, 700; BAG vom 28.9.2005 – 5 AZR 52/05 – NZA 2006, 149, 151; BAG vom 25.5.2005 – 5 AZR 572/04 – NZA 2005, 1111; LAG Hessen vom 14.8.2013 – 12 Sa 1015/12 – BeckRS 2015, 70523.

256 BAG vom 12.3.2008 – 10 AZR 152/07 – NZA 2008, 699, 700; BAG vom 28.9.2005 – 5 AZR 52/05 – NZA 2006, 149, 151.

257 Grothe in MüKo, § 214 Rn. 1 ff.; BAG vom 28.9.2005 – 5 AZR 52/05 – NZA 2006, 149, 152.

Amts wegen zu prüfen[258] und führt – in weitaus einschneidender Weise – nach deren zeitlichem Ablauf zum automatischen Erlöschen des Anspruchs.[259]

Ausschlussfristen sind im Hinblick auf die zeitnahe Herstellung von Rechtsklarheit und Rechtssicherheit im Arbeitsrecht prinzipiell ein zulässiges und von der Rechtsprechung anerkanntes Instrument. Sogar der Gesetzgeber hat Ausschlussfristen gesetzlich normiert, so etwa in § 61b ArbGG.[260] Auch die Vereinbarung von Ausschlussfristen in Tarifverträgen ist in der Praxis üblich.[261]

Im Folgenden soll besonderes Augenmerk auf die Wirksamkeit einzelvertraglicher Ausschlussfristen gelegt werden.

b. Inhaltskontrolle

aa. Angemessenheitskontrolle

(1) Einstufige Ausschlussfristen

Einstufige Ausschlussfristen regeln den vorzeitigen Verfall von Ansprüchen, soweit diese nicht fristgerecht – je nach Vereinbarung schriftlich oder mündlich – geltend gemacht werden. Sie stellen *per se* grundsätzlich keine unangemessene Benachteiligung (§ 307 BGB) dar. Im Hinblick auf ihre zulässige (Mindest-) Länge soll auf die Ausführungen **Kapitel 5.I.2.b.aa.(5) (S. 97 ff.)** verwiesen werden.

Im Rahmen der Einführung des Art. 1 des Gesetzes zur Verbesserung der zivilrechtlichen Durchsetzung von verbraucherschützenden Vorschriften des Datenschutzrechts erfolgte mit Wirkung zum 1.10.2016 eine Anpassung des § 309 Nr. 13 BGB, die – entgegen der Gesetzesbegründung[262] – über eine Klarstellung der Rechtslage hinausgeht und erhebliche Auswirkungen auf die arbeitsrechtliche Vertragsgestaltung nach sich zieht. Nach der bisherigen gesetzlichen Regelung

---

258 BAG vom 23.9.2009 – 4 AZR 308/08 – NZA-RR 2010, 494, 499; BAG vom 25.1.2006 – 4 AZR 622/04 – NJOZ 2007, 1644, 1656; BAG vom 21.2.2001 – 4 AZR 18/00 – NZA 2001, 1318, 1324; LAG Köln vom 5.12.1998 – 6 Sa 1031/97 – NZA-RR 1998, 453; Müller-Glöge in MüKo, § 611 BGB Rn 1154; Grothe in MüKo, Vor. § 194 Rn. 10; Treber in Schaub, Arbeitsrechts-Handbuch, § 209 Rn. 47.

259 BAG vom 30.3.1973 – 4 AZR 259/72 – AP BGB § 390 Nr. 4; Franzen in ErfK, § 3 MiLoG Rn. 2; Klumpp in Clemenz/Kreft/Krause, § 307 BGB Rn. 113.

260 A.A. Reinecke, BB 2005, 378, 382, wonach „eine gesetzliche Spezialregelung keine Richtschnur für die Angemessenheit einer vorformulierten Vertragsbestimmung sein kann".

261 Hinsichtlich der Frage, inwiefern tarifliche Ausschlussfristen auf Grund einzelvertraglicher Bezugnahme der AGB-Kontrolle unterworfen sind, wird auf die Ausführungen zu **Kapitel 5.III. (S. 114 ff.)** verwiesen.

262 BT-Drs. 18/4631 vom 15.4.2015, S. 18.

waren Ausschlussklauseln unwirksam, die für eine Anzeige oder Erklärung eine strengere Form als die **Schriftform** (§§ 126, 127 BGB) vorsahen. Mit der Gesetzesänderung darf nunmehr keine strengere Form als die **Textform** vereinbart werden.

Im Rahmen des Textformerfordernisses nach § 126b BGB genügt bspw. eine E-Mail oder ein (Computer-) Fax.[263] Dabei ist eine Unterschrift nicht erforderlich; es muss lediglich der Absender des Schreibens erkennbar sein.[264] Auch bereits vor der Neuregelung war gemäß § 127 Abs. 2 BGB im Zweifel anzunehmen, dass eine telekommunikative Übermittlung – d.h. E-Mail, (Computer-) Fax – oder eine Erklärung in Textform ausreichte. Der Gesetzgeber sah hier jedoch Klarstellungsbedarf, da Schriftformklauseln in AGB „von Verbrauchern häufig falsch verstanden" würden, denn Verbraucher „wissen nicht, dass § 127 Abs. 2 und 3 BGB [...] Erleichterungen vorsieht."[265]

Die Neuregelung hebt demnach das Schutzniveau zu Gunsten des Verbrauchers faktisch nicht deutlich an, zieht aber erhebliche Auswirkungen auf das Arbeitsrecht nach sich, auch wenn dies dem Gesetzgeber wohl nicht bewusst war, denn in der Gesetzesbegründung finden sich keine Anhaltspunkte für eine Auseinandersetzung mit den arbeitsrechtlichen Auswirkungen.

Für seit dem 1.10.2016 geschlossene Arbeitsverträge bedeutet dies, dass Ausschlussfristen, die in der ersten Stufe die schriftliche Geltendmachung noch bestehender Ansprüche fordern, gegen § 309 Nr. 13 BGB verstoßen. Bei der Klauselgestaltung ist künftig zu beachten, dass die Geltendmachung der Ansprüche nicht mehr – wie bisher – an die „Schriftform", sondern lediglich an die „Textform" geknüpft werden darf.

(2) Zweistufige Ausschlussfristen

Zweistufige Ausschlussfristen liegen vor, wenn zur eben dargelegten ersten Stufe eine zweite Stufe hinzukommt, wonach der Anspruch weiterhin verfallen soll, wenn er nach erfolgloser (außergerichtlicher) Geltendmachung (erste Stufe) nicht innerhalb einer weiteren Ausschlussfrist gerichtlich geltend gemacht wird (zweite Stufe).

§ 309 Nr. 7 BGB ist auf Ausschlussfristen nicht anzuwenden, weil Ausschlussfristen Ansprüche nicht ausschließen oder beschränken. Ausschlussfristen

263 Ellenberger in Palandt, § 126b BGB Rn. 3; Lingemann/Otte, NZA 2016, 519, 520; Lunk/Seidler, NJW 2016, 2153.

264 Einsele in MüKo, § 126b BGB Rn. 7, 11; Preis in ErfK, §§ 125–127 BGB Rn. 30a.

265 BT-Drs. 18/4631 vom 15.4.2015, S. 18.

verhindern nicht das Entstehen des jeweiligen Anspruches, sondern führen lediglich dazu, dass der Anspruch nur befristet besteht.[266]

Fraglich ist außerdem, ob die Wirksamkeit der zweiten Stufe von Ausschlussfristen an **§ 309 Nr. 13 BGB** zu messen ist. Dies hängt davon ab, ob man das Erfordernis einer gerichtlichen Geltendmachung als eine „Anzeige oder Erklärung" ansieht, die eine „strengere Form als die Textform" oder ein „besondere[s] Zugangserfordernis" darstellt.

Unter dem besonderen Formerfordernis ist nach § 309 Nr. 13 BGB im allgemeinen Zivilrecht beispielsweise eine notarielle Beurkundung zu verstehen oder die Übermittlung durch Einschreiben.[267]

Für die Anwendbarkeit des § 309 Nr. 13 BGB spricht, dass gerade die zweite Stufe für die Erhaltung des Anspruches durch die Vorgabe der gerichtlichen Geltendmachung eine Handlung vorschreibt, die über ein Textformerfordernis hinausgeht.[268] Dies zeigt sich insbesondere an den in § 253 ZPO vorgesehenen Mindestvoraussetzungen für eine Klageerhebung.

Diese Ansicht übersieht jedoch, dass eine Klageerhebung nicht zwingend in Schrift- oder Textform durch den Kläger erfolgen muss. Zwar spricht § 253 Abs. 2 ZPO von Klage „schrift"; allerdings kann diese gemäß § 496 ZPO, 46 Abs. 2 ArbGG auch mündlich zum Protokoll der Geschäftsstelle angebracht werden.

Weiterhin ist die Klageerhebung rechtsterminologisch betrachtet keine „Anzeige" oder „Erklärung", sondern eine Prozesshandlung.[269] Diese wird nicht unmittelbar gegenüber dem Arbeitgeber abgegeben, denn Adressat der Klageschrift ist zunächst das (Arbeits-) Gericht, das die Klage sodann dem beklagten Arbeitgeber zustellt; das Gericht ist auch nicht „Dritter" i.S.d. § 309 Nr. 13 BGB, denn „Dritter" ist nur, wer nicht dem Bereich des Arbeitgebers angehört,

---

266 BAG vom 28.9.2005 – 5 AZR 52/05 – NZA 2006, 149, 152; BAG vom 25.5.2005 – 5 AZR 572/04 – NZA 2205, 1111, 1113; Matthiessen, NZA 2007, 361, 362; Micha, Jura 2006, 761, 764; a.A. BGH vom 15.11.2006 – VIII ZR 3/06 – NJW 2007, 674, 675; a.A. Schlewing in Clemenz/Kreft/Krause, § 309 BGB Rn. 98.

267 Coester-Waltjen in Staudinger, § 309 Nr. 13 BGB Rn. 5; Däubler in D/B/D, § 309 Nr. 13 BGB Rn. 3; Wurmnest in MüKo, § 309 Nr. 13 BGB Rn. 5.

268 Däubler in D/B/D, § 309 Nr. 13 BGB Rn. 6; Hümmerich, NZA 2003, 753, 755; Hümmerich/Holthausen, NZA 2002, 180; Lakies, NZA 2004, 569, 575; Matthiesen, NZA 2008, 1165, 1167; Schrader, NZA 2003, 350; Singer, RdA 2003, 194, 201 zu § 309 Nr. 13 BGB a.F.

269 Greger in Zöller, § 253 ZPO Rn. 1; Preis in ErfK, §§ 194–218 BGB Rn. 45; Preis/Roloff, RdA 2005, 144, 148; Preis in Preis, Der Arbeitsvertrag, II A 150, Rn. 17.

demgegenüber der Erklärende jedoch seine Rechte ausüben kann.[270] Ebenso wenig ist die Klageerhebung an besondere Zugangserfordernisse geknüpft.[271] Während für einen Zugang erforderlich ist, dass die Erklärung in den Machtbereich des Empfängers gelangt ist und mit deren Kenntnisnahme gerechnet werden kann, genügt für die fristgerechte Einreichung der Klage deren Einwurf in den Gerichtsbriefkasten bis 24 Uhr des letzten Tages der Frist.[272]

Mit § 309 Nr. 13 BGB soll lediglich vermieden werden, dass dem Arbeitnehmer die Durchsetzung seiner Rechte durch **zusätzliche** „übersteigerte Form- und Zugangserfordernisse"[273] oder „Barrieren für die Rechtsdurchsetzung"[274] erschwert wird. Verweigert ein Arbeitgeber außergerichtlich die durch einen Arbeitnehmer geltend gemachten Ansprüche, so verbleibt dem Arbeitnehmer – auch wenn keine Ausschlussfristen vereinbart sind – ohnehin nur noch die gerichtliche Geltendmachung, verbunden mit den gesetzlich vorgegebenen formalen Anforderungen, die mit einer Klage stets einhergehen.[275] Ein besonderes zusätzliches formales Erschwernis für den Arbeitnehmer ist dabei nicht erkennbar. Zudem besteht vor dem Arbeitsgericht in erster Instanz gemäß § 11 Abs. 1 ArbGG kein Anwaltszwang, so dass auch hieraus kein zusätzliches Erschwernis abzuleiten ist, zumal auch im Unterliegensfalle dem Arbeitnehmer nicht die Rechtsverfolgungskosten des gegebenenfalls obsiegenden Arbeitgebers auferlegt werden können (§ 12a Abs. 1 S. 1 ArbGG). Damit ist auch das Kostenrisiko in arbeitsgerichtlichen Verfahren überschaubarer als in allgemein-zivilrechtlichen Streitigkeiten (§ 91 ZPO).

Das BAG verneinte bereits einen Verstoß gegen § 309 Nr. 13 BGB a.F., allerdings ohne näher auf die Frage einzugehen, ob die für die zweite Stufe erforderliche Klage eine Anzeige oder Erklärung darstellt, die dem Verwender oder einem Dritten gegenüber abzugeben ist, und ob damit eine strengere Form als die Schriftform oder ein besonderes Zugangserfordernis verbunden ist. Vielmehr begründet das BAG die grundsätzliche Wirksamkeit der zweiten Stufe im Rahmen von zweistufigen Ausschlussfristen pauschal damit, es gehe bei Ausschlussfristen um die

---

270 Dammann in W/L/P, § 309 Nr. 13 BGB Rn. 13–19; Preis/Roloff, RdA 2005, 144, 148 f.; Preis in Preis, Der Arbeitsvertrag, II A 150, Rn. 17; Thüsing, AGB-Kontrolle im Arbeitsrecht, Rn. 160.

271 Boemke/Ulrici in HK-ArbR, § 309 BGB Rn. 82; Boemke/Ulrici, Fallsammlung, S. 328; a.A. Däubler in D/B/D, § 309 Nr. 13 BGB Rn. 6.

272 Preis/Roloff, RdA 2005, 144, 149.

273 Boemke/Ulrici in HK-ArbR, § 309 BGB Rn. 78.

274 Basedow in MüKo, 309 Nr.13 BGB Rn. 1.

275 Krause, RdA 2004, 106, 117, Thüsing/Leder, BB 2005, 1563, 1565; a.A. ArbG Frankfurt a.M. vom 13.8.2003 – 2 Ca 5568/03 – NZA-RR 2004, 238, 240.

Beachtung der „dem Arbeitsverhältnis innewohnenden Besonderheiten".[276] Zweistufige Ausschlussfristen sollen eine Obliegenheit begründen, Ansprüche fristgerecht gerichtlich geltend zu machen. Sie dienen seit langem der im Arbeitsleben anerkanntermaßen besonders gebotenen zeitnahen Klärung von Ansprüchen mit dem Ziel, möglichst rasch für Rechtsfrieden und Rechtssicherheit zu sorgen.[277]

(3) Einseitige Ausschlussfristen

Vorformulierte einseitige Ausschlussfristen gehen im Regelfall einseitig zu Lasten des Arbeitnehmers und benachteiligen diesen unangemessen. Da sie nur für den Arbeitnehmer zum Anspruchsverlust beziehungsweise zu dessen erschwerter Durchsetzung führen, widersprechen sie einer ausgewogenen Vertragsgestaltung und sind deshalb nach § 307 Abs. 1 S. 1 BGB unwirksam.[278]

(4) Zweiseitige Ausschlussfristen

Zweiseitige Ausschlussfristen[279] dagegen stellen nach Ansicht des BAG nicht von vorneherein eine unangemessene Benachteiligung dar, wenn sie gleichermaßen auf beide Parteien des Arbeitsverhältnisses Anwendung finden, inhaltlich ausgewogen sind und nicht einseitig die Rechte des Arbeitnehmers beschneiden.[280]

Ähnlich wie bei beiderseitigen Verzichtsklauseln erschließt sich jedoch auch bei zweiseitigen Ausschlussfristen eine etwaige Benachteiligung erst auf den zweiten

---

276 BAG vom 25.5.2005 – 5 AZR 572/04 – NZA 2005, 1111, 1113; zust. Gotthardt in H/W/K, § 309 BGB Rn. 19; Lakies, ArbRAktuell 2013, 318, 320.

277 BAG vom 28.9.2005 – 5 AZR 52/05 – NZA 2006, 149, 153; BAG vom 31.8.2005 – 5 AZR 545/04 – NZA 2006, 324; BAG vom 25.5.2005 – 5 AZR 572/04 – NJW 2005, 3305, 3306; BAG vom 9.12.2003 – 9 AZR 648/02 – NJOZ 2004, 2050; BAG vom 18.3.2003 – 9 AZR 44/02 – NJOZ 2003, 3343, 3346; BAG vom 20.2.2001 – 9 AZR 46/00 – NZA 2002, 567, 568; BAG vom 13.12.2000 – 10 AZR 168/00 – RdA 2002, 38, 45; Krause, RdA 2004, 106, 111; Preis/Roloff, RdA 2005, 144, 153.

278 BAG vom 31.8.2005 – 5 AZR 545/04 – NZA 2006, 324; „erhebliche rechtliche Bedenken" gegen einseitige Ausschlussfristen bereits in BAG vom 2.3.2004 – 1 AZR 271/03 – NZA 2004, 852, 857; Krause, RdA 2004, 36, 47; Lakies, NZA 2004, 569, 574; Reinecke, BB 2005, 378, 382.

279 Begrifflich gleichbedeutend mit beiderseitigen oder wechselseitigen Ausschlussfristen.

280 BAG vom 27.10.2005 – 8 AZR 546/03 – NZA 2006, 259, 260; BAG vom 2.3.2004 – 1 AZR 271/03 – NZA 2004, 852, 857; BAG vom 13.12.2000 – 10 AZR 168/00 – RdA 2002, 38, 40; BAG vom 13.12.2000 – 10 AZR 168/00 – NZA 2001, 723, 725; BAG vom 24.3.1988 – 2 AZR 630/87 – NZA 1989, 101.

Blick, da sie in der Praxis den Arbeitnehmer in der Regel faktisch stärker treffen als den Arbeitgeber.[281]

(5) Angemessene Länge von Ausschlussfristen

Im Rahmen der Beurteilung der Angemessenheit der Länge von Ausschlussfristen ist zu berücksichtigen, dass im Arbeitsrecht bevorzugt verhältnismäßig kurze gesetzliche Fristen zur Geltendmachung von Rechtspositionen vorgesehen sind. Interessant sind hierzu insbesondere § 15 AGG, § 61b Abs. 1 ArbGG. Demnach muss ein Ersatzanspruch wegen Verstoßes gegen das Benachteiligungsverbot zunächst innerhalb von zwei Monaten ab Kenntnis der Benachteiligung (außergerichtlich) geltend gemacht werden (erste Stufe), § 15 Abs. 4 AGG. Die entsprechende Klage auf Entschädigung muss gemäß § 61b Abs. 1 ArbGG innerhalb von drei Monaten nach schriftlicher Geltendmachung des Anspruchs erhoben werden (zweite Stufe).

Das BAG geht seit der Schuldrechtsreform in ständiger Rechtsprechung von einer dreimonatigen (Mindest-) Ausschlussfrist für beide Stufen aus.[282] Obwohl das BAG nicht von vorneherein ausschließt, dass eine hiervon abweichende kürzere Ausschlussfrist für bestimmte Branchen im Einzelfall wirksam sein könnte,[283] ist es *bis dato* in der Bejahung dieser Ausnahme äußerst zurückhaltend.[284]

Diese Zurückhaltung ist gut nachvollziehbar. Zwar finden sich im Arbeitsrecht auch weitaus kürzere Fristen als drei Monate, wie etwa die Dreiwochenfrist des § 4 KSchG, des § 17 TzBfG oder die Zweiwochenfrist des § 626 Abs. 2 BGB. Diese sehr kurzen Fristen unterscheiden sich allerdings von einzelvertraglichen Ausschlussfristen in ihrer Zweckrichtung. Während § 4 KSchG, § 17 TzBfG und § 626 Abs. 2 BGB den **Bestand des Arbeitsverhältnisses** betreffen, erfassen vorformulierte Ausschlussfristen vorwiegend Ansprüche **aus** dem Arbeitsverhältnis, unabhängig von dessen Bestand. Das Interesse des Arbeitgebers an zeitnaher

---

281 Vgl. **Kapitel 5.I.1.b.bb.(2) (S. 76).**

282 BAG vom 16.5.2012 – 5 AZR 251/11 – NJW 2012, 2905; BAG vom 12.3.2008 – 10 AZR 152/07 – NZA 2008, 699, 701; BAG vom 28.11.2007 – 5 AZR 992/06 – NZA 2008, 293; BAG vom 28.9.2005 – 5 AZR 52/05 – NZA 2006, 149, 153; BAG vom 25.5.2005 – 5 AZR 572/04 – NZA 2005, 1111, 1112; Lingemann/Otte, NZA 2016, 519, 521; Thüsing, AGB-Kontrolle im Arbeitsrecht, Rn. 169 f.

283 BAG vom 25.5.2005 – 5 AZR 572/04 – NZA 2005, 1111, 1114; so auch Thüsing, AGB-Kontrolle im Arbeitsrecht, Rn. 170.

284 Vgl. hierzu LAG Baden-Württemberg vom 28.7.2005 – 11 Sa 26/05 – juris, das unter Verweis auf § 611a Abs. 4 S. 2 BGB (mittlerweile weggefallen, daher aktuell § 15 Abs. 4 AGG) Tendenzen zu einer Zwei-Monatsfrist als Untergrenze zeigt.

Rechtsklarheit ist, soweit der Bestand des Arbeitsverhältnisses in Frage steht, höher als bei einzelnen Ansprüchen aus dem Arbeitsverhältnis, da mit einem fortbestehenden Arbeitsverhältnis – als Dauerschuldverhältnis – die Gefahr verbunden ist, dass künftig fortlaufend neue Ansprüche entstehen. Zudem unterliegen die Arbeitsgerichte gemäß §§ 9, 61a ArbGG besonderen Beschleunigungsgeboten. Vor diesem Hintergrund einerseits und vor dem Leitbild der gesetzlichen Verjährungsfristen andererseits sind im Rahmen von Ausschlussfristen jeweils drei Monate als angemessene Mindestfrist zu verstehen.

Aufgrund dieser im Arbeitsrecht zu berücksichtigenden besonderen kurzen Fristen kann auch die – ohnehin nicht ganz einheitliche – Rechtsprechung des BGH, die teilweise eine dreimonatige Ausschlussfrist als unangemessene Benachteiligung verworfen[285] und eine sechsmonatige Ausschlussfrist für zulässig erachtet hat[286], nicht auf das Arbeitsrecht übertragen werden.

Auch wenn das BAG vor der Schuldrechtsreform einmonatige Ausschlussfristen gebilligt hatte[287], ist im Hinblick auf die Novellierung des Verjährungsrechts und der damit einhergehenden Anhebung der regelmäßigen Verjährungsfrist von zwei auf drei Jahre auch eine Verlängerung der zulässigen Ausschlussfristen auf **mindestens** drei Monate angebracht.[288] Eine kürzere Dauer würde dem Anspruchsinhaber in der Regel nicht ausreichend Zeit gewähren, die Erfolgsaussichten einer gerichtlichen Geltendmachung, gegebenenfalls unter Hinzuziehung eines Rechtsbeistandes, realistisch einzuschätzen und birgt die Gefahr einer vorschnellen Klageerhebung. Zudem sind die Rechtsfolgen einer Ausschlussfrist einschneidender als diejenigen der Verjährung. Denn sie bewirken zum einen den absoluten Anspruchsverfall. Zum anderen kommt dem Anspruchsinhaber auch eine etwaige Hemmung während laufender Verhandlungen (§ 203 BGB)

---

285 BGH vom 19.5.1988 – I ZR 147/86 – NJW 1988, 2888; BGH vom 24.9.1979 – II ZR 38/78 – BeckRS 2010, 02998; BGH vom 20.3.1978 – II ZR 19/76 – NJW 1978, 1314.

286 BGH vom 4.5.1995 – I ZR 90/93 – NJW 1995, 2224; BGH vom 20.11.1986 – I ZR 87/84 – NJW-RR 1987, 433, 434; BGH vom 19.5.1988 – I ZR 147/86 – NJW 1988, 2888, 2889.

287 BAG vom 13.12.2000 – 10 AZR 168/00 – NZA 2001, 723; BAG vom 29.11.1995 – 5 AZR 447/94 – NZA 1996, 702.

288 BAG vom 16.5.2012 – 5 AZR 251/11 – NJW 2012, 2905; BAG vom 12.3.2008 – 10 AZR 152/07 – NZA 2008, 699, 701; BAG vom 28.11.2007 – 5 AZR 992/06 – NZA 2008, 293; BAG vom 28.9.2005 – 5 AZR 52/05 – NZA 2006, 149, 153; BAG vom 25.5.2005 – 5 AZR 572/04 – NZA 2005, 1111, 1112; Henssler, RdA 2002, 129, 137; Lingemann/Otte, NZA 2016, 519, 521; Thüsing, AGB-Kontrolle im Arbeitsrecht, Rn. 169 f.

nicht zugute, da ein allgemeines Fristhemmungsprinzip nicht ohne weiteres auf Ausschlussfristen anwendbar ist.[289]

Ausschlussfristen von jeweils drei Monaten halten demnach einer AGB-Kontrolle nach § 307 Abs. 1 S. 1, Abs. 2 Nr. 1 BGB stand.

(6) Fristbeginn

Fraglich ist, wann eine Ausschlussfrist zu laufen beginnt.

Insbesondere in Aufhebungsverträgen finden sich für die erste Stufe der Ausschlussfrist Formulierungen, wonach Fristberechnungsbeginn „mit Beendigung des Arbeitsverhältnisses" sein soll. Diese Regelung ist unklar, so dass sie zu Lasten des Arbeitgebers (§ 305c Abs. 2 BGB) dahingehend ausgelegt wird, dass hiermit die rechtliche, nicht tatsächliche Beendigung gemeint ist.[290]

Der Beginn einer Ausschlussfrist darf die Fälligkeit nicht außer Acht lassen.[291] Bei Regelungen, nach denen die Frist mit „Entstehung des Anspruchs" zu laufen beginnen soll, geht das BAG davon aus, dass damit die Fälligkeit gemeint ist, denn Ausschlussfristen sind prinzipiell im Lichte der Grundsätze der Verjährung zu betrachten. Voraussetzung für § 199 BGB ist neben der Entstehung des Anspruchs auch, dass Gläubiger von den den Anspruch begründenden Umständen und der Person des Schuldners Kenntnis erlangt oder ohne grobe Fahrlässigkeit erlangen müsste.[292]

Soweit die Fälligkeit nicht explizit vereinbart ist, gilt § 614 BGB als lex specialis zu § 271 BGB. Demnach wird bei einer Vergütung nach Zeitabschnitten – wie etwa beim Gehaltsanspruch – diese am ersten Tag des jeweiligen Folgemonats fällig.[293]

Der Begriff der Fälligkeit wird von der Rechtsprechung unter Einbeziehung des Kenntnisstandes des Gläubigers und subjektiver Zurechnungsgesichtspunkte interessengemäß ausgelegt, sog. Subjektivierung des Fälligkeitsbegriffs. Ein Anspruch

---

289 Grothe in MüKo, § 203 BGB Rn. 1; Matthiesen, NZA 2008, 1165, 1166; Preis/Roloff, RdA 2005, 144, 145; Schönhöft in Grobys/Panzer, SWK-ArbR, Ausschlussfristen, Rn. 24.

290 BAG vom 11.2.2009 – 5 AZR 168/08 – NZA 2009, 687; BAG vom 3.12.1970 – 5 AZR 68/70 – BeckRS 9998, 153989.

291 BAG vom 1.3.2006 – 5 AZR 511/05 – NJW 2006, 2205; Windeln in Maschmann/Sieg/Göpfert, Vertragsgestaltung im Arbeitsrecht, C 190, Rn. 27.

292 BAG vom 1.3.2006 – 5 AZR 511/05 – NJW 2006, 2205; BAG vom 9.8.1990 – 2 AZR 579/89 – NZA 1991, 226; Preis in Preis, Der Arbeitsvertrag, II A 150, Rn. 41.

293 Krause in MüArbR, Bd. I, § 62 Rn. 3; Müller-Glöge in MüKo, § 614 BGB Rn. 11.

ist regelmäßig erst dann im Sinne der Ausschlussfrist fällig, wenn er für den Gläubiger erkennbar oder annähernd bezifferbar ist.[294]

Beginnt bei einer zweistufigen Ausschlussfrist die Frist für die gerichtliche Geltendmachung mit der Ablehnung des Anspruchs durch den Arbeitgeber, so muss diese Ablehnung nur dann ausdrücklich erfolgen, wenn dies explizit vereinbart wurde. Vielmehr stellt bereits der vom Arbeitgeber im Kündigungsschutzprozess schriftlich angekündigte Klageabweisungsantrag konkludent eine Ablehnung dar.[295]

(7) Besonderheiten nach den MiLoG

Für die Angemessenheitskontrolle von Ausschlussfristen ergeben sich keine Besonderheiten auf Grund des MiLoG. Eine Vereinbarung, die den Mindestlohnanspruch unterschreitet, ist nach § 3 Abs. 1 MiLoG i.V.m. § 134 BGB insoweit unwirksam. Eine Überprüfung der Klausel anhand einer materiellen Inhaltskontrolle gemäß § 307 Abs. 1 S. 1 BGB ist nach überwiegender Ansicht im Schrifttum nicht erforderlich, da diese gegen eine zwingende gesetzliche Regelung verstößt.[296]

bb. Transparenzkontrolle

(1) Transparenzkontrolle nach bisheriger Rechtsprechung

Das Transparenzgebot nach § 307 Abs. 1 S. 2 BGB verlangt, dass die Rechtsfolgen eines Fristablaufs eindeutig erkennbar sein müssen, lässt jedoch die Bezeichnung der Klausel unter der Überschrift „Ausschlussfrist" genügen.[297] Die neuere Rechtsprechung des BAG fordert zudem, dass aus der Formulierung klar hervorgehen muss, wann die Ausschlussfrist frühestens zu laufen beginnt. Eine vorformulierte

294 BAG vom 1.3.2006 – 5 AZR 511/05 – NZA 2006, 783, 784; BAG vom 27.10.2005 – 8 AZR 3/05 – NZA 2006, 257, 258; BAG vom 25.5.2005 – 5 AZR 572/04 – NZA 2005, 1111, 1114; BAG vom 14.9.1994 – 5 AZR 407/93 – NZA 1995, 897, 898; Krause, RdA 2004, 106, 106 f.

295 BAG 26.4.2006 – 5 AZR 403/05 – NZA 2006, 845, 846; BAG 4.5.1977 – 5 AZR 187/76 – AP § 4 TVG Nr. 60.

296 Benedict, JZ 2012, 172, 179; Coester in Staudinger, § 307 BGB Rn. 19; Deinert in D/B/D, § 307 BGB Rn. 39; Krause in Clemenz/Kreft/Krause, Vor. § 307 BGB Rn. 3; Melms in Moll, Münchener Anwaltshandbuch Arbeitsrecht, § 10 Rn. 175; Preis in ErfK, § 218 BGB Rn. 50a; Preis/Ulber, HSI-Schriftenreihe, Ausschlussfristen und MiLoG, 2014, 47.

297 BAG vom 31.8.2005 – 5 AZR 545/04 – NZA 2006, 324. BAG vom 25.5.2005 – 5 AZR 572/04 – NZA 2005, 1111, 1113.

Ausschlussfristenregelung, die den Beginn der ersten Stufe sowohl an die „Entstehung“ als auch an die „Fälligkeit“ des Anspruchs knüpft, ohne klarzustellen, wann die Frist frühestens zu laufen beginnt, ist intransparent.[298]

(2) Transparenzkontrolle nach Inkrafttreten des MiLoG

Vor dem Hintergrund des MiLoG stellt sich die Frage, ob bisher wirksame formularmäßige Ausschlussfristen auch nach Einführung des gesetzlichen Mindestlohns noch einer AGB-Kontrolle standhalten. Gemäß § 3 S. 1 MiLoG könnte eine Ausschlussklausel die Geltendmachung des Mindestlohnanspruchs beschränken.

Ob mit der Einführung des MiLoG für die Transparenzkontrolle von Ausschlussfristen weitere Transparenzanforderungen verbunden sind, hängt zunächst von der Auslegung der Ausschlussklausel ab. Intransparent könnten demnach Ausschlussfristen sein, die Ansprüche auf dem gesetzlichen Mindestlohn nicht ausdrücklich ausnehmen. Denkbar wäre eine Auslegung dahingehend, dass der nach § 3 S. 1 MiLoG rechtswidrige Teil der Ausschlussfrist nicht in ihr enthalten ist. Denn wenn die Klausel im Vorfeld dahingehend ausgelegt werden kann, dass die für den Arbeitnehmer ungünstige Rechtsfolge nicht eintritt, bleibt für eine etwaige Intransparenz kein Raum mehr. Die jüngere Rechtsprechung des BAG zeigt im Hinblick auf die Vorsatzhaftung, die ebenfalls nicht ausdrücklich in Ausschlussfristen geregelt sein muss, eine klare Tendenz zu einer solchen Auslegung, um eine Unwirksamkeitsfolge und Gesetzeskonflikte zu vermeiden. Überträgt man die Grundsätze des BAG zur Vorsatzhaftung auf Verstöße gegen das MiLoG, so führt dies zur Annahme, dass die Parteien eine uneingeschränkte Ausschlussklausel nicht vereinbart hätten, wenn sie bei Vertragsschluss von § 3 MiLoG Kenntnis gehabt hätten.[299]

Dies würde jedoch einer geltungserhaltender Auslegung bereits im Vorfeld gleichkommen, da zur Vermeidung einer Gesetzeskollision eine wertende Entscheidung vorab vorgenommen wird.[300] Zudem widerspricht sie der Zielsetzung

298 BAG vom 24.8.2016 – 5 AZR 703/15 – NZA 2016, 1539, 1540 f. (im Rahmen des Mindestentgelts nach § 2 PflegeArbbV); BAG vom 19.2.2014 – 5 AZR 700/12 – BeckRS 2014, 67843; BAG vom 11.2.2009 – 5 AZR 168/08 – NZA 2009, 687; BAG vom 3.12.1970 – 5 AZR 68/70 – BeckRS 9998, 153989.

299 BAG vom 20.6.2013 – 8 AZR 280/12 – NZA 2013, 1265, 1266; BAG vom 25.5.2005 – 5 AZR 572/04 – NZA 2005, 1111, 1112; Preis/Ulber, HSI-Schriftenreihe, Ausschlussfristen und MiLoG, 2014, 49 f.

300 Krause in Clemenz/Kreft/Krause, Vor. § 307 BGB Rn. 25; Preis/Ulber, HSI-Schriftenreihe, Ausschlussfristen und MiLoG, 2014, 50.

des AGB-Rechts, wonach sich der Klauselverwender klar und verständlich auszudrücken hat.

Da diese Frage ist noch nicht abschließend geklärt ist, sollte der Klauselverwender künftig wohl davon ausgehen, dass Ausschlussfristen, aus denen nicht ausdrücklich hervorgeht, dass sie Ansprüche nach § 1 MiLoG nicht umfassen sollen, den Transparenzanforderungen des § 307 Abs. 1 S. 2 BGB nicht genügen.[301] Es besteht die Gefahr, dass der Arbeitnehmer durch eine uneingeschränkte Ausschlussklausel von der Durchsetzung seines Anspruchs auf gesetzlichen Mindestlohn abgehalten wird. Es liegt bereits ein Transparenzverstoß vor, wenn der Arbeitnehmer keine oder nur eine erschwerte Möglichkeit hat, die Formularklausel zu verstehen.[302] Daher erfordert das Transparenzgebot, dass umfassende Ausschlussfristen den Mindestlohnanspruch explizit ausnehmen müssen.[303]

cc. Ergebnis

Vorformulierte Ausschlussfristen stellen eine Abweichung von gesetzlichen Verjährungsvorschriften dar und sind daher kontrollfähig.

Sowohl ein-, als auch zweistufige Ausschlussfristen sind an der Generalklausel des § 307 Abs. 1 S. 1 BGB zu messen. Im Gegensatz zur Rechtsprechung des BGH stellen nach Ansicht des BAG Ausschlussfristen im Arbeitsrecht keine unangemessene Benachteiligung dar, wenn die jeweilige Stufe eine Mindestfristlänge von drei Monaten ab Fälligkeit des Anspruchs beträgt. Voraussetzung ist, dass die Ausschlussfrist zweiseitig und damit für beide Parteien gleichermaßen gilt.

Eine einseitige Verzichtsklausel, wonach lediglich der Arbeitnehmer auf Ansprüche oder Rechte verzichtet, stellt keine unangemessene Benachteiligung dar, wenn dem Verzicht des Arbeitnehmers eine kompensatorische Gegenleistung des Arbeitgebers gegenübersteht. Eine einseitige Ausschlussfrist hingegen benachteiligt den Arbeitnehmer immer unangemessen.

---

301 Preis in ErfK, §§ 194–218 BGB Rn. 50a; a.A. Lingemann/Otte, NZA 2016, 519, 522.

302 BAG vom 17.8.2011 – 5 AZR 406/10 – AP BGB § 307 Nr. 55; BAG vom 11.10.2006 – 5 AZR 721/05 – NZA 2007, 87, 89; BAG vom 18.8.2005 – 8 AZR 65/05 – NZA 2006, 34, 37; BAG vom 21.4.2005 – 8 AZR 425/04 – NZA 2005, 1053, 1055; BAG vom 12.1.2005 – 5 AZR 364/04 – NZA 2005, 465; Bonin in D/B/D, § 307 BGB Rn. 156b; Ohlendorf/Salomon, NZA 2008, 856, 859; Reichold, Münchener Handbuch zum Arbeitsrecht, § 39 Rn. 50.

303 BAG vom 24.8.2016 – 5 AZR 703/15 – NZA 2016, 1539, 1540 f. (im Rahmen des Mindestentgelts nach § 2 PflegeArbbV); Preis/Ulber, HSI-Schriftenreihe, Ausschlussfristen und MiLoG, 2014, 56.

II. Befristung einzelner Arbeitsbedingungen

1. Interessenlage

Neben der Möglichkeit, den gesamten Arbeitsvertrag befristet abzuschließen (§§ 14 ff. TzBfG), besteht die Möglichkeit, lediglich einzelne Arbeitsvertragsbedingungen zu befristen, sog. Teilbefristungen. In der Praxis kommt dies häufig in Form einer befristeten Erhöhung der Arbeitszeit oder Übertragung einer höherwertigen Tätigkeit vor, aber auch durch die befristete Gewährung (zusätzlicher) Arbeitgeberleistungen.

Dem Interesse des Arbeitnehmers an Vertrauensschutz und Dauerhaftigkeit der Leistungsgewährung steht das Interesse des Arbeitgebers an einer möglichst flexiblen Bindung – auch in zeitlicher Hinsicht – entgegen, um zu verhindern, dass situations- und bedarfsabhängig vereinbarte Leistungen oder Bedingungen nicht irreversibel gelten bzw. unbefristet gewährt werden müssen. Zwar kann der Arbeitgeber (zusätzliche) Arbeitgeberleistungen auch im Rahmen eines Änderungsvorbehaltes gewähren. Allerdings ist bei einer Befristung von Anfang an festgelegt, dass die Leistungsgewährung endlich ist und zu einem bestimmten Zeitpunkt automatisch, ohne weiteres Zutun und ohne weitere Begründung des Arbeitgebers entfallen soll.

2. Kontrollfähigkeit

Zweifelhaft ist zunächst, ob die Befristung einzelner Arbeitsbedingungen überhaupt eine Abweichung von Rechtsvorschriften darstellt, § 307 Abs. 3 S. 1 BGB.

Das BAG jedenfalls nimmt die Kontrollfähigkeit von Teilbefristungen an und unterzieht sie einer Angemessenheitsprüfung.[304]

Allerdings existiert keine gesetzliche Vorschrift zur Befristung einzelner Arbeitsbedingungen, von der durch AGB abgewichen werden könnte. Insbesondere ist das TzBfG auf Teilbefristungen nicht anwendbar, sondern regelt nach ständiger Rechtsprechung des BAG nur die Befristung des gesamten Arbeitsvertrags.

---

304 BAG vom 15.12.2011 – 7 AZR 394/10 – NZA 2012, 674, 676; BAG vom 14.11.2007 – 4 AZR 945/06 – NZA-RR 2008, 358, 361; BAG vom 8.8.2007 – 7 AZR 855/06 – NZA 2008, 229; BAG vom 27.7.2005 – 7 AZR 486/04 – NZA 2006, 40, 45; Maschmann, RdA 2005, 212, 220; Preis/Bender, NZA-RR 2005, 337, 340; für AGB-Kontrolle ebenso Hanau, ZIP 2005, 1661, 1665; zweifelnd Thüsing, AGB-Kontrolle im Arbeitsrecht, Rn. 286; a.A. Junker in FS Buchner, S. 369, 376; Löwisch in FS Canaris, 2007, Bd. I, S. 1403, 1412; Maschmann in Annuß/Thüsing, § 14 TzBfG Rn. 16 f-h; Thüsing, RdA 2005, 257, 265; Klumpp in Clemenz/Kreft/Krause, § 307 Rn. 147 für Befristungsregeln, die Hauptleistungen betreffen.

Eine direkte Anwendbarkeit scheidet aus, da § 14 TzBfG von der Befristung „eines Arbeitsvertrages" in dessen Gesamtheit spricht. Ebenso wenig kommt mangels planwidriger Regelungslücke eine analoge Anwendung in Betracht.[305] Dies entspricht im Hinblick auf das Schriftformerfordernis (§ 14 Abs. 4 TzBfG) auch dem Sinn und Zweck der Vorschrift. Im Rahmen der Befristung einzelner Arbeitsbedingungen besteht – anders als bei dem Abschluss eines befristeten Arbeitsvertrags – keine Notwendigkeit, dem Arbeitnehmer deutlich vor Augen zu führen, dass sein Arbeitsverhältnis zu einem bestimmten Zeitpunkt automatisch enden wird und daher keine dauerhafte Existenzgrundlage bilden kann.[306] Dieses Schutzes bedarf es lediglich im Hinblick auf die Frage, ob ein Arbeitsverhältnis dauerhaft besteht, jedoch nicht hinsichtlich der Frage, wie dieses Arbeitsverhältnis ausgestaltet ist.

Nach Ansicht des BAG soll das Fehlen einer ausdrücklichen gesetzlichen Regelung zur Befristung einzelner Arbeitsbedingungen nicht dazu führen, dass diese nicht nach §§ 307 ff. BGB zu kontrollieren seien. Der gerichtlichen Kontrolle entzogen seien nur Leistungsbeschreibungen, die Art, Umfang und Güte der geschuldeten Leistung festlegen. Kontrollfähig hingegen seien Klauseln, die das Hauptleistungsversprechen einschränken, verändern, ausgestalten oder modifizieren. Das BAG umgeht dabei die Lösung des Problems, indem es davon ausgeht, dass der Gegenstand der Inhaltskontrolle nicht die befristete Hauptleistung an sich, sondern deren zeitliche Einschränkung sei.[307] Soweit diese Auffassung durch einen Teil der Literatur unterstützt wird mit der Begründung, Teilbefristungen seien – wie Widerrufsvorbehalte – aufgrund gleicher Zielsetzung einseitige Leistungsbestimmungsrechte und damit kontrollfähig[308], wird der elementare Wesensunterschied dieser beiden Flexibilisierungsinstrumente

---

305 BAG vom 15.12.2011 – 7 AZR 394/10 – NZA 2012, 674; BAG vom 14.11.2007 – 4 AZR 945/06– NZA-RR 2008, 358, 361; BAG vom 8.8.2007 – 7 AZR 855/06 – NZA 2008, 229, 230; BAG vom 27.7.2005 – 7 AZR 486/04 – NZA 2006, 40, 44; BAG vom 14.1.2004 – 7 AZR 213/03 – NZA 2004, 719, 721 f.; Bonin in D/B/D, § 307 BGB Rn. 203; Lunk/Leder, NZA 2008, 504, 506; Schmidt, NZA 2014, 760.

306 BAG vom 3.9.2003 – 7 AZR 106/03 – NZA 2004, 255, 256; Meinel in Meinel/Heyn/Herms, § 14 TzBfG Rn. 80.

307 BAG vom 7.10.2015 – 7 AZR 945/13 – NZA 2016, 441, 444; BAG vom 10.12.2014 – 7 AZR 1009/12 – NZA 2015, 811; BAG vom 15.12.2011 – 7 AZR 394/10 – NZA 2012, 674, 677; BAG vom 27.7.2005 – 7 AZR 486/04 – NZA 2006, 40, 45; Henssler/Moll, AGB-Kontrolle vorformulierter Arbeitsbedingungen, S. 57.

308 Henssler/Moll, AGB-Kontrolle vorformulierter Arbeitsbedingungen, S. 59; Preis/Bender, NZA-RR 2005, 337, 340; Wimmer, Befristung einzelner Arbeitsbedingungen nach der Schuldrechtsreform, S. 74.

übersehen. Während bei einem Widerrufsvorbehalt die Leistung zunächst unbefristet zugesagt und durch einseitige Erklärung gegenüber dem Arbeitnehmer nachträglich entzogen werden kann (§ 315 Abs. 2 BGB), ist die Leistung bei der Teilbefristung von vorneherein einvernehmlich befristet und endlich, ohne dass es einer Handlung des Arbeitgebers bedarf. Teilbefristungen und einseitige Leistungsbestimmungsrechte genießen daher ein unterschiedliches Maß an Transparenz und Vertrauensschutz.[309] Der Arbeitnehmer steht nach Ablauf der Befristung nicht schlechter als vor der Teilbefristung, während er sich nach Ausübung eines Widerrufs mit einem „Weniger“ als dem ursprünglich Versprochenem zufrieden geben muss.

Es überrascht somit nicht, dass ein anderer Teil der Literatur die Rechtsprechung des BAG nicht widerspruchslos hinnimmt. Gegenstand der Inhaltskontrolle müsse der Inhalt der befristeten Arbeitsbedingung, nicht deren zeitliche Begrenzung sein. Bei der Vereinbarung einer Teilbefristung gehe es nicht um die Modifikation des Hauptleistungsversprechens, sondern vielmehr um die prinzipiell kontrollfreie Festlegung des Umfangs der Hauptleistungspflicht.[310] Es seien v.a. die typischen Hauptleistungspflichten, wie Tätigkeit, Umfang der Arbeitszeit und Arbeitsentgelt, die von Teilbefristungsabreden erfasst sind.[311]

3. Inhaltskontrolle

a. Angemessenheitskontrolle

Geht man trotz der begründeten Bedenken in der Literatur mit der Rechtsprechung des BAG davon aus, dass für die Befristung einzelner Arbeitsbedingungen die Angemessenheitskontrolle eröffnet ist, so ist die Klausel anhand § 307 Abs. 1 S. 1 BGB zu beurteilen.

Für die Frage einer unangemessenen Benachteiligung nimmt das BAG eine Abwägung zwischen dem Interesse des Arbeitgebers an größtmöglicher (unternehmerischer) Flexibilität und dem Interesse des Arbeitnehmers an (Lebens-) Planungssicherheit vor.[312]

---

309 Willemsen/Jansen, RdA 2010, 1, 8; Willemsen/Grau, NZA 2005, 1137, 1141.

310 Junker in FS Buchner, S. 369, 376; Löwisch in FS Canaris, 2007, Bd. I, S. 1403, 1412; Thüsing, RdA 2005, 257, 265. Klumpp in Clemenz/Kreft/Krause, § 307 Rn. 147.

311 Maschmann in Annuß/Thüsing, § 14 TzBfG Rn. 16 f-h; tendenziell auch Thüsing, AGB-Kontrolle im Arbeitsrecht, Rn. 286; Klumpp in Clemenz/Kreft/Krause, § 307 Rn. 147.

312 BAG vom 2.9.2009 - 7 AZR 233/08 - NZA 2009, 1253, 1256.

Zu Gunsten des Arbeitnehmers ist zu berücksichtigen, dass der Arbeitgeber durch die Befristung einzelner Arbeitsbedingungen nicht das unternehmerische Risiko auf den Arbeitnehmer abwälzen können soll. Allein die Ungewissheit des Arbeitgebers über den künftigen Arbeitskräftebedarf reicht prinzipiell nicht aus, die Befristung von Arbeitszeiterhöhungen zu rechtfertigen.

Eine **Ausnahme** hierzu hat das BAG aus Gründen der Beschäftigungssicherung und der Vermeidung betriebsbedingter Kündigungen im Schulbereich angenommen. Bei der Interessensabwägung sei insbesondere auf den Versorgungsauftrag des Bundeslandes abzustellen. Inwieweit eine befristete Arbeitszeiterhöhung in der Privatwirtschaft den Anforderungen des § 307 Abs. 1 BGB genügt, hat das BAG mit der vorliegenden Entscheidung offen gelassen, jedoch seine zurückhaltende Tendenz bereits angedeutet. So läge der Unterschied zwischen einer länderbetriebenen Schulverwaltung und Unternehmen in der Privatwirtschaft darin, dass erstere – im Gegensatz zu Produktions- oder Dienstleistungsunternehmen der Privatwirtschaft – nicht die Möglichkeit habe, den Beschäftigungsbedarf für Lehrkräfte durch Akquisition am Markt zu beeinflussen.[313]

Einigkeit besteht dahingehend, dass eine befristete Erhöhung der Arbeitszeit in der Regel keine unangemessene Benachteiligung darstellt, wenn sie auf Umständen beruht, die sogar die Befristung eines Arbeitsvertrags insgesamt rechtfertigen würde.[314]

Fraglich ist allerdings, ob ein sachlicher Grund eine **zwingende** Voraussetzung für die Angemessenheit einer Teilbefristung darstellt. Im Gegensatz zu einer früheren Entscheidung, wonach der Umfang der befristeten Arbeitszeiterhöhung nicht von ausschlaggebender Bedeutung sein solle,[315] hält das BAG nun eine Aufstockung in erheblichem Umfang für unangemessen, soweit sich diese der Sache nach kaum noch vom Abschluss eines zusätzlichen befristeten Arbeitsvertrages unterscheiden lasse.[316]

Dieses Urteil überrascht in vielerlei Hinsicht. Zum einen betonte das BAG zuvor in ständiger Rechtsprechung und auch in derselben Entscheidung, dass die Vorschriften des TzBfG weder direkt noch analog zur Anwendung kämen und die

---

313 BAG vom 27.7.2005 – 7 AZR 486/04 – NZA 2006, 40, 47.

314 BAG vom 15.12.2011 – 7 AZR 394/10 – NZA 2012, 674; BAG vom 8.8.2007 – 7 AZR 855/06 – NZA 2008, 229, 230; Preis/Bender, NZA-RR 2005, 337, 339.

315 BAG vom 8.8.2007 – 7 AZR 855/06 – NZA 2008, 229, 230.

316 BAG vom 15.12.2011 – 7 AZR 394/10 – NZA 2012, 674, 677; LAG Schleswig-Holstein vom 10.4.2013 – 3 Sa 316/12 – BeckRS 2013, 69222; ArbG Stuttgart vom 15.8.2012 – 22 Ca 471/12 – BeckRS 2014, 69081.

Inhaltskontrolle gerade nicht durch die §§ 14 ff. TzBfG verdrängt werden solle.[317] Zudem hebt das BAG ausdrücklich hervor, es seien für die Angemessenheitskontrolle nach § 307 Abs. 1 BGB „andere Maßstäbe als für die Befristungskontrolle nach § 14 Abs. 1 TzBfG"[318] anzusetzen. Demnach können Umstände, die die Befristung eines Arbeitsvertrages insgesamt nach § 14 Abs. 1 TzBfG rechtfertigen, *a maiore ad minus* die Angemessenheit einer Teilbefristung rechtfertigen.[319]

Umgekehrt darf aus diesem Erst-recht-Schluss nicht auf die zwingende Erforderlichkeit eines sachlichen Grundes i.S.d. § 14 TzBfG geschlossen werden, da ansonsten die Gefahr bestünde, dass die Befristung einzelner Arbeitsbedingungen nicht einer Angemessenheitskontrolle, sondern „durch die Hintertür" einer Befristungskontrolle unterzogen wird. Das BAG thematisiert diesen Widerspruch, geht jedoch nur vage darauf ein, warum dieser Widerspruch hingenommen werden soll. Die Berufung auf die gesetzgeberische Wertung des TzBfG, wonach ein unbefristeter Arbeitsvertrag die Regel und der befristete die Ausnahme darstellen soll[320], geht an der Frage der Wirksamkeit von Teilbefristungen vorbei, da die Wertung des TzBfG als Argument nur tauglich ist, soweit das TzBfG in irgend einer Form – unmittelbar oder analog – anwendbar ist. Auch ohne Vorliegen eines sachlichen Grundes ist eine unangemessene Benachteiligung für den Arbeitnehmer nicht erkennbar, da nach Ablauf der Befristung zumindest die ursprünglich vereinbarten Arbeitsbedingungen weitergelten. Dem Arbeitnehmer wird durch die Vereinbarung einer Teilbefristung einvernehmlich ein „Mehr" zum ursprünglichen Arbeitsvertrag gewährt. Dass diese zusätzliche Leistung nicht unbefristet versprochen und gewährt wird, ist keine unangemessene Benachteiligung, da der Arbeitnehmer nach Ablauf der Befristung nicht schlechter steht als vor oder ohne die Befristungsabrede.

Zur Vermeidung von Wertungswidersprüchen sollten zumindest an die Qualität des sachlichen Grundes andere Anforderungen gestellt werden als in § 14 Abs. 1 TzBfG vorgesehen. Es erscheint nicht sachgerecht, an die Gründe einer

317 BAG vom 15.12.2011 – 7 AZR 394/10 – NZA 2012, 674, 676; BAG vom 8.8.2007 – 7 AZR 855/06 – NZA 2008, 229; BAG vom 14.1.2004 – 7 AZR 213/03 – NZA 2004, 719, 721 f.

318 BAG vom 15.12.2011 – 7 AZR 394/10 – NZA 2012, 674, 676.

319 BAG vom 18.6.2008 – 7 AZR 245/07 – AP TzBfG § 14 Nr. 52; BAG vom 8.8.2007 – 7 AZR 855/06 – NZA 2008, 229; Boemke/Ulrici in HK-ArbR, Anh. §§ 307–309 BGB Rn. 12; Preis/Bender, NZA-RR 2005, 337, 341; Preis in Preis, Der Arbeitsvertrag, II V 70, Rn. 80.

320 BT-Drs. 14/4374 vom 24.10.2000, S. 12; BAG vom 15.12.2011 – 7 AZR 394/10 – NZA 2012, 674, 676; BAG vom 27.7.2005 – 7 AZR 486/04 – NZA 2006, 40, 46.

Teilbefristung höhere Anforderungen zu stellen als an die Widerrufsgründe eines Widerrufsvorbehaltes, zumal erstere das „schonendere" Flexibilisierungsinstrument darstellt.[321]

Soweit das BAG für die Erheblichkeit der befristeten Arbeitszeiterhöhung den Begriff der (Neu-) Einstellung nach § 99 Abs. 1 BetrVG heranzieht, lässt dies unberücksichtigt, dass das Arbeitsverhältnis mit Vereinbarung der befristeten Arbeitszeiterhöhung nicht neu beginnt, sondern die Rechte und Schutzvorschriften des Arbeitnehmers, die aus der Dauer der Betriebszugehörigkeit resultieren (z.B. § 1a Abs. 2 KSchG, eventuelle Unkündbarkeit aus Tarifvertrag), nicht erlöschen. Im Ergebnis macht es keinen Unterschied, ob man auf den Einstellungsbegriff des § 99 Abs. 1 BetrVG oder – wie das BAG früher – auf den Kernbereich des Arbeitsverhältnisses im Rahmen des Änderungskündigungsschutz § 2 KSchG[322] abstellt.

Soweit das BAG nun in neuerer Rechtsprechung festgestellt hat, dass ein sachlicher Grund jedenfalls dann erforderlich sei, wenn bei einem Teilzeitarbeitsverhältnis von 50 Prozent der regelmäßigen durchschnittlichen Arbeitszeit eines Vollzeitbeschäftigten für drei Monate um die Hälfte aufgestockt wird, steht dies im Widerspruch zur Rechtsprechung im Rahmen der Kontrollfähigkeit. Im Rahmen des § 307 Abs. 3 S. 1 BGB soll – so das BAG – Kontrollgegenstand die Befristung an sich, **nicht** deren Inhalt und **Umfang** sein. Im Rahmen des § 307 Abs. 1 S. 1 BGB leitet das BAG gerade aus dem Umfang der Arbeitszeiterhöhung die unangemessene Benachteiligung her. Es scheint, als würde das BAG nun doch die Grundsätze zur Inhaltskontrolle einer Vereinbarung von Arbeit auf Abruf (§ 12 TzBfG) auf die Inhaltskontrolle der Befristung einer Arbeitszeiterhöhung anwenden, obwohl es dies in einer früheren Entscheidung explizit ablehnte.[323]

Weiterhin fällt auf, dass das BAG bei der Forderung nach einem sachlichen Grund die prinzipielle Möglichkeit einer sachgrundlosen Befristung für den Zeitraum von bis zu fünf Jahren (§ 14 Abs. 2, Abs. 2 a, Abs. 3 TzBfG) völlig außer Acht lässt. Dies führt zu schwer nachvollziehbaren Ergebnissen. Denn während eine sachgrundlose Befristung eines Arbeitsverhältnis bis zu zwei (in Ausnahmefälle sogar bis zu vier oder fünf) Jahre möglich ist, darf die Befristung

---

321 Schramm/Naber, NZA 2009, 1318, 1321; Preis/Bender, NZA-RR 2005, 337, 341; Schmidt, NZA 2014, 760, 762, Willemsen/Grau, NZA 2005, 1137, 1142.

322 BAG vom 14.1.2004 – 7 AZR 213/03 – NZA 2004, 719, 721; BAG vom 21.4.1993 – 7 AZR 297/92 – NZA 1994, 476.

323 BAG vom 8.8.2007 – 7 AZR 855/06 – NZA 2008, 229, 230; ebenso Lunk/Leder, NZA 2008, 504, 506.

einzelner Arbeitsbedingungen nicht einmal in den ersten sechs Monaten, in denen dem Arbeitnehmer noch nicht einmal Kündigungsschutz (§ 1 Abs. 1 KSchG) zusteht, ohne sachlichen Grund erfolgen. Wenn schon der Bestand des Arbeitsverhältnisses ohne Sachgrund bis zu fünf Jahre befristet werden kann, muss dies erst recht für dessen Ausgestaltung durch eine Befristung einzelner Arbeitsbedingungen gelten.[324]

b. Transparenzkontrolle

Im Rahmen des § 307 Abs. 1 S. 2 BGB muss für den Arbeitnehmer eindeutig erkennbar sein, dass die Teilbefristung nur für eine zeitlich begrenzte Dauer gelten soll und mit Zeitablauf automatisch endet, ohne dass es weiterer Handlungen des Arbeitgebers bedarf. Es genügt, wenn die Parteien das Beendigungsdatum im Vertrag festgelegt haben.

Von der Erforderlichkeit eines sachlichen Grundes ausgehend, ist weiterhin fraglich, ob dieser bei der Zeitbefristung (§ 15 Abs. 1 TzBfG) zur Wahrung des Transparenzgebotes explizit angegeben werden muss. Dies wird weder seitens des BAG, noch des überwiegenden Schrifttums gefordert. Wenn sich das Zitiergebot des § 14 Abs. 4 TzBfG bei der Befristung von Arbeitsverträgen schon nicht auf die sachlichen Gründe bezieht, die der Befristung zu Grunde liegen, kann erst recht die Angabe von Gründen im Rahmen des § 307 Abs. 1 S. 2 BGB nicht gefordert werden.[325] Auch ein Rückgriff auf die entsprechende Rechtsprechung zu Widerrufsvorbehalten hilft nicht weiter. Denn erst die Ausübung eines Widerrufs führt zu Rechtsunsicherheiten, denen mit der Angabe der Widerrufsgründe begegnet werden soll und die bei der zeitlichen Befristung von Arbeitsbedingungen von vornherein nicht entstehen können. Anders als beim Widerrufsvorbehalt besteht bei der Teilbefristung zu keinem Zeitpunkt Ungewissheit darüber,

---

324 Hanau/Hromadka, NZA 2005, 73, 77; Löwisch in FS 50 Jahre BAG, 2004, 423, 440 f.; Thüsing, RdA 2005, 257, 265; Thüsing/Leder, BB 2005, 1563, 1569; a.A. Preis/Bender, NZA-RR 2005, 337, 341 f.; Maschmann, RdA, 2005, 212, 215; Wimmer, Die Befristung einzelner Arbeitsbedingungen nach der Schuldrechtsreform, S. 76.

325 BAG vom 2.9.2009 – 7 AZR 233/08 – NZA 2009, 1253; BAG vom 26.7.2006 – 7 AZR 515/05 – NZA 2007, 34; BAG vom 23.6.2004 – 7 AZR 106/03 – AP TzBfG § 14 Nr. 4, 12; BAG vom 3.9.2003 – 7 AZR 106/03 – AP TzBfG § 14 Nr. 4; Dörner in FS Richardi, 2007, S. 219, 223; Müller-Glöge in ErfK, § 14 TzBfG Rn. 118; Tillmanns in HK-ArbR, § 14 TzBfG Rn. 107.

ob oder wann der Arbeitgeber von einem einseitigen Leistungsbestimmungsrecht Gebrauch machen wird.[326]

Nichts anderes gilt für die Zweckbefristung. Gemäß § 15 Abs. 2 TzBfG endet ein zweckbefristeter Arbeitsvertrag mit Zweckerreichung, jedoch frühestens zwei Wochen nach Zugang der schriftlichen Unterrichtung des Arbeitnehmers durch den Arbeitgeber über den Zeitpunkt der Zweckerreichung. Gemäß § 14 Abs. 4 TzBfG bedarf die Zweckbefristung, d.h. auch die Angabe des Zweckes, zu ihrer Wirksamkeit sogar der Schriftform, denn hier fallen der sachliche Grund, also das Erreichen eines bestimmten Zwecks und der Befristungstermin zusammen.[327] Daher muss bei der zweckbedingten Befristung einzelner Arbeitsbedingungen im Arbeitsvertrag der Befristungsgrund so genau angegeben werden, dass der Arbeitnehmer daraus zweifelsfrei erkennen kann, dass das Arbeitsverhältnis mit Erfüllung dieses Zwecks beendet sein wird.

4. Ergebnis

Entgegen der Rechtsprechung des BAG, das von einer Kontrollfähigkeit von Teilbefristungen (§ 307 Abs. 3 S. 1 BGB) ausgeht, ist eine Abweichung von Rechtsvorschriften nicht ersichtlich, da § 14 TzBfG unstreitig weder unmittelbar noch analog anwendbar ist. Die gegenteilige Ansicht des BAG vermag nicht zu überzeugen und steht im Widerspruch zu den Erwägungen, die das BAG im Rahmen der Angemessenheitskontrolle heranzieht. Gegenstand der Inhaltskontrolle ist gerade nicht die zeitliche Einschränkung der Hauptleistungspflicht, sondern die befristete Hauptleistung an sich, zumal Teilbefristungen insbesondere typische Hauptleistungspflichten wie Tätigkeit, Umfang der Arbeitszeit und Arbeitsentgelt erfassen.

Werden Teilbefristungen dennoch einer Inhaltskontrolle unterzogen, ist festzustellen, dass das BAG die Anforderungen an Teilbefristungen stark verschärft hat. Nach bisheriger Rechtsprechung des BAG war eine unangemessene Benachteiligung (§ 307 BGB) zu verneinen, wenn ein sachlicher Grund für die Teilbefristung vorlag, ohne dass das Vorliegen eines sachlichen Grundes zwingende Voraussetzung für die Wirksamkeit der Klausel war. Diese Rechtsprechung hat das BAG jüngst für den Fall der befristeten Erhöhung der Arbeitszeit verschärft

326 BAG vom 2.9.2009 – 7 AZR 233/08 – NZA 2009, 1253, 1256; Schramm/Naber, NZA 2009, 1318, 1319.

327 BAG vom 15.5.2012 – 7 AZR 35/11 – NZA 2012, 1366, 1368BAG vom 21.12.2005 – 7 AZR 541/04 – NZA 2006, 321; Richardi/Annuß, NJW 2000, 1231, 1234; Müller-Glöge in ErfK, § 14 TzBfG Rn. 118; Tillmanns in HK-ArbR, § 14 TzBfG Rn. 108.

und fordert nun ausdrücklich das Vorliegen eines sachlichen Grundes, soweit die Erhöhung der Arbeitszeit die – nicht hinreichend definierte – Erheblichkeitsschwelle überschreitet. Die ausdrückliche Angabe des sachlichen Grundes im Rahmen des § 307 Abs. 1 S. 2 BGB ist hingegen nicht notwendig.

Es bleibt abzuwarten, ob bzw. inwieweit diese neuere Rechtsprechung, die sich bisher vorwiegend auf die befristete Arbeitszeiterhöhung bezieht, auf andere Teilbefristungen, wie die befristete Übertragung einer höherwertigen Tätigkeit oder die Befristung von Vergütungsbestandteilen, übertragen werden wird.

III. Bezugnahmeklauseln auf Tarifverträge

1. Interessenlage

Vielfach wird in der Praxis einzelvertraglich auf die Anwendung von Tarifbestimmungen durch Bezugnahmeklauseln in Arbeitsverträgen verwiesen. Von den rund 73.000 als gültig in das Tarifregister eingetragenen Tarifverträgen sind aktuell 443 allgemeinverbindlich.[328] Die übrigen Tarifverträge gelten im Rahmen der Tarifbindung und daher nicht unmittelbar für nicht-tarifgebundene Arbeitnehmer, so dass in der Praxis die Mehrzahl der Arbeitsverträge Bezugnahmeklauseln enthält.[329]

Sinn und Zweck von Bezugnahmeklauseln und Grund für deren weite Verbreitung ist die Gleichbehandlung der Belegschaft sowie die Vermeidung von Spannungen, die sich aus einer unterschiedlichen Behandlung von Gewerkschafts- und Nichtgewerkschaftsmitgliedern ergeben könnten, da die Frage des Arbeitgebers grundsätzlich nach der Gewerkschaftszugehörigkeit grundsätzlich unzulässig ist.[330] Ebenso wollen Arbeitgeber nicht gewerkschaftlich organisierte Arbeitnehmer gerade nicht zum Gewerkschaftsbeitritt motivieren. Arbeitgeber haben daher regelmäßig ein Interesse daran, nicht gewerkschaftlich organisierten Arbeitnehmern von vorneherein dieselben Arbeitsbedingungen zu gewähren wie Gewerkschaftsmitgliedern und bedienen sich hierfür einzelvertraglicher

328 https://www.bmas.de/DE/Themen/Arbeitsrecht/Tarifvertraege/allgemeinverbindliche-tar ifvertraege.html (Stand: 1.1.2017).

329 Gemäß einer Studie vom Jahre 1992 enthielten 90 % der untersuchten Arbeitsverträge Bezugnahmeklauseln auf Tarifverträge (Preis, Grundfragen der Vertragsgestaltung im Arbeitsrecht, S. 62).

330 BAG vom 18.11.2014 – 1 AZR 257/13 – NZA 2015, 306; BAG vom 28.3.2000 – 1 ABR 16/99 – NZA 2000, 1294; Linck in Schaub, Arbeitsrechtshandbuch, § 26 Rn. 24; Mestwerdt in Boecken/Düwell/Diller/Hanau, Gesamtes Arbeitsrecht, § 611 BGB Rn. 307; Preis in ErfK, § 611 BGB Rn. 278; Thüsing in MüKo, § 11 AGG Rn. 30 f.

Bezugnahmeklauseln auf Tarifverträge. Eine einzelvertragliche Bezugnahmeklausel bewirkt, dass die Regelungen des Tarifvertrages Inhalt des Arbeitsvertrages werden. Für den nicht tarifgebundenen Arbeitnehmer gelten die Tarifbestimmungen nicht normativ, sondern aufgrund der Verweisung als einzelvertragliche Regelung im Arbeitsvertrag.[331]

2. Kontrollfähigkeit

Vorab sind zwei Aspekte streng voneinander zu unterscheiden.

Zum einen stellt sich die Frage, ob der **Inhalt eines Tarifvertrages**, auf den einzelvertraglich verwiesen wird und der so in den Arbeitsvertrag inkorporiert wird, der Inhaltskontrolle nach § 307 Abs. 3, Abs. 1 BGB unterliegt. Die Kontrollfähigkeit des Tarifvertrages als Verweisungsobjekt hängt von der Art der Verweisung (Global-, Einzel- oder Teilverweisung) ab.

Zum anderen stellt sich die Frage, ob die **Verweisungs- oder Bezugnahmeklausel als solche** kontrollfähig ist.

a. Globalverweisung

aa. Globalverweisung auf einschlägigen Tarifvertrag

Ein im Wege der vorformulierten Globalverweisung in Bezug genommener, hypothetisch einschlägiger Tarifvertrag unterliegt keiner Angemessenheitskontrolle, da Tarifverträge wie deklaratorische Klauseln gemäß § 310 Abs. 4 S. 3 BGB Rechtsvorschriften i.S.d. § 307 Abs. 3 S. 1 BGB gleich stehen. Es bestünde andernfalls die Gefahr einer indirekten Tarifzensur. Gemäß der Gesetzesbegründung darf in diesen normsetzenden Bereich eine AGB-Kontrolle nicht eingreifen, da ansonsten das System der Tarifautonomie (Art. 9 Abs. 3 GG) konterkariert würde.[332] Ebenso bestünde die Gefahr einer „Zweiklassenkontrolle", denn nicht gewerkschaftlich organisierte Arbeitnehmer, für die die Bestimmungen aus dem Tarifvertrag kraft individualarbeitsvertraglicher Vereinbarung gelten, sollen nicht besser gestellt werden als gewerkschaftlich organisierte Arbeitnehmer, denen aufgrund der normativen Geltung des Tarifvertrages eine Angemessenheitskontrolle aufgrund der tarifvertraglichen Richtigkeitsgewähr nicht zu Gute kommen kann. Die Ungleichbehandlung bestünde darin, dass tarifgebundene

331 BAG vom 22.10.2008 – 4 AZR 784/07 – NZA 2009, 151, 154; Löwisch in FS Canaris, 2007, Bd. I, S. 1403, 1404; Krause in Staudinger, Anh. § 310 BGB Rn. 92.

332 BT-Drs- 14/6857 vom 31.8.2001, S. 54.

Arbeitnehmer sowohl in den Genuss der Vorteile des Tarifvertrages als auch in den Genuss optimierter Arbeitsbedingungen über eine AGB-Kontrolle kämen.[333]

Einzelvertraglich in Bezug genommene Tarifverträge sind daher kontrollfrei, wenn dadurch auf den gesamten einschlägigen Tarifvertrag verwiesen wird.[334]

bb. Globalverweisung auf nicht einschlägigen Tarifvertrag

Eine Bezugnahme auf Tarifverträge, die sachlich, örtlich oder zeitlich nicht einschlägig sind, führt stets zu einer Inhaltskontrolle, da sie eine Abweichung von Rechtsvorschriften darstellen. Die Inhaltskontrolle betrifft sowohl die Bezugnahmeklausel als solche, als auch den in Bezug genommenen Tarifvertrag. Die auf der Richtigkeitsvermutung von Tarifverträgen basierende Privilegierung (§ 310 Abs. 4 S. 3 BGB) besteht nur innerhalb des Geltungsbereiches eines solchen Tarifvertrages, unabhängig davon, ob der Grund für die Nichtanwendbarkeit ein zeitlicher, örtlicher oder sachlicher ist.[335] Denn maßgeblich ist nicht der Grund für die Nichtanwendbarkeit des Tarifvertrages, sondern dass er im Falle seiner Nichtanwendbarkeit keine normative Geltung (mehr) entfaltet und damit kein Verstoß gegen das Verbot der Tarifzensur zu befürchten ist.[336]

Einzelvertraglich in Bezug genommene Tarifverträge, die nicht hypothetisch einschlägig sind, unterliegen daher der Inhaltskontrolle.

b. Einzelverweisung

Daneben existieren auch arbeitsvertragliche Bezugnahmeklauseln, die im Wege sog. Einzelverweisungen lediglich punktuell auf einzelne Tarifregelungen, wie Ausschlussfristen oder Urlaubsregelungen Bezug nehmen, ohne eine ausgewogene Verteilung der Vor- und Nachteile zu gewährleisten. Dadurch besteht die Gefahr, dass ein Arbeitgeber nur auf die für ihn vorteilhaften Bestimmungen Bezug nimmt, ohne hierfür einen Ausgleich zu schaffen. Erst die Gesamtheit der Regelungen eines Tarifvertrags begründet die Vermutung, dass dieser die

---

333 Löwisch in FS Canaris, 2007, Bd. I, S. 1403, 1404; Krause in Staudinger, Anh. § 310 BGB Rn. 92.

334 BT-Drs. 14/6857 vom 31.8.2001, S. 54; BAG vom 18.9.2012 - 9 AZR 1/11 - NZA 2013, 216, 218; BAG vom 9.2.2011 – 7 AZR 91/10 - NZA-RR 2012, 232, 236; BAG vom 23.9.2004 - 6 AZR 442/03 - NZA 2005, 475, 478; Stoffels, ZfA 2009, 861, 888.

335 Däubler in D/B/D, § 310 BGB Rn. 49 f.; Kreft in Clemenz/Kreft/Krause, § 310 BGB Rn. 70 f.; Preis, Der Arbeitsvertrag, II V 40, Rn. 84; Preis in ErfK, §§ 305–310 BGB Rn. 13 f.

336 Diehn, NZA 2004, 129, 131; Thüsing, AGB-Kontrolle im Arbeitsrecht, Rn. 186.

divergierenden Interessen angemessen ausgleicht.[337] Zudem ist im Gesetzesentwurf nur die Rede von einem „Bezug auf **einen Tarifvertrag**", nicht von einzelnen Tarifbestimmungen,[338] so dass davon ausgegangen werden kann, dass der Gesetzgeber Tarifverträge in deren Gesamtheit im Blick hatte.

Selektive Verweisungen auf einzelne Bestimmungen eines Tarifvertrages stellen eine Abweichung von Rechtsvorschriften dar. Betrachtet man §§ 307 Abs. 3, 310 Abs. 4 S. 3 BGB in einer Gesamtschau, liegt eine Abweichung von einem Tarifvertrag bereits dann vor, wenn er nur teilweise und nicht in seiner Gesamtheit in Bezug genommen wird.[339]

Daher unterliegt neben der einzelvertraglich vorformulierten Einzelverweisung auch die punktuell einbezogene tarifliche Regelung ausnahmsweise der vollen Inhaltskontrolle.

c. *Teilverweisung*

Von der Einzelverweisung zu unterscheiden ist die formularmäßige Inbezugnahme einzelner Sachbereiche oder Regelungskomplexe eines Tarifvertrages, die sog. Teilverweisung. Umstritten ist, ob diese der Inhaltskontrolle unterliegt.

Das BAG vertritt grundsätzlich die Ansicht, dass erst die Gesamtheit der Regelungen eines Tarifvertrags die Vermutung begründe, dass dieser die divergierenden Interessen angemessen ausgleicht.[340] Ob dies auch gilt, wenn die tarifvertragliche Regelung abgrenzbare Sachbereiche vollständig übernommen hat, ist umstritten.

Ein Teil der Literatur nimmt bei Teilverweisungen – wie auch bei Globalverweisungen – keine Inhaltskontrolle an, wenn sie auf einen bestimmten Regelungskomplex im Tarifvertrag Bezug nehmen, der in sich ausgewogen ist und auch selbständig Bestand haben könnte. Es könne zumindest dann von einer Richtigkeits- oder Angemessenheitsvermutung ausgegangen werden, wenn es sich um wesentliche, in sich abgeschlossene Teile eines Tarifvertrages handelt, die aus dem systematischen Zusammenhang des Tarifvertrages sowie aus dem

---

337 BAG vom 6.5.2009 – 10 AZR 390/08 – NZA-RR 2009, 593, 594; Stoffels in W/L/P, Anh. § 310 BGB (ArbR) Rn. 114; Preis in ErfK, §§ 305–310 BGB Rn. 16; Müller-Glöge in MüKo, § 611 BGB Rn. 69; Diehn, NZA 2004, 129, 130.

338 BT-Drs. 14/6857 vom 31.8.2001, S. 54.

339 Thüsing, AGB-Kontrolle im Arbeitsrecht, Rn. 189; Thüsing/Lambrich, NZA 2002, 1361, 1363.

340 BAG vom 6.5.2009 – 10 AZR 390/08 – NZA-RR 2009, 593, 594; zustimmend Bayreuther, RdA 2003, 81, 85; Gaul, ZfA 2003, 75, 89; Henssler/Willemsen/Kalb, § 3 TVG Rn. 18; Müller-Glöge in MüKo, § 611 BGB Rn. 70.

Zusammenhang der Tarifverhandlungen ohne die Gefahr eines Funktionsverlustes herausgenommen werden können.[341] Auch das Gesetz lässt Teilverweisungen auf tarifvertragliche Bestimmungen zu, beispielsweise in § 622 Abs. 4 S. 2 BGB, § 4 Abs. 4 S. 1 EFZG, § 13 Abs. 1 S. 1 BUrlG.[342] Allerdings kann aus der Zulässigkeit einer gesetzlichen Verweisung nicht automatisch auf die Erforderlichkeit einer Inhaltskontrolle geschlossen werden.

So verankert ein anderer Teil des Schrifttums Teilverweisungen thematisch näher bei Einzelverweisungen und geht von deren Kontrollfähigkeit aus. Diese Ansicht stellt insbesondere auf den Willen des Gesetzgebers ab, der in den Gesetzesmaterialien von der Bezugnahme auf einen Tarifvertrag als Ganzes spricht und nur diesen aus der Inhaltskontrolle herausnimmt.[343] Wie im Rahmen von Einzelverweisungen, besteht die Gefahr, dass ein Arbeitgeber lediglich auf Regelungsbereiche verweist, die für ihn günstig sind. Hinter dieser Literaturauffassung steht die aus dem Schutz der Tarifautonomie resultierende Angemessenheitsvermutung, die der Gesetzgeber durch die Ausklammerung von Tarifverträgen aus der Inhaltskontrolle gewährleisten wollte. Diese Angemessenheitsvermutung kann jedoch bei Teilverweisungen in der Regel nicht angenommen werden.[344]

Tendenziell entspricht diese letztere Ansicht auch der Richtung, die die Rechtsprechung einschlägt. Das BAG orientiert sich hierbei an der Rechtsprechung des BGH zur VOB/B, wonach jede inhaltliche Abweichung von der VOB/B einen Eingriff in deren Ausgewogenheit und damit eine Störung des von ihr beabsichtigten Interessensausgleichs darstelle. Damit ist die Inhaltskontrolle auch dann eröffnet, wenn nur geringfügige inhaltliche Abweichungen von der VOB/B vorliegen. Auf die Frage der Vergleichbarkeit von VOB/B und Tarifverträgen geht das BAG allerdings nicht weiter ein.[345]

Jedenfalls wird die Differenzierung zwischen Einzelverweisung und Teilverweisung im Einzelfall schwierig sein, da das Merkmal der Ausgewogenheit

341 Bayreuther, RdA 2003, 81, 91; Diehn, NZA 2004, 129, 131; Thüsing/Lambrich, NZA 2002, 1361, 1363.

342 BAG vom 14.3.2007 – 5 AZR 630/06 – NZA 2008, 45, 47; Gotthardt in H/W/K, § 307 BGB Rn. 14; Richardi, NZA 2002, 1057, 1062; Stoffels in W/L/P, Anh. § 310 BGB (ArbR) Rn. 115; Stoffels, ZfA 2009, 861, 866.

343 BT-Drs. 14/6857 vom 31.8.2001, S. 54; BAG vom 6.5.2009 – 10 AZR 390/08 – NZA-RR 2009, 593, 594; Boemke/Ulrici in HK-ArbR, § 310 BGB Rn. 26; Däubler in D/B/D, § 310 BGB Rn. 52.

344 Diehn, NZA 2004, 129, 130; Thüsing/Lambrich, NZA 2002, 1361, 1363.

345 BAG vom 6.5.2009 – 10 AZR 390/08 – NZA-RR 2009, 593, 594; BGH vom 22.1.2004 – VII ZR 419/02 – NJW 2004, 1597; Reinecke, BB 2005, 378.

kein klares Abgrenzungskriterium darstellt. Selbst wenn man zu dem Ergebnis kommt, dass eine Bezugnahme auf einen tariflichen Regelungskomplex „ausgewogen“ ist, hätte dies im Ergebnis wohl auch die „Angemessenheit“ i.S.d. § 307 Abs. 1 BGB zur Folge.

Formularmäßige Bezugnahmeklauseln auf Teile von Tarifverträgen müssen daher einer Inhaltskontrolle unterzogen werden.

d. Bezugnahmeklausel als solche

Bezugnahmeklauseln auf Tarifverträge sind voll kontrollfähig. § 310 Abs. 4 S. 3 BGB nimmt zwar in Bezug genommene Tarifverträge von der AGB-Kontrolle aus, nicht aber Bezugnahmeklauseln, durch die auf Tarifverträge verwiesen wird. Sie sind unabhängig von ihrem Bezugsobjekt einer AGB-Kontrolle nach §§ 305 ff. BGB zu unterziehen. Die Inhaltskontrolle der Bezugnahmeklausel selbst ist jedoch in AGB-rechtlicher Hinsicht weitestgehend unproblematisch.[346]

Soweit das BAG davon ausgeht, eine Verweisungsklausel habe keinen eigenen kontrollfähigen Inhalt, sondern würde sich nur über den Inhalt ihres Bezugsobjektes definieren,[347] muss berücksichtigt werden, dass diesen Entscheidungen keine Bezugnahmeklauseln auf Tarifverträge, sondern auf allgemeine Arbeitsvertrags-Richtlinien zugrunde lagen, die nicht kollektiv ausgehandelt, sondern vom Arbeitgeber einseitig bestimmt wurden.

3. Inhaltskontrolle

Während Bestimmungen in Tarifverträgen als Bezugnahmeobjekt nur sehr eingeschränkt einer Inhaltskontrolle unterliegen, sind Bezugnahmeklauseln als solche voll kontrollfähig.[348]

346 BAG vom 24.9.2008 – 6 AZR 76/07 – NZA 2009, 154, 157; BAG vom 9.5.2007 – 4 AZR 319/06 – AP BGB § 305c Nr. 8; Däubler in D/B/D, § 310 BGB Rn. 57; Schlewing, NZA-Beilage 2012, 33, 39.

347 BAG vom 18.11.2009 – 4 AZR 493/08 – NJOZ 2010, 1303, 1306; BAG vom 10.12.2008 – 4 AZR 801/07 – NZA-RR 2010, 7, 12.

348 BAG vom 24.9.2008 – 6 AZR 76/07 – NZA 2009, 154, 157; BAG vom 9.5.2007 – 4 AZR 319/06 – AP BGB § 305c Nr. 8; Däubler in D/B/D, § 310 BGB Rn. 57; Preis in ErfK, §§ 305–310 BGB Rn. 12.

a. Inhaltskontrolle des Tarifvertrages als Bezugsobjekt

aa. Angemessenheitskontrolle

Wie unter **Kapitel 5.III.2.b. und c. (S. 116 ff.)** festgestellt, unterliegen nur Einzel- und Teilverweisungen sowie Globalverweisungen auf nicht einschlägige Tarifverträge einer Angemessenheitskontrolle. Die Angemessenheitskontrolle richtet sich nach dem jeweiligen Inhalt der in Bezug genommenen tarifrechtlichen Regelung. Dagegen unterliegen Globalverweisungen auf (hypothetisch) einschlägige Tarifverträge unter Verweis auf die Gefahr einer mittelbaren Tarifzensur keiner Angemessenheitskontrolle.

bb. Transparenzkontrolle

Fraglich ist, ob Globalverweisungen auf einschlägige Tarifverträge einer Transparenzkontrolle unterzogen werden können, ohne dass auch hier die Gefahr einer indirekten Tarifzensur besteht.

Der Wortlaut des § 310 Abs. 4 S. 1 BGB spricht grundsätzlich gegen eine Transparenzkontrolle von Tarifverträgen. Die Vorschrift erklärt, dass der (gesamte) 2. Abschnitt (§§ 305–310 BGB) keine Anwendung auf Tarifverträge findet. Somit wäre weder einen Inhalts- noch eine Transparenzkontrolle durchzuführen.

Für die Durchführung einer Transparenzkontrolle hingegen spricht die Gesetzesbegründung:

> „In Satz 3 der vorgeschlagenen Neufassung von § 310 Abs. 4 BGB-RE wird klargestellt, dass Tarifverträge, Betriebs- und Dienstvereinbarungen Rechtsvorschriften im Sinne § 307 Abs. 3 BGB-RE gleichstehen. Daraus folgt, dass auch Einzelarbeitsverträge, die Bezug auf einen Tarifvertrag nehmen, ohne dass eine beiderseitige Tarifbindung besteht oder die mit Kollektivverträgen übereinstimmen und lediglich deren gesamten Inhalt wiedergeben, ebenfalls nicht der Inhaltskontrolle unterliegen, **sondern nur am Transparenzgebot zu messen sind.**“[349]

Aus den Gesetzesmaterialien geht jedoch nicht eindeutig hervor, welche Fälle hiervon erfasst werden sollen:

> „Die Bereichsausnahme muss allerdings weiterhin für Tarifverträge, Betriebs- und Dienstvereinbarungen bestehen bleiben. Sie stellen nicht nur ausgehandelte Verträge **zwischen den beteiligten Kollektivvertragsparteien** dar, sondern enthalten zugleich Rechtsnormen, **die unmittelbar und zwingend für die Arbeitsverhältnisse der betriebsangehörigen bzw. tarifgebundenen Arbeitnehmer** gelten (§ 77 Abs. 4 Satz 1 BetrVG, § 4 Abs. 1 Satz TVG). In diesen gewissermaßen „normsetzenden“ Bereich kann

349 BT-Drs. 14/6857 vom 31.8.2001, S. 54.

und darf eine AGB-Kontrolle nicht eingreifen, da anderenfalls das System der Tarifautonomie konterkariert würde.“

Hieraus schlussfolgert die Literatur, dass § 310 Abs. 4 S. 1 BGB nur die Fälle der zwingenden Tarifvertragsgeltung von der Transparenzkontrolle ausnehmen soll. Für vertraglich einbezogene Tarifverträge soll eine Transparenzkontrolle möglich sein.[350]

Das BAG hat bislang offen gelassen, ob damit generell eine Transparenzkontrolle von Tarifverträgen ausgeschlossen ist, wenn der Tarifvertrag kraft arbeitsvertraglicher Bezugnahme gilt, ohne dass beiderseitige Tarifbindung der Arbeitsvertragsparteien besteht.

Nach Ansicht des BAG sind aber jedenfalls aufgrund der Gefahr einer Tarifzensur bei einem tarifgebundenen Arbeitgeber einschlägige Tarifverträge jeglicher Inhalts- und Transparenzkontrolle nach §§ 305 ff. BGB entzogen, unabhängig davon, ob der Tarifvertrag kraft beiderseitiger Tarifbindung oder kraft arbeitsvertraglicher Bezugnahme gilt. Das BAG begründet seine Entscheidung mit dem Zweck des § 310 Abs. 4 S. 1 BGB, der die Gleichbehandlung von nicht gewerkschaftlich organisierten gegenüber organisierten Arbeitnehmern gewährleisten soll. Andernfalls würde der Tarifvertrag in Arbeitsverhältnissen tarifgebundener Arbeitnehmer gemäß § 310 Absatz Abs. 4 S. 1 BGB keiner Inhalts- und Transparenzkontrolle nach § 307 Abs. 1 S. 2 BGB unterliegen; bei nicht tarifgebundenen Arbeitnehmern wäre dagegen eine Transparenzkontrolle vorzunehmen. Dies hätte zur Folge, dass einzelne Vorschriften desselben Tarifvertrags bei demselben tarifgebundenen Arbeitgeber, je nachdem, ob der Arbeitnehmer Mitglied der tarifschließenden Gewerkschaft ist oder nicht, zur Anwendung kommen oder wegen fehlender Transparenz unwirksam sind.[351]

Ob dieses vom 6. Senat statuierte Intransparenzprivileg von Tarifverträgen auch auf Fälle übertragen werden kann, in denen der Arbeitgeber nicht tarifgebunden ist, hat das BAG bislang offen gelassen. Das zentrale Argument des BAG, eine Zweiteilung der Belegschaft verhindern zu wollen, greift in diesem Fall nicht. Denn es besteht weder die Gefahr, dass tarifliche Regelungen unterschiedlich

---

350 Ernst, NZA 2007, 1405; Preis in ErfK, §§ 305–310 BGB Rn. 15; Stoffels, ZfA 2009, 861, 889; Witt, NZA 2004, 135, 138.

351 BAG vom 13.12.2007 – 6 AZR 222/07 – NZA 2008, 478, 481; BAG vom 28.6.2007 – 6 AZR 750/06 – NZA 2007, 1049, 1051; ebenso Ernst, NZA 2007, 1405, 1406; Stoffels, ZfA 2009, 861, 887.

beurteilt werden, noch das Risiko, dass Arbeitnehmer durch Gewerkschaftsbei- oder -austritt den Prüfungsmaßstab und damit die Wirksamkeit von Tarifbestimmungen beeinflussen kann.[352]

b. Inhaltskontrolle der Bezugnahmeklausel als solche

Im Rahmen von Bezugnahmeklauseln unterscheidet man im Wesentlichen zwischen statischen und dynamischen Bezugnahmeklauseln.

Eine statische Bezugnahmeklausel verweist auf eine konkrete, an einen Stichtag geknüpfte Regelung, nämlich auf einen bestimmten Tarifvertrag in einer bestimmten Fassung. Eine dynamische Bezugnahmeklausel hingegen verweist entweder auf eine bestimmte, jedoch in zeitlicher Hinsicht flexibel ausgestaltete Regelung, also einen bestimmten Tarifvertrag in der jeweils gültigen Fassung (sog. kleine dynamische Bezugnahmeklausel), oder auf eine sowohl in sachlicher, als auch in zeitlicher Hinsicht flexibel ausgestaltete externe Regelung (sog. große dynamische Bezugnahmeklausel).[353]

Diese Unterscheidung spielt jedenfalls für die Frage, ob eine Bezugnahmeklauseln auf einen einschlägigen Tarifvertrag überraschend ist (§ 305c Abs. 1 BGB), keine Rolle. Aufgrund ihrer weiten Verbreitung sind Bezugnahmeklauseln auf einschlägige Tarifverträge nicht überraschend, unabhängig davon, ob sie statisch oder dynamisch wirken.[354]

aa. Statische Bezugnahmeklauseln

Soweit bei einer Vergütungsabrede Unklarheit darüber besteht, ob diese einen dynamischen oder statischen Inhalt hat, geht diese Unklarheit zu Lasten des Arbeitgebers (§ 305c II BGB).[355] Statische Bezugnahmeklauseln werfen in AGB-rechtlicher Hinsicht keine besonderen Probleme auf.[356]

---

352 Ernst, NZA 2007, 1405, 1406; Preis in FS Bepler, 2012, S. 479, 488.

353 Franzen in ErfK, § 3 TVG Rn. 36 f.; Preis, Der Arbeitsvertrag, II V 40, Rn. 9 ff.; Reufels in Hümmerich/Reufels, Gestaltung von Arbeitsverträgen, § 1 Rn. 1624 f.

354 BAG vom 24.9.2008 – 6 AZR 76/07 – NZA 2009, 154, 156; BAG vom 14.3.2007 – 5 AZR 630/06 – NZA 2008, 45, 47 f.

355 BAG vom 9.11.2005 – 5 AZR 128/05 – NZA 2006, 202; Treber in Schaub, Arbeitsrechts-Handbuch, § 206 Rn. 13, 34.

356 Klumpp in Clemenz/Kreft/Krause, § 307 BGB Rn. 159; Stoffels in W/L/P, Anh. § 310 BGB (ArbR) Rn. 116.

bb. Dynamische Bezugnahmeklauseln

Problematischer sind dagegen dynamische Bezugnahmeklauseln, insbesondere im Hinblick auf das Transparenzgebot (§ 307 Abs. 1 S. 2 BGB), da im Zeitpunkt der Verweisung noch nicht eindeutig feststeht, wie sich die in Bezug genommenen tarifrechtlichen Regelungen in Zukunft entwickeln werden.

Nach Ansicht des BAG ist eine dynamische Verweisung, die auf einen jeweils gültigen Tarifvertrag verweist, dann nicht intransparent, wenn im Zeitpunkt der jeweiligen Anwendung die geltenden, in Bezug genommenen Regelungen bestimmbar sind. Dynamische Bezugnahmeklauseln entsprechen einer üblichen Regelungstechnik und dienen den Interessen beider Parteien im Sinne eines auf die Zukunft gerichteten Arbeitsverhältnisses als Dauerschuldverhältnis.[357] Dass bei Vertragsabschluss noch nicht im Detail absehbar ist, welchen zukünftigen Inhalt die in Bezug genommenen Tarifregelungen haben werden, ist unerheblich.[358] Zur Wahrung des Transparenzgebotes genügt es, dass die im Zeitpunkt der jeweiligen Anwendung geltenden, in Bezug genommenen Regelungen bestimmbar sind. Dies deckt sich auch mit § 2 Abs. 1 Nr. 10, Abs. 3 NachwG, wonach ein allgemeiner Hinweis auf die jeweils anwendbaren Tarifverträge genügen sollen und Änderungen des Tarifvertrages gemäß § 3 S. 2 NachwG nicht angezeigt werden müssen.[359] Insofern muss ein Arbeitnehmer damit rechnen, dass ein Arbeitgeber auf die für ihn geltenden oder auf die betrieblich und fachlich einschlägigen Tarifverträge verweist.[360]

Bereits aufgrund ihres Gleichstellungseffektes stellen dynamische Bezugnahmeklauseln keine unangemessene Benachteiligung (§ 307 Abs. 1 S. 1 BGB) dar.[361] Ebenso wirken sie sich grundsätzlich positiv für den Arbeitnehmer aus, so dass sich die Frage einer (unangemessenen) Benachteiligung in der Regel nicht stellt.[362]

---

357 BAG vom 21.11.2012 – 4 AZR 85/11 – NZA 2013, 512, 514; BAG vom 24.9.2008 – 6 AZR 76/07 – NZA 2009, 154, 158; Preis in ErfK, §§ 305–310 BGB Rn. 80a.

358 BAG vom 24.9.2008 – 6 AZR 76/07 – NZA 2009, 154, 156; Thüsing/Lambrich, NZA 2002, 1361, 1365.

359 Stoffels, ZfA 2009, 861, 886; Stoffels in W/L/P, Anh. § 310 BGB (ArbR) Rn. 118.

360 BAG vom 21.11.2012 – 4 AZR 85/11 – NZA 2013, 512, 514; Preis in ErfK, §§ 305–310 BGB Rn. 80a.

361 BAG vom 24.9.2008 – 6 AZR 76/07 – NZA 2009, 154, 156; Oetker in FS Wiedemann, 2002, S. 383, 400; Panzer-Heemeier in Grobys/Panzer, Bezugnahmeklauseln, Rn. 14.

362 Eine Ausnahme hierzu stellen Sanierungstarifverträge dar (Stoffels, ZfA 2009, 861, 887; weiterführend Bayreuther, ZIP 2008, 573).

4. Ergebnis

In den Arbeitsvertrag einbezogene Tarifverträge unterliegen wegen der Gefahr einer mittelbaren Tarifzensur grundsätzlich keiner Inhaltskontrolle. Dies gilt unstreitig für einschlägige Tarifverträge, die durch Globalverweisung in Bezug genommen werden. Darüber hinaus unterliegen Globalverweisungen nach zutreffender Ansicht des BAG entgegen dem Wortlaut des § 307 Abs. 3 S. 2 BGB auch nicht der Transparenzkontrolle.

Bezugnahmeklauseln auf sachlich, örtlich oder zeitlich nicht einschlägige Tarifverträge profitieren hingegen nicht von der Richtigkeitsvermutung des § 310 Abs. 4 S. 3 BGB und sind daher kontrollfähig. Gleiches gilt für Einzel- und nach h.A. auch für Teilverweisungen.

Eine arbeitsvertragliche Bezugnahmeklausel als solche unterliegt der Inhaltskontrolle. Insoweit erfüllen dynamische Bezugnahmeklauseln die Anforderungen des Transparenzgebotes, wenn die im Zeitpunkt der jeweiligen Anwendung geltenden, in Bezug genommenen Regelungen bestimmbar sind.

IV. Entgeltflexibilisierung

1. Interessenlage

Der Arbeitgeber unterliegt als Unternehmer dem Wettbewerb sowie den damit einhergehenden volkswirtschaftlichen Schwankungen. Auch in Zeiten schlechter Auftragslagen ist der Arbeitgeber verpflichtet, die Lohnkosten weiterhin zu tragen. Um diese marktwirtschaftlichen Schwankungen betriebswirtschaftlich abfedern zu können, hat der Arbeitgeber ein Interesse daran, die Arbeitsbedingungen, insbesondere das Arbeitsentgelt, flexibel zu gestalten. Dem steht das Interesse des Arbeitnehmers an der Existenzsicherung und Aufrechterhaltung des Lebensstandards durch ein regelmäßiges und verlässliches Einkommen entgegen.

Für die Flexibilisierung des Arbeitsentgeltes verwendet der Arbeitgeber überwiegend Freiwilligkeits- oder Änderungsvorbehalte, die ihm erlauben sollen, einseitig auf den Vergütungsanspruch des Arbeitnehmers Einfluss zu nehmen.

Während der Freiwilligkeitsvorbehalt eine rechtliche Bindung bereits im Vorfeld vermeiden soll, dient der Änderungsvorbehalt dazu, eine bereits zugesagte Leistung nachträglich zu ändern oder sogar zu beseitigen. Hauptanwendungsfälle des Änderungsvorbehaltes sind Widerrufs- und Anrechnungsvorbehalt.

Um zu verhindern, dass Arbeitgeber ihr unternehmerisches Risiko auf Arbeitnehmer in unzulässiger Weise abwälzen, stellt die Rechtsprechung hohe Anforderungen an die Zulässigkeit von Freiwilligkeits- und Änderungsvorbehalten.

2. Freiwilligkeitsvorbehalt

a. *Begriff*

Im Rahmen eines Freiwilligkeitsvorbehaltes behält sich der Arbeitgeber die Entscheidung über die Frage vor, ob und in welcher Höhe er eine freiwillige Leistung in Zukunft gewähren wird. Somit soll bereits die Entstehung eines Rechtsanspruchs – insbesondere durch betriebliche Übung – im Vorfeld verhindert werden.[363] Anders als im Rahmen eines Änderungsvorbehaltes kann der Arbeitgeber beim Freiwilligkeitsvorbehalt die Leistung ohne vorherige Ankündigung oder Widerruf jederzeit einstellen.

b. *Kontrollfähigkeit*

Die Frage der Kontrollfähigkeit eines Freiwilligkeitsvorbehaltes beurteilt sich nach der Rechtsnatur des unter Vorbehalt stehenden Anspruches. Soweit das BAG diese Frage überhaupt thematisiert, ist erkennbar, dass bei der Beurteilung zwischen laufendem Arbeitsentgelt und Sonderzahlungen differenziert werden soll.

aa. Rechtsprechung des BAG

Soweit **laufendes Arbeitsentgelt** unter Freiwilligkeitsvorbehalt gestellt wird, ist dieses aufgrund seines unmittelbaren Gegenseitigkeitscharakters als „Entgelt im engeren Sinne" einzuordnen.[364] Nach Ansicht des BAG stellt ein Freiwilligkeitsvorbehalt ein einseitiges Leistungsbestimmungsrecht dar, das dem Arbeitgeber das Recht einräumt, die Hauptleistungspflichten einzuschränken, zu verändern, auszugestalten oder zu modifizieren. Hierin läge eine Abweichung vom Grundsatz *pacta sunt servanda*[365], die zur **Kontrollfähigkeit** der Vereinbarung führt. Der Arbeitnehmer könne in dem als Dauerschuldverhältnis ausgestalteten Arbeitsverhältnis grundsätzlich auf die Beständigkeit der monatlich vereinbarten Zahlung einer Vergütung vertrauen, ohne dass diese an weitere Voraussetzungen geknüpft ist. Dies gelte nicht nur für die Grundvergütung, sondern auch für

---

363 BAG vom 30.7.2008 – 10 AZR 606/07 – NZA 2008, 1173, 1176; BAG vom 6.12.1995 – 10 AZR 198/95 – NZA 1996, 1027.

364 BAG vom 25.4.2007 – 5 AZR 627/06 – NZA 2007, 853; LAG Köln vom 2.11.2007 – 11 Sa 550/07 – BeckRS 2008, 50679; Maaß, ArbRAktuell, 2011, 59, 61; Lembke, NJW 2010, 257, 259; Lembke, NJW 2010, 321.

365 BAG vom 14.9.2011 – 10 AZR 526/10 – NZA 2012, 81; BAG vom 25.4.2007 – 5 AZR 627/06 – NZA 2007, 854.

zusätzliche regelmäßige (monatliche) Zahlungen, die von den Parteien als Teil der Arbeitsvergütung und damit als unmittelbare Gegenleistung für die vom Arbeitnehmer zu erbringende Arbeitsleistung vereinbart werden (z.B. Zulagen).[366]

Betrifft ein Freiwilligkeitsvorbehalt hingegen **Sonderzahlungen** oder zusätzliche Leistungen (z.B. Weihnachtsgeld), unterliegt er – so das BAG – **keiner Angemessenheitskontrolle**. Ein Freiwilligkeitsvorbehalt, der einen Rechtsanspruch auf Sonderleistungen ausschließt, weicht nicht von § 611a BGB n.F. (vormals § 611 BGB) oder vom Grundsatz *pacta sunt servanda* ab und ist daher gemäß § 307 Abs. 1 S. 2 BGB lediglich am Transparenzgebot zu messen.[367] Eine Verpflichtung des Arbeitgebers zur Leistung der Sonderzahlung werde nicht eingeschränkt oder sonst verändert, sondern von vornherein nicht begründet. Bei einem klar und verständlich formulierten Freiwilligkeitsvorbehalt, der eine Verpflichtung zur Leistung durch den Arbeitgeber ausschließt, fehlt es an einem Angebot des Arbeitgebers nach § 151 BGB, das der Arbeitnehmer annehmen kann und so ein *pactum* nicht begründet werde.[368]

Problematisch an dieser Rechtsprechung ist, dass eine allgemein gültige Abgrenzung zwischen einer laufenden Zahlung und einer Sonderzahlung allerdings nicht möglich ist. Dieses Abgrenzungsproblem hat sogar das BAG selbst erkannt und ausdrücklich eingeräumt.[369]

bb. Literatur

Auch in der Literatur ist keine Lösung dieses Abgrenzungsproblems erkennbar, wobei nach überzeugenderer Ansicht eine Angemessenheitskontrolle abzulehnen ist.

Während ein Teil des Schrifttums den Freiwilligkeitsvorbehalt mit guten Gründen bereits nicht als Vertragsbedingung nach § 305 Abs. 1 S. 1 BGB einstuft[370] und somit – unabhängig von der Differenzierung nach laufendem Arbeitsentgelt und

366 BAG vom 25.4.2007 – 5 AZR 627/06 – NZA 2007, 853 f.; Schramm, NZA 2007, 1325, 1326.

367 BAG vom 18.3.2009 – 10 AZR 289/08 – NZA 2009, 535, 536; BAG vom 21.1.2009 – 10 AZR 219/08 – NZA 2009, 310, 312; BAG vom 30.7.2008 – 10 AZR 606/07 – NZA 2008, 1173, 1176.

368 BAG vom 30.7.2008 – 10 AZR 606/07 – NZA 2008, 1173, 1174 f.; Hanau in MünchArbR, § 62 Rn. 94.

369 BAG vom 30.7.2008 – 10 A, ZR 606/07 – NZA 2008, 1173, 1178; Heiden, RdA 2012, 225 f.; Lakies, ArbRAktuell 2012, 306, 307; Lembke, NJW 2010, 257, 261.

370 Boemke/Ulrici in HK-ArbR, § 305 BGB Rn. 7; Hromadka/Schmidt-Rolfes, NJW 2007, 1777, 1780; Krause in FS Bauer, 2010, S. 577, 585 f.; Ricken, DB 2006, 1372,

Sonderzahlung – keiner Inhaltskontrolle unterzieht, soll nach anderer Auffassung in jedem Fall eine Inhaltskontrolle stattfinden.

Gegen eine Kontrollfähigkeit von Freiwilligkeitsvorbehalten spricht insbesondere der mangelnde Rechtsbindungswille des Arbeitgebers. Zum Teil wird angenommen, es fehle bei freiwilligen Leistungen prinzipiell bereits am *pactum*, so dass die Kontrollfähigkeit nicht mit der Abweichung vom Grundsatz *pacta sunt servanda* begründet werden kann. Soweit kein Versprechen vorliegt, könne dieses auch nicht gebrochen werden. Vielmehr müsse die privatautonome Entscheidung des Arbeitgebers, gerade keine rechtsgeschäftliche Bindung begründen zu wollen, respektiert werden.[371]

Die – wohl herrschende – Gegenansicht, die von einer Kontrollfähigkeit ausgeht,[372] verweist auf Art. 3 Abs. 3 der RL 93/13/EWG i.V.m. Nr. 1c des Anhangs. Demnach sind Klauseln unwirksam, in denen der Verbraucher eine verbindliche Verpflichtung eingeht, während der Gewerbetreibende die Erbringung seiner Leistungen an eine Bedingung knüpft, deren Eintritt nur von ihm abhängt. Bei kritischer Betrachtung dreht sich aber auch diese Argumentation letztlich um die Frage, ob die Verpflichtung des Arbeitnehmers zur Arbeitsleistung im synallagmatischen Gegenseitigkeitsverhältnis zu der unter Freiwilligkeitsvorbehalt stehenden Leistung des Arbeitgebers steht. Diese Argumentation hilft jedoch nicht weiter, da sie zirkelschlussartig zu der ebenfalls ungelösten Frage gelangt, wie im Einzelfall eine im Synallagma stehende Hauptleistungsabrede von einer Nebenabrede, die die Hauptleistung modifizieren soll, unterschieden werden soll.

cc. Kontrollfähigkeit durch Abweichung von betrieblicher Übung

Denkbar wäre, die Abweichung von Rechtsvorschriften (§ 307 Abs. 3 BGB) aus der Abweichung von dem im Arbeitsrecht seit Jahren anerkannten Grundsatz der betrieblichen Übung abzuleiten. Voraussetzung für das Entstehen eines Anspruches aus betrieblicher Übung ist die wiederholte, vorbehaltlose Gewährung einer bestimmten Arbeitgeberleistung, aus der der Arbeitnehmer schließen kann, dass

---

1374; Thüsing/Leder, BB 2005, 1563, 1568; Ulrici, BB 2005, 1902, 1903 f.; a.A. Däubler in D/B/D, § 305 BGB Rn. 5; Singer, RdA 2008, 246, 247.

371 Raab in FS Birk, S. 659, 684; Stoffels, AGB-Recht, Rn. 1156; Thüsing/Leder, BB 2005, 1563, 1567 f.

372 BAG vom 14.9.2011 – 10 AZR 526/10 – NZA 2012, 81, 82; Däubler in D/B/D, § 305 BGB Rn. 5; Müller-Glöge in MüKo, § 611 BGB Rn. 448; Preis in Preis, Der Arbeitsvertrag, II V 70, Rn. 45 ff., der jedoch zwischen Pauschalvorbehalt im Arbeitsvertrag und Einmalzahlung mit Freiwilligkeitshinweis differenziert.

diese auf Dauer gewährt werden soll.[373] Die Vereinbarung eines wirksamen Freiwilligkeitsvorbehaltes soll die Entstehung des Anspruchs gerade verhindern und stellt daher eine Abweichung vom Rechtsinstitut der betrieblichen Übung dar.[374]

dd. Zwischenergebnis

Auch wenn die Abgrenzung im Zweifelsfall schwierig sein wird, unterliegen nach Ansicht des BAG Freiwilligkeitsvorbehalte, die laufende Zahlungen des Arbeitgebers betreffen, aufgrund ihres engen Gegenseitigkeitsverhältnisses der Inhaltskontrolle.

Freiwilligkeitsvorbehalte, die einmalige oder Sonderzahlungen enthalten, unterliegen hingegen aufgrund lediglich einer Transparenzkontrolle.

c. Inhaltskontrolle

aa. Angemessenheitskontrolle

(1) Rechtsprechung des BAG

Ein Freiwilligkeitsvorbehalt verstößt nach einhelliger Ansicht nicht gegen **§ 308 Nr. 4 BGB**, denn es fehlt mangels *pactum* tatbestandlich bereits an der „versprochenen“ Leistung. Der Freiwilligkeitsvorbehalt soll einen Rechtsanspruch gerade von vorneherein ausschließen.[375]

Fraglich ist daher, inwiefern ein Freiwilligkeitsvorbehalt nach der Generalklausel des **§ 307 Abs. 1 S. 1 BGB** eine unangemessene Benachteiligung darstellt. An die Wirksamkeitsvoraussetzungen des Freiwilligkeitsvorbehaltes im Rahmen des § 307 Abs. 1 S. 1 BGB wurden zunächst keine allzu hohen Anforderungen gestellt. Allerdings schränkte das BAG bereits 2005 die Flexibilisierung von Vergütungsbestandteilen durch Freiwilligkeitsverbote erheblich ein. Nach Ansicht

---

373 BAG 28.5.2008 - 10 AZR 274/07 - NZA 2008, 941, 942; BAG vom 28.6.2006 - 10 AZR 385/05 - NZA 2006, 1174, 1176; BAG vom 26.3.1997 - 10 AZR 612/96 - NZA 1997, 1007; BAG vom 16.7.1996 - 3 AZR 352/95 - NZA 1997, 664, 665; Koch in Schaub, Arbeitsrechtshandbuch, § 110, Rn. 11; Rengier in Moll, Münchner Anwaltshandbuch Arbeitsrecht, § 36 Rn. 27; Thüsing, NZA 2005, 718, 719; Waltermann, RdA 2006, 257, 259.

374 A.A. Quink, Inhaltskontrolle von Freiwilligkeitsvorbehalten in Arbeitsverträgen, 2009, S. 58.

375 BAG vom 18.3.2009 - 10 AZR 289/08 - BB 2009, 1366; BAG vom 30.7.2008 - 10 AZR 606/07 - NZA 2008, 1173, 1174; Boemke/Ulrici in HK-ArbR, § 308 BGB Rn. 51; Gaul in FS Hromadka, 2008, S. 99, 105; Hanau/Hromadka, NZA 2005, 73; Lembke, NJW 2010, 257, 261.

des 5. Senates stelle demnach ein Freiwilligkeitsvorbehalt, der **laufendes Arbeitsentgelt** betrifft, einen Eingriff in das Synallagma des Arbeitsvertrages dar und widerspreche dem Wesen des Arbeitsvertrages. Dies gelte nicht nur für die Grundvergütung, sondern auch für Zulagen.[376]

Wie bereits erwähnt, räumt das BAG selbst ein, dass die Abgrenzung zwischen laufendem Arbeitsentgelt einerseits und Sonderzahlungen andererseits im Einzelfall schwierig ist.[377] Auch aus § 4a EFZG lassen sich keine eindeutigen Abgrenzungskriterien ableiten.

Ohne dieses grundsätzliche Abgrenzungsproblem zu lösen, hat der 10. Senat des BAG seit 2011 die Anforderungen an die Wirksamkeit von Freiwilligkeitsvorbehalten weiterhin verschärft. Bisher hielt es das BAG für ausreichend, dass ein Freiwilligkeitsvorbehalt einmalig im Arbeitsvertrag vereinbart wurde und dass das spätere konkludente Verhalten des Arbeitgebers im Rahmen der betrieblichen Übung nicht als konkludentes Angebot zur dauerhaften Leistungserbringung zu verstehen ist, ohne dass der Vorbehalt bei jeder einzelnen Leistungsgewährung wiederholt werden müsse.[378] Neuerdings äußert derselbe 10. Senat dahingehend Bedenken, dass ein solcher einmaliger vertraglicher Vorbehalt im Arbeitsvertrag **dauerhaft** den Erklärungswert einer ohne jeden Vorbehalt und ohne den Hinweis auf die vertragliche Regelung erfolgten wiederholten Zahlung so erschüttern könne, dass der Arbeitnehmer das spätere konkludente Verhalten des Arbeitgebers entgegen seinem gewöhnlichen Erklärungswert nicht als Angebot zur dauerhaften Leistungserbringung verstehen könne. Die frühere Rechtsprechung müsse daher in den Fällen eingeschränkt werden, in denen ein vertraglicher Freiwilligkeitsvorbehalt alle zukünftigen Leistungen unabhängig von ihrer Art und ihrem Entstehungsgrund erfassen soll. Denn ein solcher pauschaler Freiwilligkeitsvorbehalt beziehe unzulässigerweise laufende Leistungen ein und verstoße sowohl gegen den in § 305b BGB bestimmten

376 BAG vom 25.4.2007 – 5 AZR 627/06 – NZA 2007, 853, 854; Schramm, NZA 2007, 1325, 1326.

377 BAG vom 30.7.2008 – 10 AZR 606/07 – NZA 2008, 1173, 1178; Heiden, RdA 2012, 225, 225 f.; Henssler in FS Bepler, 2012, S. 207, 208 ff.; Lakies, ArbRAktuell 2012, 306, 308.

378 BAG vom 14.9.2011 – 10 AZR 526/10 – NZA 2012, 81, 83; BAG vom 8.12.2010 – 10 AZR 671/09 – NZA 2011, 628, 630; BAG vom 30.7.2008 – 10 AZR 606/07 – NZA 2008, 1173, 1177; Krause in MünchArbR, § 56 Rn. 7.

Vorrang der Individualabrede als auch gegen den allgemeinen Rechtsgrundsatz, dass vertragliche Regelungen einzuhalten sind.[379]

(2) Stellungnahme

Das BAG hat bei seiner Entscheidung die zentrale Frage offengelassen, welche Anforderungen an das Merkmal „dauerhaft" zu stellen sind. Dass jedenfalls die dem Gericht vorliegende Fallgestaltung mit einer mehr als 20 Jahre lang erfolgten vorbehaltlosen Zahlung einer zusätzlichen Vergütung auf Dauerhaftigkeit schließen lässt, hilft für die Beurteilung künftiger Fallkonstellationen nur bedingt weiter. Relevant ist die genaue Definition dieses Merkmals insbesondere im Hinblick auf die betriebliche Übung, denn es bleibt die Frage ungeklärt, ob bereits bei einer dreimalig wiederholten und gleichförmigen Leistungsgewährung von „Dauerhaftigkeit" gesprochen werden kann.

Der Begriff der Dauerhaftigkeit wird in einigen Bereichen des Arbeitsrechts routinemäßig verwendet, beispielsweise ist der dauerhafte Wegfall des Arbeitsplatzes ein Wirksamkeitserfordernis für eine betriebsbedingte Kündigung. Auch die dauerhafte Arbeitsunfähigkeit kann eine (personenbedingte) Kündigung begründen. Im Sprachgebrauch wird der Begriff synonym für „laufend", „kontinuierlich" oder „endlos"[380] verwendet. Rückschlüsse für die Frage, ab wann die Dauerhaftigkeit einsetzt, können hieraus jedoch nicht unmittelbar gezogen werden.

Soweit teilweise in der Literatur vorgeschlagen wird, die für den Widerrufsvorbehalt geltenden Kriterien auch auf den Freiwilligkeitsvorbehalt anzuwenden, wird dies von der Rechtsprechung zu Recht verneint. Eine unterschiedliche Behandlung dieser beiden Vorbehalte ist bereits aufgrund ihrer grundlegenden Wesensverschiedenheit geboten. Während der Freiwilligkeitsvorbehalt die Entstehung eines Anspruches bereits im Vorfeld verhindern soll, dient der Widerrufsvorbehalt dazu, einen bereits entstandenen Rechtsanspruch im Nachhinein zu beseitigen.[381]

Sinnvoll erscheint es, bei der Frage nach einer unangemessenen Benachteiligung auf die Ausgangssituation und die Umstände der Vereinbarung des Freiwilligkeitsvorbehaltes abzustellen. Eine Benachteiligung wäre dann bereits zu

---

379 BAG vom 14.9.2011 – 10 AZR 526/10 – NZA 2012, 81, 84. krit. Bonin in D/B/D, § 307 BGB Rn. 200 ff.; Deinert in Kittner/Zwanziger/Deinert, Arbeitsrecht, § 11 Rn. 135a; Thüsing in H/W/K, § 611 BGB Rn. 509.

380 Duden, Das Bedeutungswörterbuch, S. 252.

381 BAG vom 30.7.2008 – 10 AZR 606/07 – NZA 2008, 1173, 1174; BAG vom 12.1.2000 – 10 AZR 840/98 – NZA 2000, 944, 945; BAG vom 6.12.1995 – 10 AZR 198/95 – NZA 1996, 1027; Maties, DB 2005, 2689, 2695.

verneinen, wenn die unter Freiwilligkeitsvorbehalt gestellte zusätzliche und in der Regel überobligatorische Arbeitgeberleistung ohne die Vereinbarung eines Freiwilligkeitsvorbehalts überhaupt nicht gewährt worden wäre. Insofern wäre ein Arbeitnehmer, der im Rahmen eines Freiwilligkeitsvorbehaltes die Aussicht auf eine zusätzliche Vergütung hat, besser gestellt als ein Arbeitnehmer, dem von vorneherein – etwa zur Vermeidung der Gefahr einer irreversiblen Bindung – keinerlei zusätzliche Vergütung in Aussicht gestellt wird. Zu betonen ist, dass der Freiwilligkeitsvorbehalt gerade nicht dem Arbeitnehmer „nach Gutdünken wohlerworbene Ansprüche entziehen"[382] soll. Vielmehr dient er dazu, dem Arbeitnehmer eine zusätzliche Leistung zu gewähren, zu der der Arbeitgeber ohne Freiwilligkeitsvorbehalt regelmäßig nicht bereit wäre.

Soweit ein Freiwilligkeitsvorbehalt klar und deutlich vereinbart wurde und für den Arbeitnehmer erkennbar ist, dass die Leistung freiwillig erfolgt, kann darüber hinaus keine Benachteiligung angenommen werden. Der Arbeitnehmer ist insofern nicht schutzwürdig. Aus einer klar erklärten freiwilligen Leistung kann er daher nicht berechtigterweise schließen, dass weitere folgen werden. Auch wenn der Arbeitgeber die zusätzliche überobligatorische Leistung mehrfach gewährte, ohne hierzu verpflichtet gewesen zu sein, bedeutet dies nicht zwangsläufig, dass dieser sich an die ursprüngliche und nicht ausdrücklich aufgehobene Regelung im Arbeitsvertrag nicht mehr gebunden sieht. Der vom BAG vielfach betonte Grundsatz *pacta sunt servanda* sollte in diesem Fall zu Gunsten des Arbeitgebers herangezogen werden. Es vermag nur schwer einzuleuchten, warum eine Wiederholung eines bereits vereinbarten Freiwilligkeitsvorbehaltes – wie neuerdings vom 10. Senat gefordert – erforderlich sein soll, wenn dem Arbeitnehmer ein schriftlicher Arbeitsvertrag vorliegt, dessen Bedingungen er auch nach Vertragsschluss jederzeit nachschlagen kann.

bb. Transparenzkontrolle

Um den Anforderungen des Transparenzgebotes zu genügen, muss der Freiwilligkeitsvorbehalt klar, verständlich und deutlich formuliert sein.[383] Wenn der

---

382 Bauer/von Medem, NZA 2012, 894.

383 BAG vom 20.2.2013 – 10 AZR 177/12 – NZA 2013, 1015, 1017; BAG vom 14.9.2011 – 10 AZR 526/10 – NZA 2012, 81, 83; BAG vom 8.12.2010 – 10 AZR 671/09 – NZA 2011, 628, 630; BAG vom 30.7.2008 – 10 AZR 606/07 – NZA 2008, 1173, 1179; BAG vom 19.2.2008 – 3 AZR 61/06 – NZA-RR 2008, 597; Bonin in D/B/D, § 307 BGB Rn. 199b; Maaß in Maschmann/Sieg/Göpfert, Vertragsgestaltung im Arbeitsrecht, C 360, Rn. 11; Preis, NZA 2009, 281, 283.

Arbeitgeber eine vertragliche Bindung für die Zukunft, d.h. das Entstehen eines Anspruches aus betrieblicher Übung, verhindern möchte, muss er das Fehlen jeden Rechtsbindungswillens zweifelsfrei erkennbar machen.[384] Maßgeblich ist, ob der Arbeitnehmer der Formulierung irgendein Leistungsversprechen entnehmen kann.

In formeller Hinsicht genügt allein die Bezeichnung der Sonderzahlung als „freiwillige“[385] Leistung für sich genommen nicht, um einen Rechtsanspruch auszuschließen. „Freiwillig“ muss nicht zwingend bedeuten, dass die Leistung einmalig ist, sondern kann in dem Zusammenhang auch dahingehend interpretiert werden, dass der Arbeitgeber nicht durch Gesetz, Tarifvertrag oder Betriebsvereinbarung zu dieser Leistung verpflichtet ist, aber dennoch die Leistung künftig regelmäßig erbringen möchte.[386] Daher ist zusätzlich ein ausdrücklicher Hinweis erforderlich, dass kein Rechtsanspruch für die Zukunft entsteht, sondern der Arbeitgeber sich die Entscheidung hinsichtlich des **„Ob“** und des **„Wie“** der Leistungsgewährung ausdrücklich vorbehält. Demnach ist ein Freiwilligkeitsvorbehalt widersprüchlich und damit intransparent, wenn einerseits aus der Formulierung auf einen Anspruch geschlossen werden kann oder von einer Sonderzahlung die Rede ist, die der Arbeitgeber „gewährt“[387] oder der Arbeitnehmer „erhält“[388] oder dessen Voraussetzungen detailliert geregelt sind, andererseits die Leistungsgewährung nicht verbindlich sein soll und deswegen unter Freiwilligkeitsvorbehalt gestellt wird. Folgerichtig darf auch der vereinbarte Freiwilligkeitsvorbehalt nicht

---

384 BAG vom 14.9.2011 – 10 AZR 526/10 – NZA 2012, 81, 83; BAG vom 8.12.2010 – 10 AZR 671/09 – NZA 2011, 628, 630; BAG vom 19.5.2005 – 3 AZR 660/03 – NZA 2005, 889, 891; Preis, NZA 2009, 281, 285.

385 BAG vom 17.4.2013 – 10 AZR 281/12 – BeckRS 2013, 69281; BAG vom 20.2.2013 – 10 AZR 177/12 – NZA 2013, 1015, 1017; BAG vom 23.10.2002 – 10 AZR 48/02 – NZA 2003, 557.

386 BAG vom 3.9.2014 – 5 AZR 1020/12 – BeckRS 2015, 65716; BAG vom 8.12.2010 – 10 AZR 671/09 – NZA 2011, 628, 630; BAG vom 11.4.2000 – 9 AZR 255/99 – NZA 2001, 24, 25; Thüsing, AGB-Kontrolle im Arbeitsrecht, Rn. 271.

387 BAG vom 17.4.2013 – 10 AZR 281/12 – BeckRS 2013, 69281; BAG vom 20.2.2013 – 10 AZR 177/12 – NZA 2013, 1015, 1016.

388 Bayreuther, BB 2009, 102, 103; Schiefer in Hümmerich/Reufels, Gestaltung von Arbeitsverträgen, § 1 Rn. 4121.

im Widerspruch zu anderen (ausdrücklich vereinbarten) vertraglichen Vereinbarungen stehen.[389]

Großzügiger hingegen ist die Rechtsprechung im Hinblick auf die Gründe für die (Nicht-) Ausübung des Freiwilligkeitsvorbehalts und verlangt – im Gegensatz zum Widerrufsvorbehalt – vom Arbeitgeber keine Präzisierung der Gründe für die Entscheidung im Rahmen der Ausübungskontrolle nach § 315 BGB, ob und wie er vom Freiwilligkeitsvorbehalt Gebrauch macht. Dem ist zuzustimmen. Durch den Freiwilligkeitsvorbehalt soll die Entstehung eines Rechtsanspruches verhindert werden. Da keine Verpflichtung zur Gewährung einer zusätzlichen freiwilligen Leistung besteht, muss der Arbeitgeber auch seine Entscheidung, eine freiwillige Leistung nicht zu gewähren, nicht begründen. Entscheidet sich der Arbeitgeber gegen die Gewährung einer Leistung, muss er im Rahmen des Freiwilligkeitsvorbehaltes keine Erklärung abgegeben. Es genügt das bloße Einstellen einer Leistungsgewährung.[390]

d. *Zwischenergebnis*

Nach der Rechtsprechung des BAG unterliegen Freiwilligkeitsvorbehalte der Inhaltskontrolle, wenn sie laufendes Arbeitsentgelt regeln. Soweit sie Sonderzahlungen betreffen, sind sie kontrollfrei. Diese Differenzierung überzeugt nicht vollständig. Sie stellt zwar richtigerweise in beiden Fällen auf die Frage ab, ob eine Abweichung vom Grundsatz *pacta sunt servanda* vorliegt, kommt jedoch ohne ersichtlichen Grund zu unterschiedlichen Ergebnissen, obwohl in beiden Fällen eine Abweichung vom Grundsatz *pacta sunt servanda* mangels Leistungsversprechen nicht gegeben ist.

Nach neuerer Rechtsprechung des BAG kann ein bei der jeweiligen Zahlung erklärter Freiwilligkeitsvorbehalt das Entstehen eines Rechtsanspruchs auf eine künftige Sonderzahlung wirksam verhindern, wohingegen ein pauschaler vertraglicher Freiwilligkeitsvorbehalt unzulässig sein soll, wenn er alle zukünftigen Leistungen erfasst.

---

389 BAG vom 20.2.2013 – 10 AZR 177/12 – NZA 2013, 1015, 1017; BAG vom 8.12.2010 – 10 AZR 671/09 – NZA 2011, 628, 630; BAG vom 30.7.2008 – 10 AZR 606/07 – NZA 2008, 1173; Greßlin, BB 2009, 1136; Schiefer in Hümmerich/Reufels, Gestaltung von Arbeitsverträgen, § 1 Rn. 4116.

390 BAG vom 21.1.2009 – 10 AZR 219/08 – NZA 2009, 310; BAG vom 30.7.2008 – 10 AZR 606/07 – NJW 2008, 3592, 3594; BAG vom 12.1.2000 – 10 AZR 840/98 – NZA 2000, 944, 945.

Sieht man die Entwicklung dieser Rechtsprechung im Zusammenhang mit der Rechtsprechung zur betrieblichen Übung, wonach die früher zulässige gegenläufige betriebliche Übung seit dem Grundsatzurteil aus dem Jahre 2009 nicht mehr möglich ist,[391] trifft dies den Arbeitgeber umso schwerwiegender. Es bleibt abzuwarten, inwiefern sich diese erheblichen Anforderungen an die Zulässigkeit von Entgeltflexibilisierungsinstrumenten in der Praxis auf die Bereitschaft der Arbeitgeber auswirken wird, überhaupt noch zusätzliche Leistungen neben der regulären Vergütung zu gewähren.

Die Verschärfung der Anforderungen, die das BAG seit geraumer Zeit an die Inhaltskontrolle von Freiwilligkeitsvorbehalten stellt, scheint zu weitreichend, wenn man berücksichtigt, dass die Rechtsprechung die Fragen, die überhaupt zu einer Angemessenheitsprüfung führen, nicht zufriedenstellend zu beantworten vermag. Zum einen geht sie auf die erste vorgeschaltete Frage nicht ein, ob ein Freiwilligkeitsvorbehalt überhaupt eine Vertragsbedingung i.S.d. § 305 Abs. 1 BGB darstellt, obwohl gute Gründe dafür sprechen, Freiwilligkeitsvorbehalte aus dem Anwendungsbereich der AGB-Kontrolle herauszunehmen. Zum anderen geht das BAG auf die Frage der Kontrollfähigkeit – wenn überhaupt – nur marginal ein. Es bleibt abzuwarten, wie sich diese Rechtsprechung weiter entwickeln wird. Vor dem Hintergrund, dass bereits das Vorliegen der Voraussetzungen für die Angemessenheitskontrolle unsicher ist, bleibt die Hoffnung, dass sich die Striktheit, mit der das BAG Freiwilligkeitsvorbehalte einer Angemessenheitskontrolle unterzieht, zumindest nicht weiter verschärft. Eine zusätzliche Verschärfung würde dazu führen, dass kein rechtliches Instrument mehr zur Verfügung steht, das das Entstehen einer – im Nachhinein nicht mehr beseitigbaren – betrieblichen Übung zu verhindern vermag.

3. Änderungsvorbehalt

a. Begriff

Im Gegensatz zum Freiwilligkeitsvorbehalt geht der Arbeitgeber im Rahmen des Änderungsvorbehaltes zunächst eine rechtliche Bindung ein und behält sich vor, diese im Nachhinein abzuändern. Hauptanwendungsfälle des Änderungsvorbehaltes sind insbesondere Widerrufs- und Anrechnungsvorbehalt.

---

391 BAG vom 15.5.2012 – 3 AZR 610/11 – RdA 2014, 53, 54; BAG vom 18.3.2009 – 10 AZR 281/08 – NZG 2009, 1360; LAG Hamm vom 15.12.2011 – 15 Sa 1036/11 – BeckRS 2012, 68193; LAG Rheinland-Pfalz vom 16.8.2011 – 3 Sa 167/11 – NZA-RR 2012, 5, 6; LAG Köln vom 20.1.2012 – 10 Sa 804/11 – BeckRS 2012, 68573; ArbG Solingen vom 29.7.2014 – 1 Ca 311/14 – NZA-RR 2014, 638, 641.

Obwohl das BAG § 308 Nr. 4 BGB im Verhältnis zu § 307 Abs. 1 BGB als die speziellere Norm ansieht, zieht es bei der Anwendung des § 308 Nr. 4 BGB ausdrücklich die Wertungen des § 307 Abs. 1 S. 1 BGB heran. Es macht jedoch im Ergebnis keinen Unterschied, ob man als Maßstab der Inhaltskontrolle die „Zumutbarkeit" (§ 308 Nr. 4 BGB) oder „Unangemessenheit" der Benachteiligung (§ 307 Abs. 1 S. 1 BGB) ansetzt. Zwar handelt es sich in beiden Fällen um unbestimmte Rechtsbegriffe, für die das Gesetz eine formale Unterscheidung vorsieht. Inhaltlich sind an beide jedoch identische Maßstäbe anzusetzen.[392]

b. Widerrufsvorbehalt

Im Falle eines Widerrufsvorbehaltes behält sich der Arbeitgeber formularmäßig das Recht vor, eine bereits arbeitsvertraglich verbindlich zugesagte Leistung zu einem späteren Zeitpunkt zu widerrufen, d.h. der Arbeitnehmer erhält zunächst einen Rechtsanspruch auf die Leistung bis zu dem Zeitpunkt, in dem der Arbeitgeber diese widerruft.[393] In der Praxis finden sich Widerrufsvorbehalte insbesondere in Bezug auf Sonderzulagen oder Sonderzuwendungen wie Weihnachtsgratifikationen.

aa. Kontrollfähigkeit

Der Widerrufsvorbehalt weicht vom Grundsatz *pacta sunt servanda* ab und stellt damit eine von Rechtsvorschriften abweichende Regelung gemäß § 307 Abs. 3 S. 1 BGB dar.[394]

bb. Inhaltskontrolle

Neben der Frage, ob der Widerrufsgrund in materieller Hinsicht angemessen bzw. zumutbar und damit als Widerrufsgrund geeignet ist, bleibt zu klären, welche Anforderungen an das Transparenzgebot von Widerrufsvorbehalten zu stellen sind.

---

392 Bonin in D/B/D, § 307 BGB Rn. 173; Lakies, Vertragsgestaltung und AGB im Arbeitsrecht, Kap. 5 Rn. 20; Wurmnest in MüKo, § 308 Nr. 4 BGB Rn. 7.

393 BAG vom 20.1.2010 - 10 AZR 914/08 - NZA 2010, 445; BAG vom 18.3.2009 - 10 AZR 289/08 - AP BGB § 611 Nr. 282; Müller-Glöge in MüKo, § 611 BGB Rn. 439; Preis in ErfK, § 310 BGB Rn. 57.

394 BAG vom 12.1.2005 - 5 AZR 364/04 - NZA 2005, 465, 467; Müller-Glöge in MüKo, § 611 BGB Rn. 441; Stoffels, ZfA 2009, 861, 877.

(1) Angemessenheitskontrolle

(a) Verhältnis von § 308 Nr. 4 BGB zu § 307 Abs. 1 BGB

§ 308 Nr. 4 BGB ist im Falle des Widerrufsvorbehaltes tatbestandlich einschlägig, denn der Widerrufsvorbehalt stellt eine Vereinbarung eines Rechts des Arbeitgebers dar, die seinerseits versprochene Leistung zu ändern oder von ihr abzuweichen. § 308 Nr. 4 BGB gilt ausdrücklich auch für Dauerschuldverhältnisse und damit für Arbeitsverhältnisse. Unabhängig davon, ob man die Inhaltskontrolle am Maßstab der „Zumutbarkeit" nach § 308 Nr. 4 BGB oder am Maßstab der „unangemessenen Benachteiligung" nach § 307 Abs. 1 S. 1 BGB misst, hat die Rechtsprechung Kriterien entwickelt, anhand derer die AGB-rechtliche Wirksamkeit eines Widerrufsvorbehaltes beurteilt werden kann.[395]

(b) Widerrufsgrund

Das BAG hat mittlerweile die früher weit verbreitete Formulierung für unwirksam erklärt, nach der dem Arbeitgeber das Recht zustehen soll, übertarifliche Lohnbestandteile „jederzeit unbeschränkt"[396] zu widerrufen. Ein im Rahmen eines Widerrufsvorbehaltes vereinbarter Widerruf darf aus Gründen der Berechenbarkeit und des Vertrauensschutzes in materieller Hinsicht nicht grundlos erfolgen. Hierbei können sich die Gründe für den Widerruf prinzipiell sowohl aus der Sphäre des Arbeitgebers als auch der beeinflussbaren Sphäre des Arbeitnehmers ergeben.[397] Fraglich ist, welche materiellen Anforderungen an zulässige Widerrufsgründe zu stellen sind.

Nach Ansicht des **5. Senates** soll es nicht darauf ankommen, ob der Grund als sachlich, hinreichend, triftig oder schwerwiegend bezeichnet wird; es müsse jedenfalls die gebotene Interessenabwägung zu einer Zumutbarkeit der Klausel für den Arbeitnehmer führen. Dabei sei ausreichend, dass die Gründe für den

395 Bonin in D/B/D, § 307 BGB Rn. 173; Lakies, Vertragsgestaltung und AGB im Arbeitsrecht, Kap. 5 Rn. 20; Wurmnest in MüKo, § 308 Nr. 4 BGB Rn. 7.

396 BAG 11.10.2006 – 5 AZR 721/05 – NZA 2007, 87, 90; BAG vom 12.1.2005 – 5 AZR 364/04 – NZA 2005, 465, 468; grundlegend auch zur jederzeitigen Widerruflichkeit der Privatnutzung eines Firmenwagens BAG vom 19.12.2006 – 9 AZR 294/06 – NZA 2007, 809, 810.

397 BAG vom 21.3.2012 – 5 AZR 651/10 – NZA 2012, 616, 617 (für den Fall des Widerrufs einer Dienstwagenüberlassung); BAG 11.10.2006 – 5 AZR 721/05 – NZA 2007, 87, 90.

Widerruf nur die Richtung angeben, aus der der Widerruf möglich sein soll, z.B. wirtschaftliche Gründe, Leistung oder Verhalten des Arbeitnehmers.[398]

Der **9. Senat** stellt hingegen höhere Anforderungen und lässt leere Worthülsen wie „wirtschaftliche Gründe" nicht mehr als anzuerkennenden Sachgrund genügen. Dies allerdings, ohne näher zu konkretisieren, welche Anforderungen an einen solchen zu stellen sind.[399] Zweifelhaft ist, ob der 9. Senat tatsächlich die materiellen Anforderungen an die Zulässigkeit von Widerrufsgründen verschärfen wollte. Dem Urteil des 9. Senates vom 13.4.2010 lag ein Widerrufsvorbehalt zugrunde, wonach der Arbeitgeber aus „wirtschaftlichen Gründen [...] die Geschäftsfahrzeugüberlassung [...] widerrufen"[400] konnte. Die wirtschaftlichen Gründe waren in dem zu beurteilenden Fall nicht näher konkretisiert, so dass der Arbeitgeber letztlich grundlos von dem Widerrufsvorbehalt Gebrauch machen konnte. Vor diesem Hintergrund ist dieses Urteil wohl dahingehend zu verstehen, dass der 9. Senat lediglich verhindern wollte, dass der Arbeitgeber unter den umfassenden Begriff der wirtschaftlichen Gründe die Widerrufsgründe selbst und jederzeit willkürlich neu bestimmen kann.

Auf der anderen Seite besteht für den Klauselverwender die Gefahr, dass er bei konkreter Angabe der Widerrufsgründe, die über „wirtschaftliche Gründe" hinaus gehen, Gründe verwendet, die wiederum als nicht gerechtfertigt erscheinen, einen Widerruf zuzulassen. Denn die Angemessenheitskontrolle verbietet bereits das Stellen inhaltlich unangemessener AGB, nicht erst den unangemessenen Gebrauch einer Klausel im konkreten Einzelfalle. Insofern tragen auch solche Klauseln, die in ihrem Übermaßteil in zu beanstandender Weise ein Risiko regeln, das sich im Entscheidungsfalle nicht realisiert hat, die Rechtsfolge der Unwirksamkeit.[401]

---

398 BAG vom 21.3.2012 – 5 AZR 651/10 – NZA 2012, 616, 617; BAG vom 20.4.2011 – 5 AZR 191/10 – NZA 2011, 796; BAG vom 11.10.2006 – 5 AZR 721/05 – NZA 2007, 87, 90; BAG vom 12.1.2005 – 5 AZR 364/04 – NZA 2005, 465, 466 f.

399 BAG vom 13.4.2010 – 9 AZR 113/09 – NZA-RR 2010, 457, 460; BAG vom 19.12.2006 – 9 AZR 294/06 – NZA 2007, 809 (für den Fall des Widerrufs einer Dienstwagenüberlassung); ebenso Gaul/Kaul, BB 2011, 181, 183; Bonin in D/B/D, § 308 Nr. 4 BGB Rn. 33; Singer, Inhaltskontrolle von Arbeitsverträgen, S. 20.

400 BAG vom 13.4.2010 – 9 AZR 113/09 – NZA-RR 2010, 457.

401 BAG vom 11.2.2009 – 10 AZR 222/08 – NZA 2009, 428, 430; BAG vom 11.4.2006 – 9 AZR 610/05 – NJW 2006, 3083, 3086.

(c) Art und Höhe der widerruflichen Leistung

Die Unzumutbarkeit einer Widerrufsklausel soll jedenfalls angenommen werden, wenn durch den Widerruf in den **Kernbereich** des Arbeitsverhältnisses – insbesondere in das Verhältnis zwischen Leistung und Gegenleistung – grundlegend eingegriffen wird. Das BAG nimmt hierbei einen Rückgriff auf die Wertungen des § 2 KSchG vor.

So ist nach Ansicht des BAG ein Widerrufsvorbehalt beispielsweise zulässig, soweit der im Gegenseitigkeitsverhältnis stehende widerrufliche Teil des Gesamtverdienstes unter 25 Prozent liegt und der Tariflohn nicht unterschritten wird. Soweit darüber hinausgehende Leistungen, die nicht eine unmittelbare Gegenleistung für die Arbeitsleistung darstellen, sondern einen Ersatz für Aufwendungen, die an sich der Arbeitnehmer selbst tragen muss, unter Widerrufsvorbehalt stehen, erhöht sich der zulässige widerrufliche Teil der Arbeitsvergütung auf bis zu 30 Prozent des Gesamtverdienstes.[402]

(2) Transparenzkontrolle

Unter Transparenzgesichtspunkten betrachtet, muss ein Widerrufsvorbehalt das Widerrufsrecht und dessen Umfang sowie die Widerrufsgründe klar und eindeutig im Arbeitsvertrag erkennen lassen, so dass der Arbeitnehmer genau einschätzen kann, dass und unter welchen Voraussetzungen er mit einem einseitigen Widerruf durch den Arbeitgeber zu rechnen hat. Der Maßstab von §§ 307 Abs. 1, Abs. 2, 308 Nr. 4 BGB muss in der Formulierung der Klausel zum deutlich Ausdruck kommen. Es muss sich aus der Regelung selbst ergeben, dass der Widerruf nicht ohne Grund erfolgen kann.[403]

Dabei ist nicht mehr ausreichend, dass die Gründe für den Widerruf nur die Richtung angeben, aus der der Widerruf möglich sein soll, z.B. wirtschaftliche Gründe, Leistung oder Verhalten des Arbeitnehmers. Vielmehr wird vermehrt eine (exemplarische) Konkretisierung der sachlichen Widerrufsgründe im Vertrag sowie die Angabe der widerruflichen Leistung nach Art und Höhe gefordert.[404]

---

402 BAG vom 11.10.2006 – 5 AZR 721/05 – NZA 2007, 87, 87 ff.; Preis in ErfK §§ 305–310 BGB Rn. 59; Lakies, Vertragsgestaltung und AGB im Arbeitsrecht, Kap. 5 Rn. 30.

403 BAG vom 11.10.2006 – 5 AZR 721/05 – NZA 2007, 87, 89; BAG vom 12.1.2005 – 5 AZR 364/04 – NZA 2005, 465, 468.

404 BAG vom 21.3.2012 – 5 AZR 651/10 – NZA 2012, 616, 617; BAG vom 20.4.2011 – 5 AZR 191/10 – NZA 2011, 796; BAG vom 11.10.2006 – 5 AZR 721/05 – NZA 2007, 87, 90; BAG vom 12.1.2005 – 5 AZR 364/04 – NZA 2005, 465, 466 f.

cc. *Zwischenergebnis*

Ein Widerrufsvorbehalt unterliegt der Angemessenheitskontrolle und hält dieser stand, wenn er in materieller Hinsicht auf sachlichen und objektiven Gründen beruht und der Widerruf nicht in den Kernbereich des Arbeitsverhältnisses eingreift.

In formeller Hinsicht ist das Transparenzgebot gewahrt, wenn der Arbeitnehmer klar erkennen kann, was auf ihn zukommt. Hierfür sind Art und Höhe der widerruflichen Leistung sowie die Widerrufsgründe im Vertragstext anzugeben.

Neben der Inhaltskontrolle ist für die Wirksamkeit eines Widerrufs die Ausübungskontrolle nach § 315 BGB zu beachten, wonach ein Widerruf nur nach billigem Ermessen erfolgen darf. Insbesondere muss bei Ausübung des Widerrufs im Einzelfall der Gleichbehandlungsgrundsatz gewahrt werden.[405] Die konkrete Ausübung des Widerrufsrechts muss jedoch im Einzelfall billigem Ermessen nach § 315 Abs. 1 BGB entsprechen.[406] Dabei müssen die wesentlichen Umstände des Einzelfalles und die beiderseitigen Interessen angemessen berücksichtigt werden, d.h. es müssen die vom Arbeitgeber geltend gemachten wirtschaftlichen Gründe für den Widerruf tatsächlich vorliegen. Ein Widerruf von Arbeitgeberleistungen kann aber wegen § 315 BGB immer nur punktuell und rückwirkend erfolgen.

c. *Anrechnungsvorbehalt*

Im Rahmen des Geltungsbereiches eines Tarifvertrages gewähren Arbeitgeber oftmals Leistungen, die über das Tarifgehalt hinausgehen, sog. übertarifliche Zulage. Die Gewährung einer übertariflichen Zulage ist jedoch häufig mit dem Vorbehalt verbunden, eine künftige Tariferhöhung auf die bereits gewährte übertarifliche Zulage anzurechnen, sog. Anrechnungsvorbehalt. Aufgrund der Anrechnung bleibt die Höhe des Gesamtverdienstes unberührt. Es ändert sich jedoch das Verhältnis der Zusammensetzung aus Grundgehalt und übertariflicher Zulage.

---

405 Preis in ErfK, §§ 305–310 BGB Rn. 62; Maaß, ArbR Aktuell 2011, 59, 60.

406 BAG vom 12.12.1984 – 7 AZR 509/83 – AP KSchG 1969 § 2 Nr. 6; Preis in Preis, Der Arbeitsvertrag, II V 70, Rn. 27.

aa. Kontrollfähigkeit

Wie der Widerrufsvorbehalt soll auch der Anrechnungsvorbehalt eine bereits zugesagte Leistung nachträglich abändern und verstößt daher gegen den Grundsatz *pacta sunt servanda*.[407]

Das BAG nimmt jedoch eine weitere Differenzierung nach der Art der übertariflich gewährten Zulage vor. Handelt es sich um eine Zulage, die einen besonderen Leistungszweck verfolgt, weicht diese von dem Grundsatz ab, dass die im Gegenseitigkeitsverhältnis stehenden Leistungspflichten nicht einseitig geändert werden dürfen, und damit vom Grundsatz *pacta sunt servanda*. Handelt es sich hingegen um eine Zulage, die keinen besonderen Leistungszweck verfolgt, sieht das BAG hierin lediglich Bruttolohnabrede, die nur am Transparenzgebot zu messen ist.[408]

bb. Inhaltskontrolle

(1) Angemessenheitskontrolle

Wie bereits festgestellt, ist § 308 Nr. 4 BGB auf Anrechnungsvorbehalte anwendbar. Insbesondere stellt auch eine unter Anrechnungsvorbehalt gewährte Leistung eine „versprochene Leistung" i.S.d. § 308 Nr. 4 BGB dar. Fraglich ist daher, ob die Vereinbarung der Änderung oder Abweichung von der ursprünglich versprochenen Leistung für den Arbeitnehmer zumutbar ist.

Ob auf die im Rahmen von Widerrufsvorbehalten entwickelten Maßstäbe bei der Beurteilung der Zumutbarkeit zurückgegriffen werden kann, beurteilt sich danach, welchen Zweck die übertarifliche Zulage erfüllen soll.

(a) Übertarifliche Zulage ohne besonderen Zweck

Soweit eine Anrechnung auf eine übertarifliche Zulage ohne besonderen Zweck erfolgen soll, sind die Maßstäbe, die bei der Beurteilung von Widerrufsvorbehalten einzuhalten sind, nicht auf Anrechnungsvorbehalte übertragbar.

Anrechnungsvorbehalte sind in arbeitsvertraglichen Vergütungsabreden in der Praxis seit Jahrzehnten üblich. Sie stellen eine im Arbeitsrecht geltende Besonderheit dar, die gem. § 310 Abs. 4 S. 2 BGB angemessen zu berücksichtigen ist. Allein aus der Üblichkeit einer Klausel folgt aber weder deren Rechtmäßigkeit noch deren Angemessenheit.

---

407 BAG vom 11.2.2009 – 10 AZR 222/08 – NZA 2009, 428, 430; Klumpp in Clemenz/Kreft/Krause, § 307 BGB Rn. 97.

408 BAG vom 1.3.2006 – 5 AZR 363/05 – NZA 2006, 746, 748; BAG vom 1.3.2006 – 5 AZR 540/05 – NZA 2006, 688, 689.

Mit Anrechnungsvorbehalten greift der Arbeitgeber lediglich künftigen Tariferhöhungen vor. Es ist für den Arbeitgeber regelmäßig nicht absehbar, ob er bei künftigen Tariflohnerhöhungen weiter in der Lage sein wird, eine bisher gewährte Zulage in unveränderter Höhe fortzuzahlen.[409] Im Rahmen von Widerrufsvorbehalten will das BAG insbesondere Eingriffe in den Kernbereich sowie die Umgehung zwingender Kündigungsschutzvorschriften verhindern. Beim Anrechnungsvorbehalt besteht hingegen nicht die Gefahr, dass Leistung und Gegenleistung in ein erhebliches Missverhältnis geraten könnten, da der Anrechnungsvorbehalt auf die übertarifliche Zulage beschränkt ist und dem Arbeitnehmer immer der reguläre Tariflohn ohne Zulage bleibt. Ein Eingriff in den Kernbereich des Arbeitsverhältnisses ist nicht zu befürchten, da eine Reduktion des Gesamtbruttoverdienstes ausgeschlossen ist. Der Anrechnungsvorbehalt bewirkt lediglich, dass der Arbeitnehmer nicht spürbar an Tariflohnerhöhungen teilnimmt, weil ihm diese bereits vorzeitig gewährt wurden. Die Tariflohnerhöhung ist auch bei Vorliegen eines Anrechnungsvorbehaltes für den Arbeitnehmer nicht vorteilslos, da sie eine Erhöhung des tariflich zugesicherten Grundgehaltes zur Folge hat. D.h. es ändert sich nicht die Höhe des Gesamtbruttoverdienstes, sondern dessen Zusammensetzung.[410] Der Anteil des tariflichen Grundgehaltes erhöht sich, während sich der Anteil der übertariflichen Zulage am Gesamtverdienst vermindert und schafft dadurch wieder Raum für eine erneute übertarifliche Zulage.

Damit sind die strengen Voraussetzungen, die die Rechtsprechung an Widerrufsvorbehalte stellt, nicht auf Anrechnungsklauseln zu übertragen. Vor allem ist kein besonderer, die Anrechnung auslösender Grund erforderlich, da nach Ansicht des BAG „eine Tariflohnerhöhung für sich gesehen bereits ein[en] sachlichen, die Anrechnung rechtfertigende[n] Grund“[411] darstellt.

(b) Übertarifliche Zulage mit besonderem Zweck

Von der grundsätzlichen Anrechnungsbefugnis muss jedoch eine Ausnahme für die Fälle gemacht werden, in denen die übertarifliche Zulage einen bestimmten

409 BAG vom 23.9.2009 – 5 AZR 973/08 – NJOZ 2010, 856, 857; LAG Berlin-Brandenburg vom 14.01.2010 – 26 Sa 2202/09 – BeckRS 2010, 74502.

410 BAG vom 1.3.2006 – 5 AZR 363/05 – NZA 2006, 746, 748; Boemke/Ulrici in HK-ArbR, § 308 BGB Rn. 52; Bonin in D/B/D, § 308 Nr. 4 BGB Rn. 11; Deinert, jurisPR-ArbR 27/2006 Anm. 1.

411 BAG vom 22.8.1979 – 5 AZR 769/77 – AP TVG § 4 Nr. 11; Preis, Der Arbeitsvertrag II V 70, Rn. 34.

Zweck verfolgt. Soweit die Zulage als Gegenwert für bestimmte zusätzliche Leistungen oder Erschwernisse anzusehen ist und damit als selbständiger Lohnbestandteil neben dem jeweiligen Tariflohn anzusehen ist, ist im Zweifel gewollt, dass die Zulage in bisheriger Höhe auch neben einem erhöhten Tariflohn weitergezahlt wird.[412] In diesen Fällen ist materiell eher von einem Widerrufsvorbehalt auszugehen,[413] so dass die unter **Kapitel 5.IV.3.b. (S. 138 ff.)** dargelegten Voraussetzungen vorliegen müssen.

(2) Transparenzkontrolle

An das Transparenzgebot stellt das BAG im Rahmen von Anrechnungsvorbehalten nur sehr geringe Anforderungen. Das BAG verlangt zur Wahrung des § 307 Abs. 1 S. 2 BGB nicht, dass die übertarifliche Zulage ausdrücklich als im Falle von Tariflohnerhöhungen anrechenbarer Lohnbestandteil bezeichnet werden muss. Vielmehr ergäbe sich diese Rechtsfolge – so das BAG – hinreichend deutlich bereits aus der Vereinbarung einer „übertariflichen Zulage". Dies gilt sogar unabhängig davon, ob die übertarifliche Zulage als „freiwillig" oder „anrechenbar" bezeichnet wurde.[414]

cc. Zwischenergebnis

Ein Vergleich der Rechtsprechung des BAG über die Zulässigkeit von Anrechnungsvorbehalten mit der zu Widerrufsvorbehalten, lässt eine völlig unterschiedliche Beurteilung der beiden Instrumente erkennen. Die Großzügigkeit des BAG im Rahmen von Anrechnungsvorbehalten kann dadurch erklärt werden, dass dem Arbeitnehmer beim Anrechnungsvorbehalt im Gegensatz zum Widerrufsvorbehalt keine ursprünglich versprochene Rechtsposition „weggenommen" wird.

Ein Anrechnungsvorbehalt führt in der Summe nicht zu einer Gehaltsreduktion. Vielmehr findet nur keine spürbare Teilnahme an einer Tariferhöhung statt, da lediglich die Anrechnung mit einer zuvor überobligatorisch gewährten

---

412 BAG vom 11.8.1992 – 1 AZR 18/88 – BeckRS 1992, 30742077; LAG Köln vom 25.1.2001 – 5 Sa 1276/00 – NZA-RR 2001, 487 f.; Preis in ErfK, §§ 305–310 BGB Rn. 64 ff.

413 Boemke/Ulrici in HK-ArbR, § 308 BGB Rn. 52; Preis in Preis, Der Arbeitsvertrag, II V 70, Rn. 33.

414 BAG vom 23.9.2009 – 5 AZR 973/08 – NJOZ 2010, 856, 857; BAG vom 27.8.2008 – 5 AZR 820/07– NZA 2009, 49; krit. Klumpp in Clemenz/Kreft/Krause, § 307 BGB Rn. 96.

Leistung erfolgt. Die Ausübung eines Widerrufsvorbehaltes dagegen hat faktisch eine summenmäßige Gehaltskürzung zur Folge.

4. Kombination Widerrufs- und Freiwilligkeitsvorbehalt

Nach h.A. ist eine Klausel, die Freiwilligkeits- und Widerrufsvorbehalt kombiniert, widersprüchlich und damit intransparent, unabhängig davon, ob der jeweilige Vorbehalt für sich gesehen wirksam ist.[415] Aufgrund ihrer Wesensverschiedenheit schließen sich die beiden Vorbehalte gegenseitig aus. Eine Leistung kann entweder freiwillig oder widerruflich sein, da bereits durch den Freiwilligkeitsvorbehalt kein Rechtsanspruch begründet wird, der durch einen Widerruf beseitigt werden könnte.[416]

Soweit das BAG allerdings argumentiert, durch die widersprüchliche Klausel bestehe die Gefahr, dass ein Arbeitnehmer aufgrund der Formulierung der Klausel von der Geltendmachung seiner Rechte abgehalten werde,[417] wird der Verständnishorizont eines durchschnittlichen Arbeitnehmers als juristischen Laien unrealistisch hoch angesetzt, wenn man ihm unterstellt, dass er den dogmatischen Unterschied zwischen Freiwilligkeits- und Widerrufsvorbehalt kennt und hieraus die Mehrdeutigkeit der Klausel ableitet.

5. Ergebnis

Das BAG unterzieht sowohl Freiwilligkeitsvorbehalte als auch Widerrufs- und Anrechnungsvorbehalte einer Angemessenheitskontrolle.

Während das BAG die Wirksamkeitsvoraussetzungen von Freiwilligkeits- und Widerrufsvorbehalten zunehmend verschärft, zeigt es sich im Rahmen von Anrechnungsvorbehalten nach wie vor vergleichsweise großzügig. Soweit die Rechtsprechung mit ihrer zunehmenden Strenge eine unzulässige und missbräuchliche Abwälzung des Unternehmer- bzw. Arbeitgeberrisikos auf den Arbeitnehmer verhindern will, ist diesem Ansinnen uneingeschränkt zuzustimmen. Künftig ist allerdings zu befürchten, dass Arbeitgeber aufgrund dieser verschärften und nach wie vor unübersichtlichen Rechtsprechung bei der

---

415 BAG vom 14.9.2011 – 10 AZR 526/10 – NZA 2012, 81, 83; BAG vom 8.12.2010 – 10 AZR 671/09 – NZA 2011, 628; Bonin in D/B/D, § 307 BGB Rn. 199 b; Schramm, NZA 2007, 1325, 1328.

416 BAG vom 14.9.2011 – 10 AZR 526/10 – NZA 2012, 81; Boemke, jurisPR-ArbR 25/2011 Anm. 3.

417 BAG vom 18.5.2011 – 10 AZR 206/10 – NZA 2011, 1289, 1291; BAG vom 14.9.2011 – 10 AZR 526/10 – NZA 2012, 81, 83.

Gewährung von zusätzlichen Leistungen Zurückhaltung zeigen werden. Zudem darf nicht unberücksichtigt bleiben, dass eine flexible Anpassung von Arbeitsbedingungen – insbesondere im Rahmen eines Dauerschuldverhältnisses – im Interesse beider Arbeitsvertragsparteien liegen kann.

V. Freistellungsklauseln

1. Interessenlage

Freistellungsklauseln kommen in der Praxis häufig vor, insbesondere in vertriebsnahen Bereichen, in denen Arbeitnehmer enge Kundenkontakte pflegen. Dem Interesse des Arbeitgebers an der Freistellung steht das Beschäftigungsinteresse des Arbeitnehmers entgegen. Das allgemein anerkannte Recht des Arbeitnehmers auf vertragsgemäße Beschäftigung ergibt sich aus §§ 611a BGB n.F. (vormals § 611 BGB), 613 BGB und § 242 BGB i.V.m. Art. 1, 2, 12 GG. Es findet seinen Ursprung im Arbeitsvertrag sowie im allgemeinen Persönlichkeitsrecht und der Berufsausübungsfreiheit.[418] Darüber hinaus resultiert der Beschäftigungsanspruch des Arbeitnehmers mittelbar aus § 102 Abs. 5 BetrVG. Wenn also bereits im gekündigten Arbeitsverhältnis ein Weiterbeschäftigungsanspruch besteht, muss im ungekündigten Arbeitsverhältnis erst recht ein Beschäftigungsanspruch bestehen.[419] Das Recht auf vertragsgemäße Beschäftigung muss jedoch in den Fällen zurücktreten, in denen überwiegende schutzwürdige Interessen des Arbeitgebers entgegenstehen.[420]

Im Rahmen der Freistellung muss aufgrund ihrer vielfältigen Gestaltungsformen und Kombinationsmöglichkeiten differenziert werden. Da eine einseitige Freistellung durch den Arbeitgeber unzulässig ist, empfiehlt sich eine vertragliche Vereinbarung, sog. **Freistellungsabrede**. Die Vereinbarung einer Freistellungsabrede ist sowohl antizipiert im Arbeitsvertrag als auch im Rahmen einer Beendigungsvereinbarung möglich. Soweit die Parteien bereits im Vorfeld arbeitsvertraglich dem Arbeitgeber das Recht einräumen, den Arbeitnehmer zu einem späteren Zeitpunkt einseitig von seiner Arbeitspflicht freizustellen und

---

418 BAG 27.2.2002 – 9 AZR 562/00 – NZA 2002, 1099, 1103; BAG vom 27.2.1985 – GS 1/84 – NZA 1985, 702, 703; Däubler in D/B/D, Anh. Rn. 217.

419 Boemke, Schuldvertrag und Arbeitsverhältnis § 9 III 3 d)aa), S. 329 f.; Boemke in HK-ArbR § 611 BGB Rn. 388; Schumacher in Grobys/Panzer, SWK ArbR, Beschäftigungsanspruch, Rn. 5.

420 BAG vom 9.4.2014 – 10 AZR 637/13 – NZA 2014, 719, 720; BAG vom 19.8.1976 – 3 AZR 173/75 – NJW 1977, 215; LAG München vom 7.5.2003 – 5 Sa 344/03 – BeckRS 2009, 66791.

auf die Arbeitsleistung unter Fortzahlung der Vergütung zu verzichten, ist im Folgenden von einem sog. **Freistellungsvorbehalt** die Rede. Daneben besteht die Möglichkeit, dass die Parteien im Aufhebungs- oder Abwicklungsvertrag einvernehmlich eine Freistellungsvereinbarung für einen konkreten Zeitraum vereinbaren, sog. **Freistellungsklausel**. Im Rahmen dessen kann die Freistellung widerruflich oder unwiderruflich erfolgen.

2. Kontrollfähigkeit

Unabhängig von seiner Ausgestaltung im Einzelfall stellen Freistellungsvorbehalt sowie Freistellungsklausel stets gemäß §§ 307 Abs. 3 BGB, 611a BGB n.F. (vormals § 611 BGB), 613, 242 BGB, Art. 1, 2 GG eine Abweichung von Rechtsvorschriften dar und unterliegen daher im vollen Umfang der Inhaltskontrolle.

3. Inhaltskontrolle

Vielfach umstritten ist die Frage, unter welchen Voraussetzungen ein Arbeitnehmer von dessen Verpflichtung zur Arbeitsleistung durch den Arbeitgeber freigestellt werden kann.

a. Rechtliche Einordnung der Freistellungvereinbarung

Freistellungsvorbehalte finden sich in der Regel antizipiert in Arbeitsverträgen und konkrete Freistellungsklauseln in Beendigungsvereinbarungen wieder. Die AGB-rechtliche Zulässigkeit solcher Freistellungsklauseln und -vorbehalten ist aktuell höchstrichterlich nicht abschließend geklärt. Anerkannt ist, dass eine Freistellung von der Arbeitspflicht kraft individueller Vereinbarung angesichts der Dispositivität des Beschäftigungsanspruchs grundsätzlich zulässig ist.[421]

Zweifelhaft ist, ob auch eine Vereinbarung wirksam ist, nach der der Arbeitgeber den Arbeitnehmer einseitig von der Arbeitsleistung freistellen kann.

421 BAG vom 22.1.1959 – 1 AZR 535/55 – DB 59, 290; LAG Hamm vom 3.2.2004 – 19 Sa 120/04 – NZA-RR 2005, 358, 359; Hoß/Lohr, BB 1998, 2575; Link in Schaub, Arbeitsrechtshandbuch, § 109 Rn. 9a.

b. Angemessenheitskontrolle

Spiegelbildlich zum Recht des Arbeitnehmers auf Beschäftigung hat der Arbeitgeber die (Neben-) Pflicht, den Arbeitnehmer arbeitsvertragsgemäß zu beschäftigen.[422]

aa. § 308 Nr. 4 BGB

§ 308 Nr. 4 BGB umfasst lediglich die Leistung des Verwenders, nicht diejenige des Vertragspartners. Fraglich ist, ob eine durch Freistellung bedingte Nichterfüllung der Beschäftigungspflicht als Änderung der versprochenen Leistung i.S.d. § 308 Nr. 4 BGB anzusehen ist.

Teilweise wird vertreten, dass unter den Leistungsbegriff des § 308 Nr. 4 BGB nur entgeltbezogene (Haupt-) Leistungen fallen.[423] Im Gesetz gibt es jedoch keine Anhaltspunkte dafür, den Anwendungsbereich des § 308 Nr. 4 BGB auf Hauptleistungen zu beschränken. Auch im allgemeinen Zivilrecht erstreckt sich die Norm sowohl auf Haupt- als auch auf Nebenpflichten.[424] Das im Rahmen der Streichung der Bereichsausnahme verfolgte Ziel, das Schutzniveau der Inhaltskontrolle im Arbeitsrecht an das Schutzniveau des allgemeinen Zivilrechts anzugleichen, würde nicht erreicht, wenn lediglich Hauptleistungspflichten unter § 308 Nr. 4 BGB fielen.[425]

Die Leistung ist gemäß § 2 Nr. 3a ArbGG klagbar und damit versprochen.[426]

Die Beschäftigungspflicht des Arbeitgebers stellt daher eine „versprochene Leistung“ i.S.d. § 308 Nr. 4 BGB dar. Für die Frage, ob die Änderung der ursprünglich versprochenen Beschäftigungspflicht zumutbar ist, kann auf die Kriterien der Unangemessenheit nach § 307 Abs. 1 S. 1 BGB zurückgegriffen werden.

---

422 BAG vom 10.11.1955 – 2 AZR 472/54 – FHArbSozR 3 Nr. 1637; Boemke, AR-Blattei SD 1225 Rn. 108 f., 112, 771; Boemke, Schuldvertrag und Arbeitsverhältnis § 9 III 3 d)aa), S. 329 f.; Hager, Das ruhende Arbeitsverhältnis, S. 71; Herbert/Oberrath, NZA 2004, 121, 128; Müller-Glöge in MüKo, § 611 BGB Rn. 973.

423 Annuß, BB 2002, 458, 462; im Umkehrschluss auch Bonin in D/B/D, § 308 Nr. 4 BGB Rn. 1 ff., der andere als entgeltbezogene Leistungen erst gar nicht in Erwägung zieht.

424 Wurmnest in MüKo, § 308 Nr. 4 BGB Rn. 3; Grüneberg in Palandt, § 308 BGB Rn. 24; Coester-Waltjen in Staudinger, § 308 Nr. 4 BGB Rn. 5.

425 BT-Drs. 14/6857 vom 31.8.2001, S. 43; Hager, Das ruhende Arbeitsverhältnis, S. 111.

426 Hager, Das ruhende Arbeitsverhältnis, S. 69, 110.

bb. § 307 BGB

Teilweise wird vertreten, der Freistellungsvorbehalt stelle eine erhebliche Abweichung vom wesentlichen Grundgedanken der gesetzlichen Regelung (§ 307 Abs. 1, Abs. 2 Nr. 1 BGB) dar, da sich der Beschäftigungsanspruch aus gewichtigen Grundrechtspositionen herleite.[427] Daher müssen im Rahmen der Angemessenheitskontrolle die beiderseitigen Interessen der Parteien gegeneinander abgewogen werden.

Unabhängig von der Frage, ob man einen Freistellungsvorbehalt gemäß § 308 Nr. 4 BGB daran misst, ob er „zumutbar" ist oder ob er nach § 307 Abs. 1 BGB eine „unangemessene Benachteiligung" darstellt, sind in beiden Fällen die beiderseitigen Interessen gegeneinander abzuwägen.

(1) Überwiegendes Interesse des Arbeitgebers

Das BAG hat in seiner Rechtsprechung aus den 1980er Jahren ein überwiegendes Arbeitgeberinteresse beispielsweise bei Wegfall der Vertrauensgrundlage, bei Auftragsmangel oder bei einem demnächst zur Konkurrenz abwandernden Arbeitnehmer aus Gründen der Wahrung von Betriebsgeheimnissen bejaht.[428] Dass das Gericht in dieser Entscheidung die Interessensabwägung nicht im Rahmen der Zulässigkeit eines Freistellungsvorbehaltes, sondern im Rahmen eines Weiterbeschäftigungsanspruches während des Kündigungsschutzprozesses vorzunehmen hatte, ändert nichts an der Gewichtung der Interessen der Parteien in einer vergleichbaren Interessenslage.

Teilweise wird – insbesondere unter Verweis auf die Rechtsprechung zu Widerrufsvorbehalten[429] – für die Zulässigkeit eines einzelvertraglichen Freistellungsvorbehaltes ein sachlicher[430], besonderer[431], rechtfertigender[432] oder auch nur

427 LAG Hamm vom 3.2.2004 – 19 Sa 120/04 – NZA-RR 2005, 358, 359; ArbG Frankfurt a.M. vom 19.11.2003 – 2 Ga 251/03 – NZA-RR 2004, 409, 410.

428 BAG vom 27.2.1985 – GS 1/84 – NZA 1985, 702, 703; ebenso Bauer/Günther, DStR 2008, 2422, 2423.

429 BAG vom 12.1.2005 – 5 AZR 364/04 – NZA 2005, 465; Ohlendorf/Salamon, NZA 2008, 856, 859; Fesenmeyer, Die Freistellung des Arbeitnehmers von der Arbeit, S. 70.

430 Preis, Der Arbeitsvertrag, II F 10, Rn. 21, 11; Richter/Lange, NZA-RR 2012, 57, 61; Bauer, NZA 2007, 409, 412; Kramer, DB 2008, 2538, 2542.

431 Preis in Stahlhacke/Preis/Vossen, Kündigung und Kündigungsschutz im Arbeitsverhältnis, Rn. 26.

432 Luckey, NZA 1992, 873, 875.

irgendein[433] Grund gefordert, von dem nicht zwingend die Qualität eines Kündigungsgrundes erwartet wird. Ziel ist es, Willkür oder völlig grundlose und jederzeit mögliche Freistellungen auszuschließen.[434]

Im Schrifttum sowie in der Instanzrechtsprechung wird zum Teil auch zwischen gekündigtem und ungekündigtem Arbeitsverhältnis unterschieden. Hiernach sind Freistellungsabreden für den Fall des Ausspruchs einer Kündigung generell wirksam. Das Beschäftigungsinteresse des Arbeitnehmers tritt im Hinblick auf die damit für ihn verbundenen Vorteile und die zeitliche Begrenzung der Freistellung hinter das Freistellungsinteresse des Arbeitgebers.[435] Denn in der Regel treten (spätestens) nach einer Kündigung Spannungen zwischen den Arbeitsvertragsparteien auf und sind meist unabhängig von der Position des Arbeitnehmers. Auch die Motivation eines gekündigten Mitarbeiters sinkt regelmäßig nach Ausspruch einer Kündigung, so dass mit einer erhöhten Fehleranfälligkeit seiner Arbeitsleistung gerechnet werden muss. Daneben besteht die Gefahr, dass ein gekündigter Mitarbeiter insbesondere bei vertriebsnahen Tätigkeiten und engem Kundenkontakt bis zum Ablauf der Kündigungsfrist noch Kunden abwirbt oder verärgert. Daher ist ein berechtigtes Arbeitgeberinteresse an der Freistellung nach Ausspruch einer Kündigung, sowohl im Hinblick auf seine Beziehungen nach außen als auch auf die Beziehungen zwischen den (nicht gekündigten) Mitarbeitern zu bejahen.

In jedem Fall kann ein überwiegendes Arbeitgeberinteresse angenommen werden, wenn ein „wichtiger“ Grund i.S.d. § 626 BGB – auch wenn er nicht zwingend erforderlich ist – vorliegt, die weitere Beschäftigung des Arbeitnehmers für den Arbeitgeber unzumutbar ist und die Freistellung zur Vermeidung einer außerordentlichen fristlosen Kündigung erfolgt.[436]

(2) Überwiegendes Interesse des Arbeitnehmers

Neben dem ideellen Beschäftigungsinteresse an beruflicher, aber auch persönlicher und gesellschaftlicher Anerkennung und Wertschätzung besteht seitens des Arbeitnehmers auch mittelbar ein besonderes wirtschaftliches Interesse an der

---

433 ArbG München vom 10.12.2008 – 39 Ga 245/08 – juris; Ruhl/Kassebohm, NZA 1995, 497, 501.

434 ArbG München vom 10.12.2008 – 39 Ga 245/08 – juris; ArbG Berlin vom 25.2.2005 – 9 Ga 1155/05 – juris.

435 LAG München vom 7.5.2003 – 5 Sa 297/03 – LAGE § 307 BGB 2002 Nr. 2; LAG Hamburg vom 10.6.1994 (Ls.) – 6 Sa 42/94 – juris; Kramer, DB 2008, 2538, 2542; Ohlendorf/Salamon, NZA 2008, 856, 858.

436 LAG Köln vom 20.3.2001 – 6 Ta 46/01 – juris; Preis, Der Arbeitsvertrag, II F 10 Rn. 4.

Weiterbeschäftigung. Insbesondere die Schnelllebigkeit der Arbeitswelt kann zu beruflichen Nachteilen für den Arbeitnehmer führen, wenn er seiner Tätigkeit über einen längeren Zeitraum nicht nachgeht. Denn während der Dauer der Nichtbeschäftigung werden dem Arbeitnehmer die für seine berufliche Weiterentwicklung notwendigen Kenntnisse vorenthalten. Je länger ein Arbeitnehmer von dem mit seiner Tätigkeit unmittelbar verbundenen beruflichen Informationsfluss abgeschnitten ist, desto schwieriger kann sich eine spätere Wiederaufnahme seiner Tätigkeit gestalten.[437]

cc. Kombination: Freistellungsabrede und Urlaubsanrechnungsklausel

Im Gegensatz zu dem Recht auf vertragsgemäße Beschäftigung kann der Arbeitnehmer auf seinen Urlaubsanspruch gemäß § 13 Abs. 1 BUrlG mangels Dispositivität grundsätzlich nicht verzichten. In der Praxis werden häufig Freistellungsabreden mit Urlaubsanrechnungsklauseln kombiniert.

Soweit man in diesem Fall von einer Abweichung von Rechtsvorschriften (§ 307 Abs. 3 BGB) ausgeht, hält die Klausel einer Inhaltskontrolle stand. Sie stellt insbesondere keine unangemessene Benachteiligung nach § 307 Abs. 1 S. 1, Abs. 2 Nr. 1 BGB dar, da durch die Anrechnung der Urlaubsanspruch des Arbeitnehmers nicht reduziert wird. Insofern liegt kein Verstoß gegen § 13 Abs. 1 S. 3 BUrlG vor. Der Arbeitgeber erfüllt den Urlaubsanspruch des Arbeitnehmers gemäß § 362 Abs. 1 BGB durch die Befreiung von der Arbeitspflicht, soweit die Freistellung unwiderruflich vereinbart ist. Der Urlaubsanspruch ist hingegen nicht erfüllt, wenn er den Arbeitnehmer nur widerruflich von der Pflicht zur Arbeitsleistung freistellt, da nur der unwiderruflich freigestellte Arbeitnehmer die ihm aufgrund des Urlaubsanspruchs zustehende Freizeit uneingeschränkt selbstbestimmt nutzen kann.[438]

Ein arbeitnehmerseitiger Verzicht auf den Urlaubs(-abgeltungs-)anspruch wäre hingegen nicht wirksam. Die Anrechnung des noch offenen Urlaubsanspruches auf den Freistellungszeitraum erscheint jedoch sinnvoll, da ansonsten ein Arbeitnehmer, der über einen längeren Zeitraum unwiderruflich von seiner

---

437 LAG Berlin-Brandenburg vom 7.4.2010 – 29 Ga 5197/10 – BB 2010, 1020 (im Falle eines Piloten, der auf die erforderliche Flugpraxis angewiesen ist); LAG Köln vom 20.3.2001 – 6 Ta 46/01 – juris (im Falle eines Vertriebsdirektors aufgrund Schnelllebigkeit der Versicherungsbranche).

438 BAG vom 19.5.2009 – 9 AZR 433/08 – AP BUrlG § 7 Nr. 41; BAG vom 14.8.2007 – 9 AZR 934/06 – NZA 2008, 473, 474; BAG vom 14.3.2006 – 9 AZR 11/05 – NZA 2006, 1008; LAG Köln vom 20.2.2006 – 14 (10) Sa 1394/05 – NZA-RR 2006, 342.

Arbeitspflicht freigestellt war, nach Beendigung des Arbeitsverhältnisses zusätzlich einen Urlaubsabgeltungsanspruch hätte, § 7 Abs. 4 BUrlG.

c. *Transparenzkontrolle*

Zur Wahrung des Transparenzgebotes sind die Gründe für die Ausübung des Freistellungsvorbehaltes in die Klausel aufzunehmen bzw. zumindest rahmenmäßig zu bezeichnen, so dass der Arbeitnehmer erkennen kann, was gegebenenfalls auf ihn zukommt.[439]

In Bezug auf die Urlaubsanrechnungsklausel muss die Erklärung hinreichend deutlich erkennen lassen, dass durch die Freistellung der Urlaubsanspruch erfüllt werden soll. Für den Arbeitnehmer muss erkennbar sein, dass der Arbeitgeber als Schuldner des Urlaubsanspruchs die geschuldete Leistung bewirken (§ 362 Abs. 1 BGB) und nicht nur als Gläubiger der Arbeitsleistung auf deren Annahme verzichtet will (§ 615 BGB).[440]

4. Zwischenergebnis

Freistellungsvorbehalte unterliegen in vollem Umfang der Inhaltskontrolle, § 307 Abs. 3 BGB.

Mangels höchstrichterlicher Rechtsprechung sind im Einzelfall im Rahmen der Angemessenheits- und Zumutbarkeitsprüfung die Interessen der Parteien gegenüberzustellen.

Ein überwiegendes Arbeitnehmerinteresse wird regelmäßig bei Freistellungsabreden ohne Fortzahlung der Vergütung zu bejahen sein.

Demgegenüber überwiegt das Arbeitgeberinteresse, wenn ein wichtiger Grund i.S.d. § 626 BGB vorliegt. Dies kommt in der Praxis jedoch nur in den Fällen einer außerordentlichen Kündigung mit sozialer Auslauffrist vor. Daher muss ein überwiegendes Arbeitgeberinteresse bereits dann angenommen werden, wenn nicht unerhebliche Pflichtverletzungen durch den Arbeitnehmer zu befürchten sind (z.B. Verletzung von Betriebsgeheimnissen, Abwerben oder Verärgerung von Kunden), auf die der Arbeitgeber mangels Kenntnis oder Beweismöglichkeiten auf andere Weise nicht oder nur sehr schwer reagieren kann. Insofern ist der Tendenz der Literatur und der Instanzrechtsprechung zu folgen, die zwischen gekündigtem und ungekündigtem Arbeitsverhältnis differenzieren.

---

439 BAG vom 12.1.2005 – 5 AZR 364/04 – NZA 2005, 465; Link in Schaub, Arbeitsrechtshandbuch, § 35 Rn. 66; Ohlendorf/Salomon, NZA 2008, 856, 859.

440 BAG vom 14.8.2007 – 9 AZR 934/06 – NZA 2008, 473, 474; BAG vom 14.3.2006 – 9 AZR 11/05 – NZA 2006, 1008.

Hiernach muss das Beschäftigungsinteresse des Arbeitnehmers im Falle einer Kündigung regelmäßig hinter das Interesse des Arbeitgebers zurücktreten.

Die formularmäßige Kombination von unwiderruflicher Freistellung und Anrechnung noch offener Urlaubsansprüche stellt keine unangemessene Benachteiligung des Arbeitnehmers dar.

VI. Haftungsklauseln

1. Interessenlage

Die im Arbeitsrecht vorherrschenden Haftungserleichterungen zu Gunsten des Arbeitnehmers bringen den Arbeitgeber in eine missliche Lage, da er kaum Einfluss darauf hat, einen durch einen Arbeitnehmer verursachten Schaden faktisch zu verhindern. Insbesondere in Fällen, in denen der Arbeitnehmer innerhalb seines Arbeits- und Kontrollbereiches die alleinige oder überwiegende Einwirkungsmöglichkeit auf die Sache hat, ist dem Arbeitgeber daran gelegen, seine eigene Haftung einzuschränken oder die Haftung des Arbeitnehmers zu erweitern.

Umgekehrt hat der Arbeitnehmer ein nachvollziehbares Interesse daran, nicht für Schäden einstehen zu müssen, die sich wiederum seines Einflussbereiches entziehen und dem Betriebsrisiko des Arbeitgebers zuzurechnen sind. Der Arbeitgeber übernimmt im Rahmen des Betriebsrisikos die Verantwortung für die Organisation des Betriebs und die Gestaltung der Arbeitsbedingungen und soll dieses Betriebsrisiko auch nicht dem Arbeitnehmer aufbürden können. Da der Arbeitnehmer den organisatorischen Vorgaben sowie dem Weisungsrecht (§ 106 GewO) meist weder tatsächlich noch rechtlich ausweichen kann, prägt die vom Arbeitgeber gesetzte Organisation des Betriebs das Haftungsrisiko.[441]

Aufgrund der Haftungsprivilegierung des Arbeitnehmers durch die Grundsätze des innerbetrieblichen Schadensausgleichs ist die formularmäßige Erweiterung der Arbeitnehmerhaftung von besonderer praktischer Bedeutung.

Im Rahmen des innerbetrieblichen Schadensausgleiches haftet der Arbeitnehmer für Schäden, die im Zusammenhang mit seiner Arbeitsleistung stehen, abhängig vom jeweiligen Verschuldensgrad. Hiernach haftet der Arbeitnehmer bei leichtester Fahrlässigkeit nicht. Bei mittlerer Fahrlässigkeit haftet er teilweise, wobei sich die Schadensquotelung nach den Umständen des Einzelfalles bemisst unter Abwägung von Schadensanlass und Schadensfolgen und unter

---

441 BAG vom 18.4.2002 – 8 AZR 348/01 – NZA 2003, 37, 39; BAG vom 23.1.1997 – 8 AZR 893/95 – NZA 1998, 140, 141; BAG vom 27.9.1994 – GS 1/89 (A) – NZA 1994, 1083, 1085.

Berücksichtigung bestimmter Kriterien wie beispielsweise Gefahrgeneigtheit der Arbeit, Höhe des Schadens, Höhe des Gehaltes oder eines etwaig vorhandenen Risikozuschlages. Handelt der Arbeitnehmer hingegen grob fahrlässig oder vorsätzlich, trifft ihn regelmäßig die volle Haftung.[442]

Vor diesem Hintergrund ist fraglich, ob und inwieweit Haftungsabreden zwischen den Arbeitsvertragsparteien, die diese privilegierte Haftung des Arbeitnehmers verschärfen, zulässig sind.

2. Formularmäßige Erweiterung der Arbeitnehmerhaftung

a. Kontrollfähigkeit

Das BAG erklärt die Grundsätze über die privilegierte Haftung des Arbeitnehmers – nicht zuletzt auf Grund ihres verfassungsrechtlichen Ursprunges (Art. 12 Abs. 1, 2 Abs. 1 GG) – als einseitig zwingendes Arbeitnehmerschutzrecht.[443] Darüber hinausgehende vorformulierte Haftungsverschärfungen zu Lasten des Arbeitnehmers stellen daher eine Abweichung von grundrechtlich verankerten, allgemein durch die Rechtsprechung anerkannten Rechtsgrundsätzen dar, die Rechtsvorschriften i.S.d. § 307 Abs. 3 BGB gleichgestellt sind.

Zweifelhaft ist, ob eine von den Grundsätzen der privilegierten Arbeitnehmerhaftung abweichende (arbeits-)vertragliche Vereinbarung überhaupt zulässig ist. Dies hängt zunächst von der Vorfrage ab, ob die Grundsätze der Haftungsprivilegierung zu Gunsten des Arbeitnehmers dispositiv sind.

Das BAG vertritt hierzu die Ansicht, dass von den Grundsätzen über die Beschränkung der Haftung des Arbeitnehmers bei betrieblich veranlassten Tätigkeiten aufgrund ihres einseitig zwingenden Charakters weder einzel- noch kollektivvertraglich zu Lasten des Arbeitnehmers abgewichen werden könne.[444]

Aus dieser Rechtsprechung schließt ein Teil der Literatur auf die ausnahmslose Unabdingbarkeit der Grundsätze über die Haftungsprivilegierung. Das daraus

---

442 BAG vom 18.4.2002 – 8 AZR 348/01 – NZA 2003, 37, 39; BAG vom 27.9.1994 – GS 1/89 – NZA 1994, 1083; BAG vom 12.10.1989 – 8 AZR 276/8 – NJW 1990, 468; Henssler in MüKo, § 619a BGB Rn. 33 ff.

443 BAG vom 5.2.2004 – 8 AZR 91/03 – NZA 2004, 649, 650; BAG vom 2.12.1999 – 8 AZR 386/98 – NZA 2000, 715, 716; BAG vom 27.9.1994 – GS 1/89 – NZA 1994, 1083, 1085.

444 BAG vom 5.2.2004 – 8 AZR 91/03 – NZA 2004, 649; BAG vom 27.1.2000 – 8 AZR 876/98 – NZA 2000, 727, 730; BAG vom 17.9.1998 – 8 AZR 175/97 – NZA 1999, 141, 144.

resultierende sehr hohe Schutzniveau wird vor allem mit der verfassungsrechtlichen Verankerung der Haftungsprivilegierung begründet.[445]

Diese Interpretation der BAG-Rechtsprechung kann nicht kritiklos hingenommen werden.

Sie setzt pauschal fest, dass eine Abweichung von der privilegierten Arbeitnehmerhaftung weder durch einzel-, noch durch kollektivvertragliche Vereinbarung zulässig sein soll. Vielmehr wäre aber erforderlich, zwischen arbeitsvertraglicher Vereinbarung einerseits und zwischen Betriebsvereinbarung und Tarifvertrag andererseits zu differenzieren. Das BAG darf nicht dahingehend verstanden werden, dass jegliche Modifikationen der Arbeitnehmerhaftung von vorne herein ausgeschlossen werden sollen. Auch § 276 BGB und § 254 BGB, aus denen sich die Grundsätze über die privilegierte Arbeitnehmerhaftung ableiten, sind dispositiv. Insbesondere muss aufgrund des unterschiedlichen Prüfungsmaßstabes eine Differenzierung danach erfolgen, ob die Haftungserweiterung durch Arbeitsvertrag, Betriebsvereinbarung oder Tarifvertrag erfolgt, da Tarifverträge und Betriebsvereinbarungen gemäß § 310 Abs. 4 S. 1 BGB der Inhaltskontrolle entzogen sind.[446]

Betrachtet man in diesem Zusammenhang auch die älteren Entscheidungen zum innerbetrieblichen Schadensausgleich, fällt auf, dass das BAG unter Einbeziehung der verfassungsrechtlichen Erwägungen insbesondere die Notwendigkeit einer unabdingbaren Berücksichtigung des (Betriebs-) Risikos betonte, nicht hingegen eine unabdingbare und ausnahmslose Haftungsprivilegierung. Nach dieser älteren Rechtsprechung ist eine Haftungsbeschränkung wegen Verstoßes gegen die einseitig zwingenden Grundsätze der beschränkten Arbeitnehmerhaftung unwirksam, wenn und soweit dem Arbeitnehmer kein gleichwertiger Ausgleich geleistet wird.[447] Umgekehrt kann also eine Haftungsverschärfung wirksam sein, wenn und soweit dem Arbeitnehmer hierfür ein angemessener Ausgleich gewährt wird, der der mit der Haftungsverschärfung einhergehenden Verschiebung des Betriebs- und Schadensrisikos auf den Arbeitnehmer gerecht wird. Dem erforderlichen Schutz des Arbeitnehmers wird durch die Angemessenheitsprüfung nach § 307 Abs. 1, Abs. 2 BGB Rechnung getragen, wobei das generelle Schutzniveau des innerbetrieblichen Schadensausgleichs nicht unterschritten

---

445 Henssler in MüKo § 619a BGB Rn. 13; Däubler in D/B/D, Einl. Rn. 106; Krause, NZA 2003, 577, 585; Schwab, NZA-RR 2006, 449, 452.

446 Preis in ErfK, § 619a BGB Rn. 11, 36; Reichold in MüArbR, Bd. I, § 51 Rn. 68; Stoffels in W/L/P, Anh. § 310 BGB (ArbR) Rn. 155.

447 BAG vom 7.9.1998 – 8 AZR 175/97 – NZA 1999, 141; BAG vom 27.9.1994 – GS 1/89 – NZA 1994, 1083, 1085 f.

werden darf.[448] Dies gesteht sogar die Gegenmeinung zu, die eigentlich von einer Unabdingbarkeit der Haftungsprivilegierung ausgeht, und fordert, dass für eine Haftungsverschärfung materiell ein Risikoausgleich stattfinden müsse.[449] Soweit ein solcher Ausgleich stattfindet, kann nicht mehr von einer Abweichung zu Lasten des Arbeitnehmers ausgegangen werden.

In diese Richtung geht auch die Rechtsprechung des BAG zur **sog. Mankohaftung**, wonach Mankoabreden wirksam sein können, wenn sie eine angemessene Gegenleistung z.B. in Form eines Mankogeldes oder eines angemessen erhöhten Gehaltes vorsehen.[450]

Für eine Dispositivität der Grundsätze über die privilegierte Arbeitnehmerhaftung spricht außerdem, dass die Grundsätze über den innerbetrieblichen Schadensausgleich auf § 254 BGB beziehungsweise § 276 BGB beruhen und diese beiden Normen ebenfalls dispositiv sind.[451]

Eine Abweichung von Rechtsvorschriften oder Rechtsgrundsätzen ist gerade Voraussetzung für die AGB-Kontrolle, § 307 Abs. 3 BGB. Aus der Abweichung an sich kann allerdings nicht zwangsläufig eine unangemessene Benachteiligung geschlossen werden. Diese Frage bedarf einer weiteren Prüfung im Rahmen der §§ 307 ff. BGB.

Folglich sind Formularklauseln, die die Haftung des Arbeitnehmers abweichend von den Haftungsregeln des innerbetrieblichen Schadensausgleichs verschärfen, einer Inhaltskontrolle und einer Transparenzkontrolle zu unterziehen. Eine Abweichung von den Grundsätzen des innerbetrieblichen Schadensausgleichs ist nicht von vorne herein unzulässig. Vielmehr ist die Frage, ob eine Haftungsvereinbarung unangemessen und damit unwirksam ist, im Rahmen der Inhaltskontrolle zu beurteilen.

b. Inhaltskontrolle

§ 309 Nr. 7 BGB ist nur für die Haftung des Arbeitgebers als Verwender und deshalb nicht für die Erweiterung der Arbeitnehmerhaftung einschlägig. Es ist

448 BAG vom 17.7.1997 – 8 AZR 480/95 – NZA 1997, 1346 f.; Däubler, RdA 2000, 22, 33; Krause, NZA 2003, 577, 585; Preis in ErfK §§ 305–310 BGB Rn. 85.

449 Krause, NZA 2003, 577, 585; ebenso BAG vom 3.2.1970 – 1 AZR 188/69 – NJW 1970, 1206, 1207.

450 BAG vom 17.9.1998 – 8 AZR 175/97 – NZA 1999, 141, 144; Deinert, RdA 2000, 22, 34; Schwirtzek, NZA 2005, 437, 439; Thüsing, AGB-Kontrolle im Arbeitsrecht, Rn. 100.

451 Grüneberg in Palandt, § 276 BGB Rn. 25; Preis in FS 50 Jahre BAG, 2004, S. 123, 151; Schwirtzek, NZA 2005, 437, 439.

daher zu fragen, ob die formularmäßige Erweiterung der Arbeitnehmerhaftung eine unangemessene Benachteiligung i.S.d. § 307 Abs. 1 S. 1 BGB darstellt.

Im Rahmen der Inhaltskontrolle steht das Interesse des Arbeitgebers an der Erweiterung der im Arbeitsrecht geltenden Haftungsprivilegierung dem Interesse des Arbeitnehmers gegenüber, das ausschließlich in den Händen des Arbeitgebers liegende Betriebsrisiko nicht in inadäquater Weise auf den Arbeitnehmer abzuwälzen.

Von einer unangemessenen Benachteiligung ist auszugehen, wenn Kernpunkte der Haftungsprivilegierung betroffen sind. Unwirksam wäre danach insbesondere die Vereinbarung einer Haftung unabhängig vom Verschuldensgrad.[452] Insoweit sah das BAG in einer Vereinbarung, wonach ein Arbeitnehmer für alle von ihm fahrlässig verschuldeten Unfallschäden am Dienstfahrzeug bis zur Höhe einer mit der Versicherung vereinbarten Selbstbeteiligung von 2000 DM haften solle, einen Verstoß gegen die Grundsätze der beschränkten Arbeitnehmerhaftung, weil ohne Differenzierung dem Arbeitnehmer auch bei leichtester Fahrlässigkeit diese Haftung auferlegt werde. Zwar sei die Möglichkeit des Arbeitnehmers, den Dienstwagen auch für Privatfahrten zu nutzen, eine zusätzliche Gegenleistung für die geschuldete Arbeitsleistung; sie rechtfertige allerdings keine Verschärfung der Haftung des Arbeitnehmers für Unfallschäden am betrieblich genutzten Dienstwagen.[453] An die Angemessenheit einer adäquaten Gegenleistung sind daher strengere Anforderungen zu stellen. Diese muss kompensatorischen Charakter haben und geeignet sein, einen wirtschaftlichen Ausgleich für die Haftungsverschärfung zu leisten. Zudem muss die maximale Höhe der Haftung summenmäßig begrenzt sein.[454] Das Haftungsrisiko darf für den Arbeitnehmer nicht existenzgefährdend sein.

Ein besonderer Anwendungsfall der erweiterten Arbeitnehmerhaftung ist die sog. **Mankohaftung.**

Bei einem „Manko“ handelt es sich um einen Schaden, der dem Arbeitgeber in Form eines negativen Fehlbestandes von Geldbeträgen oder sonstigen Gegenständen in einem Warenbestand entsteht, die dem Arbeitnehmer zur Erfüllung

---

452 BAG vom 28.10.2010 – 8 AZR 418/09 – NZA 2011, 345, 347; BAG vom 18.4.2002 – 8 AZR 348/01 – NZA 2003, 37, 39; BAG vom 27.9.1994 – GS 1/89 – NZA 1994, 1083; BAG vom 12.10.1989 – 8 AZR 276/8 – NJW 1990, 468.

453 BAG vom 5.2.2004 – 8 AZR 91/03 – NZA 2004, 649.

454 Lakies, Vertragsgestaltung und AGB im Arbeitsrecht, Kap. 5 Rn. 274; Preis in ErfK §§ 305–310 BGB Rn. 85.

seiner arbeitsvertraglich geschuldeten Tätigkeit anvertraut werden.[455] Klassisches Beispiel hierfür ist die Kassiererin im Supermarkt. Da ohne eine ausdrückliche arbeitsvertragliche Regelung im Falle von Fehlbeständen die Haftungsprivilegierungen zu Gunsten des Arbeitnehmers gelten, werden häufig vorformulierte Mankoabreden im Arbeitsvertrag abgeschlossen, wonach der Arbeitnehmer ein sog. Mankogeld, d.h. eine zusätzliche Vergütung, für die ordnungsgemäße und erfolgreiche Verwaltung eines Waren- oder Kassenbestandes, erhält.

Im Rahmen einer Mankoabrede ist eine erweiterte Arbeitnehmerhaftung grundsätzlich angemessen und zulässig, wenn dem Arbeitnehmer für die Haftungserweiterung ein wirtschaftlicher Ausgleich (in Form der Gewährung eines Mankogeldes) gewährt wird und die Haftung des Arbeitnehmers der Höhe nach auf die Höhe des Mankogeldes begrenzt ist.[456] Ein berechtigtes Interesse des Arbeitgebers an der Übertragung der Haftung besteht jedenfalls dann, wenn der Arbeitnehmer alleinigen Zugriff auf die Sache hat (z.B. Kasse) und damit das Risiko für den Arbeitnehmer beherrschbar ist.[457]

c. *Zwischenergebnis*

Die einzelvertragliche Erweiterung der Haftung des Arbeitnehmers unterliegt der Inhaltskontrolle. Eine Haftungserweiterung stellt eine unangemessene Benachteiligung dar, wenn der Arbeitgeber in unzulässiger Weise sein Betriebs- und Schadensrisiko auf den Arbeitnehmer überträgt, ohne dem Arbeitnehmer hierfür eine angemessene wirtschaftliche Kompensation zu gewähren. Zudem muss eine solche Haftungserweiterung der Höhe nach begrenzt sein. Wichtig ist, dass für den Arbeitnehmer das Risiko, für das er haftet, beherrschbar ist.

3. Beschränkung oder Ausschluss der Arbeitgeberhaftung

Neben der Vereinbarung einer erweiterten Arbeitnehmerhaftung besteht die Möglichkeit, die Haftung des Arbeitgebers gegenüber dem Arbeitnehmer für Pflichtverletzungen, die dem Arbeitgeber zuzurechnen sind, zu begrenzen oder auszuschließen.

---

455 Preis in ErfK, § 619a BGB Rn. 28, 36; Stoffels in W/L/P, Anh. § 310 BGB (ArbR) Rn. 157, Reichold in MüArbR, Bd. I, § 51 Rn. 69.

456 BAG vom 2.12.1999 - 8 AZR 386/98 - NZA 2000, 715; Boemke, JuS 1999, 926, 927; Krause, RdA 2013, 129, 139; Preis in ErfK, §§ 305–310 BGB Rn. 89; Schwirtzek, NZA 2005, 437, 441.

457 Reichold in MüArbR, Bd. I, § 51 Rn. 75; Walker in FS Canaris, 2007, Bd. I, S. 1504, 1505.

a. *Kontrollfähigkeit*

Inwieweit ein Haftungsausschluss oder eine Beschränkung der Haftung[458] der AGB-Kontrolle standhält, beurteilt sich im Wesentlichen nach § 309 Nr. 7 BGB. Die Vorschrift ergänzt § 276 Abs. 3 BGB, wonach die Haftung wegen Vorsatzes nicht im Voraus erlassen oder ausgeschlossen werden kann. § 309 Nr. 7 BGB differenziert zum einen zwischen Art des verletzten Rechtsgutes, also Verletzung von Leben, Körper, Gesundheit einerseits (§ 309 Nr. 7a BGB), und sonstigen Schäden (§ 309 Nr. 7b BGB) und innerhalb dessen zwischen der Person des Schädigers (Arbeitgeber, gesetzlicher Vertreter oder Erfüllungsgehilfe) sowie nach Verschuldensgrad. Im Falle des § 309 Nr. 7a BGB ist ein formularmäßiger Haftungsausschluss für Schäden an Leben Körper oder Gesundheit unwirksam, die auf einer fahrlässigen Pflichtverletzung des Arbeitgebers oder auf einer fahrlässigen oder vorsätzlichen Pflichtverletzung dessen gesetzlichen Vertreters oder Erfüllungsgehilfen beruhen. Im Falle des § 309 Nr. 7b BGB ist ein vorformulierter Haftungsausschluss für sonstige Schäden auf Grund grob fahrlässiger Pflichtverletzung des Verwenders oder auf Grund grob fahrlässiger oder vorsätzlicher Pflichtverletzung eines gesetzlichen Vertreters oder Erfüllungsgehilfen des Arbeitgebers unwirksam.

b. *Inhaltskontrolle*

Die Angemessenheitskontrolle für Haftungsbeschränkungen zu Gunsten des Arbeitgebers richtet sich nach § 309 Nr. 7 BGB. Hierbei muss zwischen Personen- und sonstigen Schäden differenziert werden.

aa. *Personenschäden*

Praktische Relevanz hat ein etwaiger Haftungsausschluss für Personenschäden nach § 309 Nr. 7a BGB im Arbeitsrecht vorwiegend in Mobbing-Fällen,[459] da diese keinen Versicherungsfall im Sinne der §§ 104, 7 f. SGB VII darstellen und somit die gesetzliche Unfallversicherung nicht greift.[460] Der Arbeitgeber haftet

---

458 Soweit im Folgenden von Haftungsausschluss die Rede ist, schließt dies Haftungsbeschränkungen mit ein, soweit keine explizite Differenzierung erfolgt.

459 LAG Nürnberg vom 2.7.2002 - 6 (3) Sa 154/01 - NZA-RR 2003, 121; LAG Rheinland-Pfalz vom 16.8.2001 - 6 Sa 415/01 - NZA-RR 2002, 121; Boemke/Ulrici in HK-ArbR § 309 BGB Rn. 50; Däubler in D/B/D, § 309 Nr. 7 BGB Rn. 5.

460 Boemke/Ulrici in HK-ArbR § 309 BGB Rn. 46; Lakies, Vertragsgestaltung und AGB im Arbeitsrecht, Kap. 5 Rn. 269; Preis in ErfK, §§ 305–310 BGB Rn. 84; Stoffels in W/L/P Anh. § 310 BGB (ArbR) Rn. 160.

für Schadensersatz- und Schmerzensgeldansprüche, die kausal durch Mobbing des Arbeitgebers oder seiner Mitarbeiter (§ 278 oder § 831 BGB) verursacht wurden.[461]

Ein vorformulierter Haftungsausschluss für Mobbing-Schäden wäre gemäß § 309 Nr. 7a BGB unwirksam, da in diesen Fällen stets davon auszugehen ist, dass das Mobbing-Verhalten zumindest in fahrlässiger Weise erfolgte. Zwar ist für Mobbing nicht zwingend Vorsatz oder ein vorgefasster Plan erforderlich. Allerdings setzt sowohl § 280 BGB als auch das Deliktsrecht zumindest fahrlässiges Handeln voraus. Hierfür reicht es aus, dass der Arbeitgeber im Rahmen seiner Fürsorgepflicht fahrlässig übersehen hat, dass seine oder die ihm seitens seiner Arbeitnehmer bzw. Führungskraft zurechenbaren Handlungen in der Gesamtheit geeignet sind, eine arbeitsvertragliche Pflicht zu verletzen oder einen deliktischen Erfolg herbeizuführen.[462]

bb. Sonstige Schäden

§ 309 Nr. 7b BGB gilt für sonstige Schäden wie Sachschäden an dem Arbeitnehmer gehörenden Gegenständen, die sich berechtigterweise auf dem Betriebsgelände des Arbeitgebers befinden. Denn zur Fürsorgepflicht des Arbeitgebers gehört auch, berechtigterweise in den Betrieb eingebrachtes Arbeitnehmereigentum in zumutbarem Umfang vor Verlust und Beschädigung zu schützen.[463] Dem Arbeitgeber wird hierbei das Verschulden seiner Arbeitnehmer zugerechnet (§ 278 BGB). Abzugrenzen ist die aus dem Betriebsrisiko resultierende Fürsorgepflicht des Arbeitgebers vom allgemeinen Lebensrisiko, das der Arbeitnehmer regelmäßig selbst zu tragen hat. Eine unangemessene Benachteiligung liegt jedenfalls vor, wenn der Arbeitgeber die zumutbare Möglichkeit, eine entsprechende Haftpflichtversicherung abzuschließen, nicht ergreift.[464]

---

461 BAG vom 25.10.2007 – 8 AZR 593/06 – NZA 2008, 223; BAG vom 16.5.2007 – 8 AZR 709/06 – NZA 2007, 1154, 1155; LAG Rheinland-Pfalz vom 30.11.2015 – 3 Sa 371/15 – BeckRS 2016, 67330; LAG München vom 30.10.2014 – 4 Sa 159/14 – BeckRS 2015, 65178; LAG Hessen vom 7.2.2012 – 2 Sa 1411/10 – BeckRS 2012, 71279; LAG Nürnberg vom 2.7.2002 – 6 (3) Sa 154/01 – NZA-RR 2003, 121.

462 LAG Thüringen vom 10.4.2001 – 5 Sa 403/2000 – NZA-RR 2001, 347, 348; Benecke, NZA-RR 2003, 225, 229.

463 BAG vom 25.5.2000 – 8 AZR 518/99 – NZA 2000, 1052; Boemke/Ulrici in HK-ArbR § 309 BGB Rn. 46.

464 Däubler in D/B/D, § 307 Nr. 7 BGB Rn. 9; Stoffels in W/L/P, § 310 BGB (ArbR) Rn. 160; Thüsing, AGB-Kontrolle im Arbeitsrecht, Rn. 312.

4. Ergebnis

Unabhängig von der Frage, ob die Haftung des Arbeitgebers durch AGB reduziert oder die Haftung des Arbeitnehmers erweitert werden soll, gilt der Grundsatz, dass diejenige Arbeitsvertragspartei für solche Schäden haften soll, die in ihren Risiko- und Einflussbereich fallen. Es erscheint insbesondere widersinnig, eine Partei formularmäßig für Schäden haftbar zu machen, die in die alleinige bzw. überwiegende Beherrschbarkeitssphäre der anderen Partei fallen.

VII. Rückzahlungsklauseln

1. Interessenlage und rechtliche Einordnung

Arbeitgeber gewähren häufig Leistungen, ohne hierzu verpflichtet zu sein. Die Gründe sind vielseitig. Zum einen kann eine bewusste und gewollte überobligatorische Leistung zur Förderung oder Motivation von Arbeitnehmern dienen. Zum anderen kann die Leistung auch irrtümlich erfolgen, beispielsweise in Form einer versehentlichen Gehaltsüberzahlung. Für solche Fälle einer – bewussten oder unbewussten – Vorleistung des Arbeitgebers hat dieser regelmäßig ein Interesse an der Vereinbarung von Rückzahlungsklauseln.

Die Vereinbarung von Rückzahlungsklauseln ist aufgrund der Vertragsfreiheit innerhalb der gesetzliche Grenzen (z.B. § 12 Abs. 1, Abs. 2 Nr. 1 BBiG, § 32 SGB I) zulässig.

2. Rückzahlung von Aus- und Fortbildungskosten

Aufgrund der immer stärker werdenden Erwartung an Qualifizierung und Spezialisierung auf dem Arbeitsmarkt sind umfassende Fortbildungsmaßnahmen aus dem heutigen Arbeitsleben nicht mehr weg zu denken. Sowohl Arbeitgeber als auch Arbeitnehmer haben ein Interesse an einem möglichst hohen Qualifikationsniveau, da beide damit ihre Stellung sowie ihren Wert auf dem Arbeits- bzw. Wirtschaftsmarkt steigern.

Ziel des Arbeitnehmers ist es, durch einen möglichst hohen Ausbildungs- und Qualifizierungsstand seine Chancen sowohl im Betrieb als auch auf dem externen Arbeitsmarkt zu steigern und dabei die eigene Mobilität zu wahren.

Der Arbeitgeber hat ein Interesse daran, insbesondere durch den Einsatz bestmöglich qualifizierten Personals, ein optimales wirtschaftliches Ergebnis für den Betrieb zu erzielen. Soweit der Arbeitgeber die Kosten für Aus- und Weiterbildung seiner Mitarbeiter übernimmt, hat er berechtigterweise ein Interesse daran, dass sich diese Investitionen amortisieren und er die durch den Arbeitnehmer erworbenen Kenntnisse und Fähigkeiten möglichst langfristig im Betrieb nutzen kann. Entsprechend finden sich in Arbeitsverträgen häufig Klauseln wieder, die den Arbeitnehmer als Gegenleistung für die arbeitgeberseitige (Vor-) Finanzierung einer Aus- oder Weiterbildung zu einer zeitlichen Bindung im Betrieb verpflichten und für den Fall eines vorzeitigen Ausscheidens eine (anteilige) Rückzahlung der Fortbildungskosten vorsehen.

a. Kontrollfähigkeit

Auf die Frage der Kontrollfähigkeit von Fortbildungsrückzahlungsklauseln geht das BAG nur selten und sehr rudimentär ein. Von einer Kontrollfähigkeit von Rückzahlungsklauseln ist jedoch zweifellos auszugehen. Nach Ansicht des BAG sind Rückzahlungsklauseln für Fortbildungskosten von Rechtsvorschriften abweichende oder sie ergänzende Regelungen, die die Umstände des vom Arbeitgeber gemachten Hauptleistungsversprechens ausgestalten, weil sie festlegen, unter welchen Umständen die erbrachten Leistungen beim Arbeitnehmer verbleiben sollen.[465] Das BAG stellt lediglich auf die Rückzahlungsverpflichtung ab, ohne auf die damit einhergehende Bindungsdauer einzugehen, die Auswirkungen auf die Kündigungsfreiheit des Arbeitnehmers haben kann. Die Kontrollfähigkeit einer Rückzahlungsklausel ergibt sich jedoch auch aus der verlängerten Bindungsdauer, die dazu führen kann, dass für eine Arbeitnehmerkündigung faktisch eine längere Kündigungsfrist gilt als für den Arbeitnehmer. Dies stellt eine Abweichung von § 622 Abs. 6 BGB dar. In der Vereinbarung einer verlängerten Bindungsdauer kann darüber hinaus eine Abweichung vom anerkannten Grundsatz der Berufswahlfreiheit (Art. 12 GG) liegen, da der Arbeitnehmer in diesem Bindungszeitraum in seinem Recht, seinen Arbeitsplatz und Arbeitgeber frei zu wechseln, eingeschränkt ist.[466]

b. Inhaltskontrolle

aa. Angemessenheitskontrolle

Eine formularmäßige Rückzahlungsklausel stellt eine unangemessene Benachteiligung nach § 307 BGB dar, wenn die Einschränkung der beruflichen

---

465 BAG vom 15.9.2009 – 3 AZR 173/08 – NZA 2010, 342, 344; BAG vom 14.1.2009 – 3 AZR 900/07 – NZA 2009, 666, 667; BAG vom 24.10.2002 – 6 AZR 632/00 – NZA 2003, 668; BGH vom 17.9.2009 – III ZR 207/08 – NZA 2010, 37, 39; Gotthardt in H/W/K, Anh. §§ 305–310 BGB Rn. 44.

466 BAG vom 18.1.2012 – 10 AZR 612/10 – NZA 2012, 561, 562; Lakies, Vertragsgestaltung und AGB im Arbeitsrecht, Kap. 5 Rn. 359.

Bewegungsfreiheit des Arbeitnehmers gewichtiger ist als die beruflichen Vorteile, die mit der Weiterbildung verbunden sind. Als Maßstab hierfür haben das BAG und die Literatur einen umfangreichen Katalog von Kriterien entwickelt. Danach müssen sowohl die Bindungsdauer **(1)** als auch der Grund **(2)** und die Höhe **(3)** der Rückzahlungsverpflichtung angemessen sein. Weiterhin muss die Fortbildungsmaßnahme einen beruflichen Vorteil **(4)** für den Arbeitnehmer nach sich ziehen.

(1) Bindungsdauer

Die Bindungsdauer ist vor dem Hintergrund des Art. 12 Abs. 1 GG grundsätzlich begrenzt. Sie muss im Verhältnis zur (Weiter-) Bildungsdauer stehen.[467]

Seit einigen Jahren tendiert das BAG stark dazu, die zulässige Bindungsdauer von der Bildungsdauer abhängig zu machen. Dies beruht wohl auf dem Gedanken, dass die Leistung des Arbeitgebers in Form der Kostentragung und der Freistellung des Arbeitnehmers während des Fortbildungszeitraumes und die Gegenleistung des Arbeitnehmers in Gestalt der Bindungsdauer in einem angemessenen Verhältnis zueinander stehen sollten. Aus der jüngeren Rechtsprechung des BAG sind folgende Richtwerte erkennbar:[468]

Beträgt die Dauer der Fortbildung bis zu einem Monat, hat das BAG eine Bindungsdauer bis zu sechs Monaten für zulässig erachtet.[469] Bei einer Fortbildung von bis zu zwei Monaten ist eine Bindungsdauer von bis zu zwölf Monate angemessen.[470] Eine Fortbildung, die sich über bis zu vier Monate erstreckt, rechtfertigt eine Bindungsdauer bis zu 24 Monaten. Allerdings kann hieraus nicht abgeleitet werden, dass die Bindungsdauer mindestens sechs Mal so lang sein darf wie die Dauer der Bildungsmaßnahme.[471] Erstreckt sich die Fortbildung sechs bis zwölf

---

467 BAG vom 21.7.2005 – 6 AZR 452/04 – NZA 2006, 542, 543; BAG vom 21.11.2001 – 5 AZR 158/00 – NZA 2002, 551, 553; BAG vom 30.11.1994 – 5 AZR 715/93 – NZA 1995, 727, 729; BAG vom 23.4.1986 – 5 AZR 159/85 – NZA 1986, 741, 742.

468 BAG vom 15.9.2009 – 3 AZR 173/08 – NZA 2010, 342, 345; grundsätzlich dazu auch Lakies, Vertragsgestaltung und AGB im Arbeitsrecht, Kap. 5 Rn. 365.

469 BAG vom 15.9.2009 – 3 AZR 173/08 – NZA 2010, 342, 345; BAG vom 14.1.2009 – 3 AZR 900/07 – NZA 2009, 666, 668; BAG vom 5.12.2002 – 6 AZR 539/01 – NZA 2003, 559, 560.

470 BAG vom 14.1.2009 – 3 AZR 900/07 – NZA 2009, 666, 668; BAG vom 15.12.1993 – 5 AZR 279/73 – NZA 1994, 835; nach LAG Schleswig-Holstein vom 23.9.2008 – 5 Sa 203/08 – BeckRS 2009, 50420 ist eine dreijährige Bindung bei einem zweimonatigen Lehrgang hingegen unangemessen.

471 BAG vom 6.9.1995 – 5 AZR 241/94 – NJW 1996, 1916; Stoffels in Preis, Der Arbeitsvertrag, II A 120, Rn. 41.

Monate, lässt das BAG eine Bindungsdauer bis zu 36 Monaten[472] und bei mehr als 24 Monaten eine 60-monatige Bindungsdauer zu.[473] Eine Orientierungshilfe stellt hierbei § 624 BGB dar, der eine Bindung der Arbeitsvertragsparteien bis zur gesetzlichen Obergrenze von fünf Jahren grundsätzlich zulässt.[474]

Diese Übersicht darf allerdings nicht als starres Schema, sondern lediglich als Orientierungshilfe verstanden werden. So kann im Einzelfall auch bei kürzerer Fortbildung eine weitaus längere Bindung zulässig sein, wenn mit der Fortbildung eine besonders hohe Qualifikation und damit überdurchschnittliche berufliche Vorteile für den Arbeitnehmer verbunden waren oder die Weiterbildung mit erheblichen Kosten verbunden war.[475]

(2) Grund für die Rückzahlungsverpflichtung

Die Angemessenheit einer Rückzahlungsklausel beurteilt sich weiterhin danach, an welche Tatbestände die formularmäßige Rückzahlungsverpflichtung geknüpft wurde. Üblich ist es, die Rückzahlungsverpflichtung von der vorzeitigen Beendigung des Arbeitsverhältnisses oder von einem etwaigen Nichtbestehen des Ausbildungszieles abhängig zu machen.

(a) Vorzeitige Beendigung des Arbeitsverhältnisses

Im Hinblick auf den Rückzahlungsgrund der vorzeitigen Beendigung des Arbeitsverhältnisses ist zu differenzieren, aus welcher Sphäre bzw. auf wessen Veranlassung der vereinbarte Grund stammt, der zur Beendigung des Arbeitsverhältnisses führt. Es ist nicht zulässig, die Rückzahlungsverpflichtung an jedwede Art des Ausscheidens des Arbeitnehmers innerhalb der Bleibefrist zu knüpfen. Nur wenn der Beendigungsgrund in der Sphäre des Arbeitnehmers liegt, hat dieser tatsächlich Einfluss darauf, der Rückzahlungsverpflichtung durch die eigene Betriebstreue zu entgehen.[476] Unwirksam ist danach eine Rückzahlungsklausel,

---

472 BAG vom 5.6.2007 – 9 AZR 604/06 – NZA-RR 2008, 107; BAG vom 11.4.1984 – 5 AZR 430/82 – NZA 1984, 288.

473 BAG vom 14.1.2009 – 3 AZR 900/07 – NZA 2009, 666, 668; BAG vom 11.4.1984 – 5 AZR 430/82 – NZA 1984, 288.

474 BAG vom 15.12.1993 – 5 AZR 279/93 – BB 1994, 433, 434; Düwell/Ebeling, DB 2008, 406, 410.

475 BAG vom 14.1.2009 – 3 AZR 900/07 – NZA 2009, 666, 668 (unter Ablehnung von „rechnerischen Gesetzmäßigkeiten"); BAG vom 15.12.1993 – 5 AZR 279/73 – NZA 1994, 835; Stoffels in Preis, Der Arbeitsvertrag, II A 120, Rn. 41.

476 BAG 18.3.2014 – 9 AZR 545/12 – BeckRS 2014, 70209; BAG vom 28.5.2013 – 3 AZR 103/12 – NZA 2013, 1419, 1420; BAG vom 13.12.2011 – 3 AZR 791/09 – NZA

nach welcher der Arbeitnehmer vom Arbeitgeber getragenen Ausbildungskosten bei der Beendigung des Arbeitsverhältnisses ohne jede Rücksicht auf den Beendigungsgrund zurückzahlen muss.[477]

Die Rückzahlungsklausel kann daher zulässigerweise an Gründe geknüpft werden, die aus der Sphäre des Arbeitnehmers stammen und insofern von diesem zu vertreten sind. Eine Arbeitnehmerkündigung ist ausnahmsweise dem Verantwortungsbereich des Arbeitgebers zuzurechnen, wenn die Kündigung objektiv nachvollziehbar war und Umstände vorlagen, die auch ein besonnener Arbeitnehmer als Anlass zur Kündigung genommen hätte, beispielsweise wenn der Arbeitgeber durch vertragswidriges Verhalten die Kündigung (mit-) veranlasst hat. Eine Rückzahlungsklausel kann jedoch nicht wirksam von Gründen abhängig gemacht werden, die ausschließlich in der Sphäre des Arbeitgebers liegen, da diese für den Arbeitnehmer, den daraufhin die Rückzahlungsverpflichtung trifft, nicht steuer- oder beeinflussbar ist.[478] Dementsprechend ist eine Rückzahlungsvereinbarung unwirksam, die an eine arbeitgeberseitige betriebsbedingte Kündigung[479] oder an eine Eigenkündigung des Arbeitnehmers anknüpft, die durch ein Fehlverhalten des Arbeitgebers ausgelöst wurde.[480] Ein Ausscheiden des Arbeitnehmers aufgrund personenbedingter Kündigung ist mangels Steuerbarkeit seitens des Arbeitnehmers vielmehr dem Investitionsrisiko und damit der Sphäre des Arbeitgebers zuzurechnen.[481]

Steuerbarkeit seitens des Arbeitnehmers ist hingegen zu bejahen, wenn der Arbeitnehmer die arbeitgeberseitige Kündigung durch vertragswidriges Verhalten provoziert hat und diese Kündigung durch § 1 Abs. 2 KSchG oder § 626 BGB

2012, 738, 740; BAG vom 18.11.2008 – 3 AZR 192/07 – NZA 2009, 435, 439; BAG vom 23.1.2007 – 9 AZR 482/06 – NZA 2007, 748, 749; BAG vom 11.4.2006 – 9 AZR 610/05 – NZA 2006, 1042, 1043; BAG vom 24.6.2005 – 6 AZR 383/03 – NZA 2004, 1035, 1036.

477 BAG vom 23.1.2007 – 9 AZR 482/06 – NZA 2007, 748; BAG vom 11.4.2006 – 9 AZR 610/05 – NJW 2006, 3083.

478 BAG 18.3.2014 – 9 AZR 545/12 - BeckRS 2014, 70209; BAG vom 28.5.2013 – 3 AZR 103/12 – NZA 2013, 1419, 1420; BAG vom 6.5.1998 – 5 AZR 535/97 – NJW 1999, 443, 444; Thüsing, AGB-Kontrolle im Arbeitsrecht, Rn. 348.

479 BAG vom 6.5.1998 – 5 AZR 535/97 – NJW 1999, 443, 444; Boemke, JuS 1999, 511, 512.

480 BAG vom 18.11.2008 – 3 AZR 192/07 – NZA 2009, 435, 439; BAG vom 11.4.2006 – 9 AZR 610/05 – NZA 2006, 1042, 1043.

481 Boemke/Ulrici in HK-ArbR, Anh. §§ 307–309 BGB Rn. 43; Düwell/Ebeling, DB, 2008, 406, 408; Schmidt, NZA 2004, 1002, 1005; Stück, DStR 2008, 2020; Thüsing, AGB-Kontrolle im Arbeitsrecht, Rn. 345.

gerechtfertigt wäre.[482] Eine Angemessenheitsprüfung anhand des Prüfungsmaßstabs der verhaltensbedingten Kündigung ist allerdings – nicht nur im Falle der Nichtanwendbarkeit des KSchG – aufgrund der unterschiedlichen Zwecksetzung des gesetzlichen Kündigungsschutzes und der Inhaltskontrolle von Rückzahlungsvereinbarungen abzulehnen. Während das KSchG den Arbeitnehmer vor einer sozial ungerechtfertigten Kündigung durch den Arbeitgeber schützt, soll die Inhaltskontrolle von Rückzahlungsklauseln den Arbeitnehmer gerade vor einer übermäßig langen Bindungsverpflichtung beim bisherigen Arbeitgeber bewahren, da dem Arbeitgeber grundsätzlich am Erhalt der Bildungsinvestition für seinen Betrieb gelegen ist.[483] Das KSchG zielt primär auf den Bestandsschutz des Arbeitsverhältnisses ab und ist nur für den Fall einer arbeitgeberseitigen Kündigung anwendbar. Bei der Rückerstattung von Ausbildungskosten ist jedoch vorderstes Ziel des Arbeitgebers, den fortgebildeten Arbeitnehmer gerade nicht zu kündigen, sondern ihn möglichst lange an den Arbeitgeber zu binden und eine Kündigung seinerseits zu verhindern. Würde die Rückzahlungsverpflichtung von der Wirksamkeit einer verhaltensbedingten Arbeitgeberkündigung abhängig gemacht, müsste entweder der Ausgang eines etwaigen Kündigungsschutzprozess abgewartet oder die Voraussetzungen des § 1 Abs. 2 KSchG bzw. § 626 BGB inzident geprüft werden. Beide Vorgehensweisen sind nicht im Sinne einer angestrebten möglichst zeitnahen Rechtsklarheit und würden lediglich zu einer zeitlichen Verschiebung des Problems führen.

Folglich stellt eine Rückzahlungsklausel, die nicht danach unterscheidet, aus welcher Sphäre der Beendigungsgrund stammt, für den Arbeitnehmer eine unangemessene Benachteiligung dar. Hierbei spielt die formale Frage, wer die Kündigung ausgesprochen hat, eine untergeordnete Rolle. Maßgeblich ist vielmehr, aus wessen Verantwortungsbereich die materielle Ursache für die vorzeitige Beendigung stammt.

(b) Nichterreichen des Fortbildungszieles

Eine Rückzahlungsverpflichtung, die an das Nichterreichen des Fortbildungszieles anknüpft – sei es wegen vorzeitigen Abbruches der Fortbildungsmaßnahme oder wegen Nichtbestehen der Abschlussprüfung – benachteiligt den Arbeitnehmer nicht unangemessen, soweit die Zielerreichung im Hinblick auf die an

482 BAG vom 24.6.2004 – 6 AZR 383/03 – NZA 2004, 1035; Schmidt, NZA 2004, 1002, 1005.

483 BAG vom 24.6.2004 – 6 AZR 383/03 – NZA 2004, 1035, 1037; Meier/Schulz, NZA 1996, 742 ff.; Zeranski, NJW 2000, 336 ff.

ihn gestellten Anforderungen steuerbar und möglich ist. Steuerbar für den Arbeitnehmer ist insbesondere eine angemessene Vorbereitung auf die Prüfung. Das Risiko dass der Arbeitnehmer für eine arbeitgeberseitig vorgesehene Fortbildung nicht geeignet ist, trägt hingegen der Arbeitgeber.[484]

(3) Höhe der Rückzahlungsverpflichtung

Der Arbeitgeber kann Fortbildungskosten grundsätzlich bis maximal zur Höhe des tatsächlich investierten Betrages zurückfordern, jedoch ohne Berücksichtigung etwaiger Zinsen, da eine dahingehende Vereinbarung Vertragsstrafencharakter hätte.[485]

Es kann darüber hinaus in Anlehnung an die ältere Rechtsprechung des BGH sinnvoll sein, die Rückzahlungsverpflichtung mit einer zeitanteiligen Reduzierung der Rückzahlungssumme für jeden Monat des weiteren Bestehens des Arbeitsverhältnisses zu verknüpfen. Eine Rückzahlungsverpflichtung wäre danach zumutbar, wenn sich die Rückzahlungsverpflichtung während der vereinbarten Bindungsdauer zeitanteilig reduziert.[486] Dabei kann die Staffelung in jährlichen, quartalsweisen oder monatlichen Zeitabschnitten erfolgen. Eine Reduzierung in Monatsschritten erscheint hier vorzugswürdig.[487] Eine Staffelung in jährlichen Zeitabschnitten wird hingegen in der Instanzrechtsprechung als zu undifferenziert und damit unangemessen angesehen.[488] Das BAG hat allerdings bislang offengelassen, ob dieses Kriterium eine zwingende Wirksamkeitsvoraussetzung darstellt, hält aber eine Abstufung für sachgerecht.[489]

---

484 Deinert in D/B/D, § 307 BGB Rn. 125; Stoffels in W/L/P, § 310 BGB (ArbR) Rn. 168.

485 BAG vom 21.7.2005 – 6 AZR 453/04 – NZA 2006, 542, 544; Stück, DStR 2008, 2020, 2023; Thüsing, AGB-Kontrolle im Arbeitsrecht, Rn. 345.

486 BAG vom 30.11.1994 – 5 AZR 715/93 – NZA 1995, 72; BAG vom 23.4.1986 – 5 AZR 159/854 – NZA 1986, 741; BGH vom 5.6.1984 – VI ZR 279/82 – NZA 1984, 290.

487 LAG Düsseldorf vom 27.5 2013 – 9 Sa 108/13 – BeckRS 2013, 70042; Schönhöft, NZA-RR 2009, 625, 631.

488 LAG Hamm vom 9.3.2012 – 7 Sa 1500/11 – BeckRS 2012, 69038; LAG Rheinland-Pfalz vom 3.3.2015 – 8 Sa 561/14 – BeckRS 2015, 70516.

489 BAG vom 15.9.2009 – 3 AZR 173/08 – NZA 2010, 342, 345; BAG vom 6.9.1995 – 5 AZR 241/94 – NJW 1996, 1916; BAG vom 23.4.1986 – 5 AZR/85 – NZA 1986, 741, 742; BAG vom 11.4.1984 – 5 AZR 430/82 – NZA 1984, 288, 289; Schmidt, NZA 2004, 1002, 1006.

(4) Berufliche Vorteile

Zusätzlich wird – unter Anknüpfung an die Zumutbarkeitsformel des BAG – die Zulässigkeit von Rückzahlungsklauseln an das Erfordernis eines erkennbaren beruflichen oder geldwerten Vorteils geknüpft, den die (Fort-) Bildungsmaßnahme mit sich bringen muss. Diese kann betriebsintern beispielsweise in verbesserten Aufstiegsmöglichkeiten oder der Umgruppierung in eine höhere Vergütungsgruppe liegen, aber auch in der Steigerung der Chancen auf dem externen Arbeitsmarkt.[490] Ein besonderer beruflicher Vorteil liegt in jedem Fall vor, wenn der Arbeitnehmer erst durch die arbeitgeberfinanzierte Aus- oder Weiterbildung die Einstellungsvoraussetzungen erfüllt, da die berufliche Eignung prinzipiell Sache des Arbeitnehmers ist.[491] Je größer der Vorteil, den der Arbeitnehmer durch die Fortbildung erlangt, desto eher ist ihm eine Rückzahlungsverpflichtung zumutbar.[492]

Ein anzuerkennender Vorteil kann beispielsweise in verbesserten Aufstiegsmöglichkeiten im bestehenden Arbeitsverhältnis, in einer Umgruppierung in eine höhere Vergütungsgruppe oder in der Steigerung der Chancen auf dem Arbeitsmarkt.[493] Demgegenüber scheidet ein beruflicher oder geldwerter Vorteil des Arbeitnehmers regelmäßig aus, wenn die Fortbildung nur innerbetrieblich von Nutzen ist, lediglich der Auffrischung vorhandener Kenntnisse oder der Anpassung dieser Kenntnisse an vom Arbeitgeber veranlasste neuere betriebliche Gegebenheiten dient.[494]

---

490 BAG vom 19.1.2011 – 3 AZR 621/08 – NZA 2012, 85, 89; BAG vom 15.9.2009 – 3 AZR 173/08 – NZA 2010, 342, 345; BAG vom 11.4.2006 – 9 AZR 610/05 – NZA 2006, 1042, 1043; Hoß, MDR 2000, 1115, 1119; Schmidt, NZA 2004, 1002, 1004.

491 Schmidt, NZA 2004, 1002, 1004; Stoffels in Preis, Der Arbeitsvertrag, II A 120, Rn. 24.

492 BAG vom 21.7.2005 – 6 AZR 453/04 – NZA 2006, 542, 544; Stoffels in Preis, Der Arbeitsvertrag, II A 120, Rn. 21.

493 BAG vom 15.9.2009 – 3 AZR 173/08 – NZA 2010, 342, 344; BAG vom 21.7.2005 – 6 AZR 452/04 – NZA 2006, 542, 544; BAG vom 18.8.1976 – 5 AZR 399/75 – NJW 1977, 973; Hennige, NZA-RR 2000, 617, 622; Huber/Blömke, BB 1998, 2157; Thüsing, AGB-Kontrolle im Arbeitsrecht, Rn. 341; wobei das objektive Vorliegen eines beruflichen Vorteils ausreicht, unabhängig davon, ob der Arbeitnehmer diesen tatsächlich zieht.

494 BAG vom 5.12.2002 – 6 AZR 539/01 – NZA 2003, 559, 560; BAG vom 16.3.1994 – 5 AZR 339/92 – NZA 1994, 937, 940.

bb. Transparenzkontrolle

Für den Arbeitnehmer muss aus der Vereinbarung klar erkennbar sein, welche Vor- und Nachteile mit der Teilnahme an einer Weiterbildungsmaßnahme einhergehen. Relevant ist dabei insbesondere die Höhe des Kostenrisikos, d.h. die Angabe der Art der zu erstattenden Kosten sowie deren Berechnungsgrundlagen, so dass der Arbeitnehmer die Größenordnung des Rückzahlungsbetrages einschätzen kann. Diese Anforderung an das Transparenzgebot hatte das BAG im Jahre 2009 noch offen gelassen.[495] Seit 2012 nimmt es dahingehend ausdrücklich Präzisierungen vor und fordert neben dem Grund und der Höhe der Rückzahlungsverpflichtung auch die genaue und abschließende Bezeichnung der einzelnen Positionen, aus denen sich die Gesamtforderung zusammensetzen soll, d.h. neben den reinen Lehrgangsgebühren bspw. auch die Fahrt-, Unterbringungs- und Verpflegungskosten. Zusätzlich ist die Angabe, nach welchen Parametern die einzelnen Positionen berechnet werden (z.B. Kilometerpauschale für Fahrtkosten, Tagessätze für Übernachtungs- und Verpflegungskosten) anzugeben.[496] Im Jahre 2013 erweitert das BAG seine Rechtsprechung zudem dahingehend, dass aus der Rückzahlungsverpflichtung erkennbar sein müsse, ob sich dies nach der Netto- oder Bruttosumme richte.[497] Empfohlen wird darüber hinaus die Angabe eines Höchstbetrages.[498]

Auch die Rückzahlungsmodalitäten sowie die in Betracht kommenden Gründe, die eine Rückzahlungsverpflichtung auslösen können, müssen in der Vereinbarung abschließend und ausdrücklich genannt werden. Eine mit „insbesondere" eingeleitete beispielhafte Auflistung von Gründen stellt keine abschließende Aufzählung dar, wenn nicht klar erkennbar ist, dass die genannten Rückzahlungsgründe ausschließlich aus dem Verantwortungsbereich des Arbeitnehmers stammen.[499] In Anlehnung an die Rechtsprechung zu Änderungsvorbehalten muss der Arbeitnehmer zur Wahrung des Transparenzgebotes klar erkennen können, was auf ihn zukommt. Nur dann ist er in der Lage abzuwägen, ob die mit der Teilnahme an der Qualifizierung verbundenen beruflichen Vorteile die finanziellen Belastungen im Falle einer vorzeitigen Beendigung des

---

495 BAG vom 15.9.2009 – 3 AZR 173/08 – NZA 2010, 342.

496 BAG vom 21.8.2012 – 3 AZR 698/10 – NZA 2012, 1428, 1430; Elking, BB 2014, 885, 886.

497 BAG vom 6.8.2013 – 9 AZR 442/12 – NZA 2013, 1361, 1362; Stoffels in Preis, Der Arbeitsvertrag, II A 120, Rn. 44.

498 Elking, BB 2014, 885, 890; Stoffels in Preis, Der Arbeitsvertrag, II A 120, Rn. 44.

499 BAG vom 23.1.2007 – 9 AZR 482/06 – NZA 2007, 748, 751; BAG vom 11.4.2006 – 9 AZR 610/05 – NZA 2006, 1042, 1045.

Vertragsverhältnisses rechtfertigen oder eine entsprechende zeitlich begrenzte Bindung seinen Interessen entspricht.[500]

Für den Fall, dass bei einem arbeitgeberseitig vorfinanzierten Studium die Modalitäten der Übernahme nach Beendigung des Studiums nicht mindestens rahmenmäßig bestimmt sind (insbesondere Angaben zum Beginn des Vertragsverhältnisses, zu Art und Umfang der Beschäftigung und zur Gehaltsfindung für die Anfangsvergütung), hat das BAG mangels ausreichender Einschätzbarkeit einen Verstoß gegen das Transparenzgebot (§ 307 Abs. 1 S. 2 BGB) angenommen.[501]

c. *Zwischenergebnis*

Eine Formularklausel, die die Rückzahlung von Fortbildungskosten beinhaltet, stellt keine unangemessene Benachteiligung (§ 307 Abs. 1 S. 1 BGB) dar, wenn Bindungs- und Bildungsdauer in einem angemessenen Verhältnis zueinander stehen und der Grund für die Rückzahlungsverpflichtung aus dem Verantwortungsbereich des Arbeitnehmers stammt, den dieser beeinflussen kann (z.B. Eigenkündigung des Arbeitnehmers ohne Veranlassung des Arbeitgeber, Nichterreichen des Ausbildungszieles trotz realistischer Möglichkeit). Zudem muss der Arbeitnehmer mit der Fortbildung einen erkennbaren objektiven Qualifikationsvorteil gewonnen haben. Mitentscheidend für die Wirksamkeit einer Rückzahlungsklausel ist auch die Höhe der Rückzahlungsverpflichtung. Diese sowie die übrigen Rückzahlungsmodalitäten muss der Arbeitnehmer im Rahmen des Transparenzgebotes der Klausel klar entnehmen können.

3. Überbezahltes Entgelt

a. *Interessenlage und rechtliche Einordnung*

(Gehalts-) Überzahlungen des Arbeitgebers an den Arbeitnehmer begründen grundsätzlich Rückzahlungsansprüche. Hierunter fallen zum einen Fälle, in denen der Arbeitgeber bewusst im Voraus seiner Vergütungspflicht nachkommt (z.B. im Rahmen eines Vorschusses), der Arbeitnehmer aber seiner Gegenleistungspflicht nicht nachkommt. Zum anderen sind auch Fälle umfasst, in denen der Arbeitgeber irrtümlich zu viel Gehalt ausbezahlt, ohne hierzu verpflichtet

---

500 BAG vom 12.1.2005 – 5 AZR 364/04 – NZA 2005, 465, 468; BAG vom 21.11.2002 – 6 AZR 77/01 – NJOZ 2003, 2249, 2250.

501 BAG vom 18.3.2008 – 9 AZR 186/07 – NZA 2008, 1004, 1007 f.; ebenso LAG Köln vom 27.5.2010 – 7 Sa 23/10 – NZA-RR 2011, 11.

zu sein. Aufgrund der Vorleistungspflicht des Arbeitnehmers nach § 614 BGB stellen nachträgliche Überzahlungen den Regelfall dar.

Der Arbeitgeber hat bei nachträglichen Überzahlungen gemäß § 812 Abs. 1 S. 1 Alt. 1 BGB grundsätzlich einen Rückerstattungsanspruch, soweit sich der Arbeitnehmer nicht auf Entreicherung nach § 818 Abs. 3 BGB berufen kann. Entreichert ist der Arbeitnehmer, wenn das Erlangte ersatzlos weggefallen ist und kein Überschuss zwischen dem vorhandenen Vermögen und dem Vermögen mehr besteht, das ohne den bereichernden Vorgang vorhanden wäre. Eine Entreicherung liegt nicht vor, wenn der Bereicherungsschuldner mit der Ausgabe des Erlangten anderweitige Aufwendungen erspart hat oder Schulden tilgt. Eine Entreicherung ist hingegen anzunehmen, wenn der Arbeitnehmer die rechtsgrundlose Überzahlung ersatzlos für außergewöhnliche oder Luxusausgaben verwendet hat, die er sonst nicht gemacht hätte.[502]

Arbeitgeber können, um dem Bereicherungseinwand entgegen zu treten und ihre bereicherungsrechtliche Position zu stärken, § 818 Abs. 3 BGB grundsätzlich einzelvertraglich ausschließen.[503]

Fraglich ist, inwieweit solche vorformulierten Entreicherungsausschlüsse oder -beschränkungen der AGB-Kontrolle standhalten.

b. Kontrollfähigkeit

Die formularmäßige Abbedingung oder Einschränkung des § 818 Abs. 3 BGB stellt eine Abweichung von Rechtsvorschriften dar.[504]

Die Verpflichtung zur korrekten Gehaltsabrechnung trifft den Arbeitgeber im Rahmen seiner Vergütungspflicht (§ 611a Abs. 2 BGB). Die Vergütungspflicht an sich stellt eine kontrollfreie Hauptleistungspflicht dar. Allerdings endet die Vergütungspflicht des Arbeitgebers mit Erfüllung, § 362 Abs. 1 BGB. Erst mit Auszahlung des Gehaltes tritt die Überzahlung in Erscheinung. Im Gegensatz zu einer Unterzahlung wird bei einer Überzahlung die Vergütungspflicht voll erfüllt,

502 BGH vom 4.2.2016 – IX ZR 77/15 – NJW 2016, 2412 ff.; BAG vom 18.1.1995 – 5 AZR 817/93 – NZA 1996, 27 f.; BAG vom 18.9.1986 – 6 AZR 517/83 – NZA 1987, 380, 381; Bieder, DB 2006, 1318.

503 BAG vom 8.2.1964 – 5 AZR 371/63 –AP BGB § 611 Nr. 2; Sprau in Palandt, § 818 BGB Rn. 32.

504 Gotthardt in H/W/K, Anh. §§ 305–310 Rn. 43; Thüsing in Vertragsrecht und AGB-Klauselwerke, Arbeitsverträge, Rn. 364.

so dass die Pflicht zur ordnungsgemäßen und korrekten Gehaltsabrechnung als kontrollfähige Fürsorge- beziehungsweise Nebenpflicht anzusehen sein wird.[505]

c. *Inhaltskontrolle*

Der formularmäßige Ausschluss oder die Beschränkung des Entreicherungseinwandes stellt für den Arbeitnehmer stets eine Schlechterstellung und damit eine Benachteiligung dar, § 307 Abs. 1, Abs. 2 Nr. 1 BGB.

Für die Frage, ob diese Benachteiligung auch unangemessen ist, muss danach differenziert werden, ob die Ursache für die Überzahlung in die Sphäre des Arbeitgebers oder des Arbeitnehmers fällt.

Die Verpflichtung zur korrekten Gehaltsabrechnung trifft grundsätzlich den Arbeitgeber. Eine Verlagerung dieser Pflicht auf den Arbeitnehmer ist problematisch, soweit die Vergütungsberechnung der Sphäre des Arbeitgebers zuzurechnen ist. Dies ist der Fall, wenn der Arbeitgeber die maßgeblichen Berechnungsgrundlagen kannte oder kennen musste, und ein Fehler in der Abrechnung von ihm eher durch Kontrollmaßnahmen entdeckt werden kann als vom Arbeitnehmer als Leistungsempfänger.[506]

Umgekehrt stellt ein vorformulierter Ausschluss des Entreicherungseinwandes keine unangemessene Benachteiligung nach § 307 Abs. 1 BGB dar, wenn der Grund für die Überzahlung dem alleinigen Verantwortungsbereich des Arbeitnehmers zuzuordnen ist, beispielsweise weil er dem Arbeitgeber persönliche Verhältnisse oder anderweitige Umstände oder deren Veränderung nicht mitteilt, die sich auf die Höhe der Vergütung auswirken.[507]

Jedenfalls stellt eine vollumfängliche Rückzahlungspflicht gemäß § 307 Abs. 2 Nr. 1 BGB, die nicht nach dem Verursacherprinzip unterscheidet, eine Abweichung vom gesetzlichen Leitbild des § 818 Abs. 3 BGB dar. Grundgedanke des Bereicherungsrechts ist es, den gutgläubigen Leistungsempfänger zu schützen. Er soll lediglich den Überschuss auskehren müssen, der sich im Zeitpunkt der Inanspruchnahme in seinem Vermögen befindet.[508]

505 BAG vom 8.2.1964 – 5 AZR 371/63 – NJW 1964, 1241, 1242; Preis in Preis, Der Arbeitsvertrag, II A 80, Rn. 12.

506 BAG vom 10.3.2005 – 6 AZR 217/04 – NZA 2005, 812, 813; BAG vom 8.2.1964 – 5 AZR 371/63 – NJW 1964, 1241, 1242.

507 BAG vom 10.3.2005 – 6 AZR 217/04 – NZA 2005, 812, 813; Bieder, DB 2006, 1318, 1321.

508 BAG vom 31.3.1960 – 5 AZR 441/57 – LSK 1960, 838770; Bieder, DB 2006, 1318, 1320; Boemke/Ulrici in HK-ArbR, Anh. §§ 307–309 BGB Rn. 53.

Ein Haftungsausschluss für einfache oder leichte Fahrlässigkeit ist dagegen nicht generell unangemessen. Bei erheblichen Überzahlungen oder grob fahrlässigem Nichterkennen des Fehlers kann sich der Arbeitnehmer nicht auf Vertrauensschutz berufen, zumindest dann nicht, wenn der Berechnungsfehler evident ist oder die Überzahlung im Vergleich zur regulär zu erwartenden Vergütung ihrer Höhe nach offensichtlich ist.[509]

d. Zwischenergebnis

Eine vorformulierte Klausel, die die Rückzahlung überbezahlten Arbeitsentgeltes vorsieht, muss im Rahmen des § 307 Abs. 1 BGB nach der Ursache für die Überzahlung differenzieren und klar erkennen lassen aus welchem Verantwortungsbereich die Überzahlung stammt. Grundsätzlich obliegt die ordnungsgemäße Gehaltsabrechnung dem Arbeitgeber. Ausnahmsweise kann eine Rückzahlungsklausel wirksam sein, wenn die Überzahlung entweder dem Verantwortungsbereich des Arbeitnehmers zuzuordnen oder für diesen offensichtlich ist.

VIII. Vertragsstrafenvereinbarungen

1. Interessenlage

Arbeitgeber haben in der Praxis nur wenige Möglichkeiten, Arbeitnehmer zur Erfüllung ihrer arbeitsvertraglichen Pflichten anzuhalten. Oftmals entstehen Arbeitgebern hierdurch nicht unerhebliche Nachteile. Der Geltendmachung dieser Schäden stehen in der Regel die Beweislast sowie Haftungsprivilegierungen des Arbeitnehmers im Wege. Vor allem in vertriebsnahen Bereichen oder in Branchen, in denen Fachkräftemangel vorherrscht, mit dem ein hoher Konkurrenzdruck und vielfach ein Abwerben von Arbeitnehmern einhergeht, gewinnt die Vertragsstrafenproblematik zunehmend an Bedeutung.

Daher haben Arbeitgeber ein gesteigertes Interesse, Vertragsstrafen in Arbeitsverträgen zu vereinbaren.

Im Gegensatz zu Haftungsklauseln (**Kapitel 5.VI., S. 157 ff.**) ist bei Vertragsstrafenklauseln weder das Vorliegen eines Schadens noch einer Schadensersatzpflicht erforderlich. Die Abgrenzung ist im Einzelfall schwierig; insbesondere

509 Bieder, DB 2006, 1318, 1321; Preis, Der Arbeitsvertrag, II A 80, Rn. 17; Preis in ErfK, §§ 305–310 BGB Rn. 93.

wird den beiden Rechtsinstituten eine gewisse Ähnlichkeit zugestanden.[510] So soll nach Ansicht des BAG der Vertragsstrafe eine „schadensausgleichende Funktion“ zukommen.[511] Bei der Abgrenzung kommt es entscheidend darauf an, welchen Zweck der Verwender mit der Abrede verfolgen will. Soll die Vereinbarung in erster Linie dazu dienen, den Vertragspartner präventiv zur Erfüllung einer arbeitsvertraglichen Hauptleistungspflicht anzuhalten[512] und Vertragsbruch des Arbeitnehmers verhindern, ist regelmäßig von einer Vertragsstrafe auszugehen, unabhängig davon, ob tatsächlich ein Schaden entstanden ist. Soll die Klausel hingegen lediglich die Durchsetzung eines dem Grunde nach bestehenden, aber schwer zu beziffernden Schadensersatzanspruches vereinfachen, wird man von einer Schadenspauschalierungsvereinbarung ausgehen.[513]

2. Verletzung von Hauptleistungspflichten

a. Interessenlage und rechtliche Einordnung

In der arbeitsvertraglichen Praxis finden sich häufig Formularklauseln, in denen im Arbeitsvertrag Vertragsstrafen für bestimmte Pflichtverletzungen des Arbeitnehmers im Vorfeld vereinbart werden. Dies beispielsweise für den Fall einer Arbeitnehmerkündigung vor Dienstantritt oder auch nach Dienstantritt ohne Einhaltung der einschlägigen ordentlichen Kündigungsfrist oder für den Fall einer außerordentlichen Kündigung ohne Vorliegen eines wichtigen Grundes. Das Gesetz stellt dem Arbeitgeber für diese Fälle nur ein sehr beschränktes Handlungsspektrum zur Verfügung. Die Folge solcher Pflichtverletzungen ist, dass der Arbeitnehmer seine Arbeit überhaupt nicht antritt oder seine Arbeitsleistung später einstellt und damit seiner Hauptleistungspflicht nach § 611a Abs. 1 BGB nicht oder nicht mehr nachkommt. Insbesondere Schadensersatzansprüche (z.B. § 280 Abs. 1 BGB, § 628 Abs. 2 BGB, § 61 Abs. 2 S. 1 ArbGG) kann der Arbeitgeber nicht erfolgreich geltend machen, da ihm in diesen Fällen weder regelmäßig der Nachweis des Vorliegen eines konkreten Schadens noch dessen Bezifferung gelingen wird. Die Arbeitsleistung gemäß § 888 Abs. 3 ZPO,

---

510 BAG vom 14.12.1966 – 5 AZR 168/66 – NJW 1967, 751, 752; Müller-Glöge in ErfK, §§ 339–345 BGB Rn. 4.

511 BAG vom 25.9.2008 – 8 AZR 717/07 – NZA 2009, 370, 375; BAG vom 4.3.2004 – 8 AZR 196/03 – NZA 2004, 727, 733.

512 BAG vom 25.9.2008 – 8 AZR 717/07 – NZA 2009, 370, 376; Hess, Die Vertragsstrafe, 1993, S. 239; Stoffels in W/L/P, Anh. § 310 BGB (ArbR) Rn. 183.

513 Däubler in D/B/D, § 309 Nr. 6 BGB Rn. 20; Thüsing, AGB-Kontrolle im Arbeitsrecht, Rn. 366.

§ 61 Abs. 2 S. 2 ArbGG kann zudem nicht vom Arbeitgeber erzwungen werden. Damit bietet das Gesetz dem Arbeitgeber keine effektiven Sanktionsmöglichkeiten, den Arbeitnehmer zur Erfüllung seiner Arbeitspflicht zu veranlassen bzw. für ein Unterlassen zur Verantwortung zu ziehen. Es besteht daher in kautelarjuristischer Hinsicht Handlungsbedarf.

b. Kontrollfähigkeit

Das Gesetz sieht für den Fall, dass ein Arbeitnehmer seiner Verpflichtung zur Arbeitsleistung nicht nachkommt, keine Vertragsstrafe vor, und zwar weder für den Fall, dass die Verweigerung der Arbeitsleistung auf einer arbeitnehmerseitigen Kündigung vor Dienstantritt beruht, noch im Falle der Kündigung vor Dienstantritt ohne Beachtung der einschlägigen Kündigungsfrist. Damit stellt eine entsprechende Vereinbarung eine Rechtsvorschriften ergänzende und kontrollfähige Regelung dar, § 307 Abs. 3 S. 1 BGB.[514]

c. Inhaltskontrolle

aa. Angemessenheitskontrolle

Fraglich ist, unter welchen Voraussetzungen eine im Arbeitsvertrag vorformulierte Vertragsstrafenvereinbarung wirksam ist.

(1) § 309 Nr. 6 BGB

Betrachtet man § 309 Nr. 6 BGB, kommt tatbestandlich lediglich **§ 309 Nr. 6 Var. 4 BGB** in Frage. Geht man allein vom Wortlaut des § 309 Nr. 6 Var. 4 BGB aus, wäre grundsätzlich die Vereinbarung einer formularmäßigen Vertragsstrafe für den Fall unwirksam, dass sich der Arbeitnehmer vom Vertrag löst. Unter Vertragslösung versteht man alle Fälle, in denen der andere Vertragsteil zum Ausdruck bringt, dass er vom Vertrag Abstand nehmen möchte, also nicht oder nicht länger zur Erfüllung des Vertrages bereit ist.[515] Geht man von Wortlaut des § 309 Nr. 6 BGB aus, spielt es keine Rolle, ob die Abstandnahme vom Vertrag zu

---

514 BAG vom 23.9.2010 – 8 AZR 897/08 – NZA 2011, 89, 90; BAG vom 19.8.2010 – 8 AZR 645/09 – NJOZ 2011, 565, 568; BAG vom 18.12.2008 – 8 AZR 81/08 – NZA 2009, 519, 522.

515 BGH vom 12.5.1998 – KZR 18/97 – NJW-RR 1998, 1508; Dammann in W/L/P, § 309 Nr. 6 BGB (ArbR) Rn. 43, 44–49; Stoffels, AGB-Recht, Rn. 907; Wurmnest in MüKo, § 309 Nr. 6 BGB Rn. 12.

Recht oder zu Unrecht erfolgt.[516] Vom Begriff der Vertragslösung sind sowohl Arbeitnehmerkündigungen vor als auch nach Dienstantritt erfasst.

Jedoch ist das Vertragsstrafenverbot in § 309 Nr. 6 BGB seinem Sinn und Zweck nach auf die Nichtannahme einer Leistung durch einen die **Zahlung verweigernden** Kunden zugeschnitten, nicht dagegen auf den Fall des Vertragsbruchs einer zu einer **Sach- oder Dienstleistung verpflichteten** Vertragspartei wie dem Arbeitnehmer. Eine teleologische Reduktion wird überwiegend abgelehnt.[517]

Zudem führt – insbesondere vor dem Hintergrund der Nichtvollstreckbarkeit der Arbeitsleistung nach § 888 Abs. 3 ZPO – nach Ansicht des BAG die Berücksichtigung der im Arbeitsrecht geltenden Besonderheiten (§ 310 Abs. 4 S. 2 BGB) zur Nichtanwendbarkeit des § 309 Nr. 6 BGB im Arbeitsrecht.[518] Dies hat zur Folge, dass Vertragsstrafen nach § 309 Nr. 6 BGB im Arbeitsrecht prinzipiell für nicht unzulässig erachtet werden.[519]

Somit ist die Frage der Wirksamkeit arbeitsvertraglicher Vertragsstrafenvereinbarungen an der Generalklausel des § 307 BGB zu messen.

(2) § 307 Abs. 1 S. 1 BGB

Im Rahmen der Angemessenheitsprüfung sind die Interessen der Arbeitsvertragsparteien umfassend zu würdigen.

(a) Interessensabwägung

Auf der einen Seite hat der Arbeitgeber ein berechtigtes Interesse an der Einhaltung der arbeitsvertraglichen Hauptpflicht. Dem Arbeitgeber muss insofern ein gewisses Maß an Planungssicherheit hinsichtlich einer besetzten Stelle im Rahmen der Personalplanung zugestanden werden. Im Gegensatz zum Arbeitnehmer

---

516 BAG vom 4.3.2004 – 8 AZR 344/03 – BeckRS 2004, 30801473; Dammann in W/L/P, § 309 Nr. 6 BGB (ArbR) Rn. 44–49; Schlewing in Clemenz/Kreft/Krause, § 309 BGB Rn. 78; Richardi, NZA 2002, 1057, 1063.

517 BAG vom 4.3.2004 – 8 AZR 196/03 –NZA 2004, 727, 729; LAG Hamm vom 24.1.2003 – 10 Sa 1158/02 – NZA 2003, 449; Däubler in D/B/D, § 309 Nr. 6 BGB Rn. 5; Henssler, RdA 2002, 129, 138; Reinecke, DB 2002, 583, 586.

518 BAG vom 23.9.2010 – 8 AZR 897/08 – NZA 2011, 89, 90; BAG vom 18.12.2008 – 8 AZR 81/08 – NZA-RR 2009, 519, 522.

519 BAG vom 23.1.2014 – 8 AZR 130/13 – BeckRS, 69271; BAG vom 18.8.2005 – 8 AZR 65/05 – NZA 2006, 34, 36; Coester-Waltjen in Staudinger, § 309 Nr. 6 BGB Rn. 14; Hauck, NZA 2006, 816, 819; Wurmnest in MüKo, § 309 Nr. 6 BGB Rn. 18; a.A. Däubler in D/B/D § 309 Nr. 6 BGB Rn. 6 ff.

kann der Arbeitgeber die Einhaltung der Kündigungsfrist nicht erzwingen (§ 888 Abs. 3 ZPO). Auf der anderen Seite hat der Arbeitnehmer in der Regel kein schützenswertes Interesse daran, den Arbeitsvertrag grundlos zu brechen.[520] Zwar soll der Arbeitnehmer grundsätzlich nicht in seiner Berufsfreiheit beschränkt werden. Allerdings stellt das Bestehen auf die Einhaltung der gesetzlichen oder einer (tarif-) vertraglich wirksamen Kündigungsfrist keinen Verstoß gegen Art. 12 GG dar. Art. 12 GG gebietet nicht, dass dem Arbeitnehmer ein jederzeitiger Berufs- bzw. Arbeitsplatzwechsel ermöglicht werden muss. Der Arbeitgeber hat lediglich ein berechtigtes Interesse an der Erfüllungssicherung, jedoch nicht an einer Übersicherung.[521] Ein berechtigtes Arbeitgeberinteresse scheidet ebenfalls aus, wenn die Vertragsstrafe vorrangig zur Schaffung neuer, vom Sachinteresse des Arbeitgebers losgelöste Geldforderungen eingesetzt wird.

(b) Höhe

Für die Frage der Angemessenheit einer Vertragsstrafenabrede ist nicht zuletzt auch deren Höhe relevant. Diese ist im Verhältnis zur Höhe des Arbeitsentgeltes zu betrachten, das sich wiederum an der Länge der einschlägigen Kündigungsfrist orientiert. In der Länge der Kündigungsfrist kommt – so das BAG – zum Ausdruck, in welchem zeitlichen Umfang der Arbeitgeber Arbeitsleistungen vom Arbeitnehmer verlangen kann, und welches Interesse er an der Arbeitsleistung hat. Da es bei der Vereinbarung einer Vertragsstrafe jedenfalls auch um einen vermögensmäßigen Ausgleich nicht erbrachter Vertragsleistungen geht, sind die Kündigungsfristen, die durch den Vertragsbruch vom Arbeitnehmer nicht beachtet wurden, ein relevanter Abwägungsgesichtspunkt zur Feststellung der Angemessenheit der Vertragsstrafenhöhe, da in ihr zum Ausdruck kommt, welche finanziellen Mittel der Arbeitgeber unter Berücksichtigung der Marktverhältnisse einsetzen muss, um den Gegenwert der Arbeitsleistung zu erhalten, mit deren Hilfe er seine wirtschaftlichen Ziele verfolgt. Die Länge der jeweiligen Kündigungsfrist und die für diesen Zeitraum zu zahlende Vergütung spiegeln damit regelmäßig das wirtschaftliche Interesse des Arbeitgebers an der Arbeitskraft des Arbeitnehmers wider. Dementsprechend ist für den Fall des Nichtantritts der Arbeit eine Vertragsstrafe in Höhe der Arbeitnehmerbezüge bis zum

520 BAG vom 4.3.2004 – 8 AZR 196/03 – NZA 2004, 727, 733; Henssler, RdA 2002, 129, 138; Leder/Morgenroth, NZA 2002, 952, 954; Singer, RdA 2003, 194, 202.

521 BAG vom 23.9.2010 – 8 AZR 897/08 – NZA 2011, 89; BAG vom 25.9.2008 – 8 AZR 717/07 – NZA 2009, 370, 372 f., 376.

Ablauf der im Einzelfall wirksam vereinbarten Kündigungsfrist grundsätzlich angemessen.[522]

Die Vertragsstrafe darf prinzipiell das Arbeitseinkommen, das der Arbeitnehmer während der Kündigungsfrist beanspruchen kann, nicht übersteigen. So benachteiligt auch eine Vertragsstrafenabrede, die eine Vertragsstrafe in Höhe eines vollen Bruttomonatsverdienstes vorsieht, den Arbeitnehmer unangemessen, für den Fall, dass der Arbeitnehmer sein mit zweiwöchiger Kündigungsfrist kündbares Probearbeitsverhältnis vorzeitig vertragswidrig beendet. Hierin läge eine unzulässige Übersicherung des Arbeitgebers.[523]

Eine höhere, über die einschlägige Kündigungsfrist hinausgehende Vertragsstrafe wäre nach Ansicht des BAG nur ausnahmsweise angemessen, wenn das Sanktionsinteresse des Arbeitgebers auf Grund besonderer Umstände den Wert der Arbeitsleistung, der sich in der Arbeitsvergütung bis zur zulässigen Beendigung des Arbeitsverhältnisses widerspiegelt, typischerweise und generell übersteigt.[524] Diese Fälle sind jedoch äußerst selten, nicht zuletzt deshalb, weil der Arbeitgeber die Beweislast für das Vorliegen dieser besonderen Umstände trägt. Allerdings hat das LAG Schleswig-Holstein im Falle der Kündigung eines Vertriebsleiters eines kleinen Logistikunternehmens ein besonders hohes Sanktionsinteresse des Arbeitgebers angenommen. Es hat dem Arbeitgeber eine Vertragsstrafe in Höhe von zwei Bruttomonatsgehältern zugesprochen, obwohl die vereinbarte Kündigungsfrist nur 30 Tage zum jeweiligen Monatsende betrug. Zur Begründung führte das LAG nachvollziehbar aus, das erhebliche Interesse des Arbeitgebers ergebe sich aus der herausgehobenen Stellung des Beklagten und der besonderen Bedeutung seiner Arbeitsleistung, da er als Vertriebsleiter maßgeblich für das Geschäft des Arbeitgebers verantwortlich war, mit ihm der Verlust von Kunden drohte und die Suche nach einem qualifizierten Nachfolger sowie dessen Einarbeitung eine gewisse Zeit in Anspruch nehme.[525]

Denkbar wäre weiterhin der Fall, wenn es um die Dienste eines Spezialisten für ein bestimmtes Projekt geht, das über einen längeren Zeitraum läuft und bei

---

522 BAG vom 23.9.2010 – 8 AZR 897/08 – NZA 2011, 89, 91; BAG vom 18.12.2008 – 8 AZR 81/08 – NZA-RR 2009, 519, 524.

523 BAG vom 23.9.2010 – 8 AZR 897/08 – NZA 2011, 89, 90; Stoffels in W/L/P, Anh. § 310 BGB (ArbR) Rn. 208.

524 BAG vom 18.12.2008 – 8 AZR 81/08 – NZA-RR 2009, 519, 524; BAG vom 4.3.2004 – 8 AZR 196/03 – NZA 2004, 727, 734; ebenso Günther/Nolde, NZA 2012, 62, 66.

525 LAG Schleswig-Holstein vom 28.1.2012 – 1 Sa 235 b/11 – juris.

dem ein Austausch der beteiligten Personen wegen des erforderlichen Fachwissens und der Wissenskontinuität nur schwer möglich ist.[526]

Obwohl das BAG ausdrücklich klargestellt hat, dass eine generelle Höchstgrenze nicht existiert,[527] hält es dennoch – ausgehend von der Grundkündigungsfrist des § 622 Abs. 1 BGB – überwiegend an einem Bruttomonatsgehalt fest.[528] Für den Fall, dass im Einzelfall längere oder kürzere Kündigungsfristen einschlägig sind, müssen folgerichtig diese maßgeblich gelten.[529]

(c) Gebot der Beiderseitigkeit

Während das teilweise geforderte „Gebot der Beiderseitigkeit"[530] bei anderen Klauseln wie bei der Vereinbarung von Ausschlussfristen als Ausfluss aus dem Gleichheitsgedanken ein geeignetes Kriterium für die Angemessenheitsprüfung darstellt, ist dieser Gedanke nicht auf Vertragsstrafenklauseln übertragbar. Grund hierfür ist das unterschiedliche Schutzbedürfnis. Für den Fall, dass der Arbeitgeber seiner arbeitsvertraglichen Hauptleistungspflicht nicht nachkommt, kann der Arbeitnehmer einen vollstreckbaren Vergütungsanspruch geltend machen. Sofern aber der Arbeitnehmer seiner Arbeitspflicht nicht nachkommt, kann der Arbeitgeber wegen § 888 Abs. 3 ZPO die Erbringung der Arbeitsleistung nicht erzwingen. Die einzige Sanktionsmöglichkeit einer außerordentlichen Arbeitgeberkündigung verfehlt ihr Ziel; sie ist kein geeignetes Mittel, um den Arbeitnehmer zur (Weiter-) Arbeit zu bewegen.

bb. Transparenzkontrolle

Um den Anforderungen des § 307 Abs. 1 S. 2 BGB zu genügen, muss der Arbeitnehmer der vorformulierten Vertragsstrafenabrede eindeutig und klar entnehmen können, welches Verhalten in welcher Form sanktioniert werden soll. Demnach muss sowohl die die Vertragsstrafe auslösende Pflichtverletzung auf

---

526 Günther/Nolde, NZA 2012, 62, 66; Müller-Glöge in ErfK, §§ 339–345 BGB Rn. 14.

527 BAG vom 25.9.2008 – 8 AZR 717/07 – NZA 2009, 370, 375; a.A. LAG Berlin-Brandenburg vom 14.6.2007 – 18 Sa 506/07 – juris, das ein „gesteigertes Bedürfnis" nach einer „absolute[n] Obergrenze" sieht.

528 BAG vom 25.9.2008 – 8 AZR 717/07 – NZA 2009, 370, 375; LAG Hamm vom 14.2.2001 – 14 Sa 1829/00 – NZA-RR 2001, 524, 525.

529 BAG vom 25.9.2008 – 8 AZR 717/07 – NZA 2009, 370, 372; BAG vom 27.5.1992 – 5 AZR 324/91 – BeckRS 2009, 56448; ArbG Frankfurt a.M. vom 20.4.1999 – 4 Ca 8495/97 – NZA-RR 2000, 82.

530 Hanau in FS Konzen, 2006, S. 249, 255.

Tatbestandsebene, als auch die zu leistende Strafe auf Rechtsfolgenseite hinreichend klar und bestimmt sein.[531]

Diese doppelte Transparenz ist insbesondere wegen des pönalen Charakters von Vertragsstrafenabreden von besonderer Bedeutung, um der erforderlichen Warnfunktion Genüge zu tun. Der in Art. 103 Abs. 2 GG verankerte Grundsatz *nulla poena sine lege* hat nicht nur im Verfassungsrecht zu gelten, das von einem Über- und Unterordnungsverhältnis geprägt ist, sondern sinngemäß auch im Arbeitsrecht, in dem Gleichordnungsverhältnis zwischen den Arbeitsvertragsparteien.

(1) Transparenz auf Tatbestandsseite

(a) Art und Ausmaß der Pflichtverletzung

Die Vereinbarung einer Vertragsstrafe „im Falle eines gravierenden Vertragsverstoßes" genügt den Anforderungen des § 307 Abs. 1 S. 2 BGB nicht.[532] Ebenso verstößt eine Formulierung, wonach ein „schuldhaft vertragswidriges Verhalten des Arbeitnehmers, das den Arbeitgeber zur fristlosen Kündigung des Arbeitsverhältnisses veranlasst", eine Vertragsstrafe begründen soll, ohne dass diese Begriffe weiter konkretisiert werden, nach der Rechtsprechung des BAG aus dem Jahre 2005 gegen das Bestimmtheitsgebot, da sie nicht die erforderliche Warnfunktion enthält.[533]

Dagegen betrachtet das BAG in seiner neueren Rechtsprechung seit dem Jahre 2010 die Verwendung von unbestimmten Rechtsbegriffen (z.B. wichtiger Grund), die aus der Gesetzessprache übernommen und in ihrer tatsächlichen juristischen Bedeutung zu verstehen sind, als zulässig und fordert zutreffend keine weitere Konkretisierung.[534] Diese unterschiedliche Sichtweise des BAG ist widersprüchlich. Ein „schuldhaft vertragswidriges Verhalten des Arbeitnehmers, das den Arbeitgeber zur fristlosen Kündigung des Arbeitsverhältnisses veranlasst"

---

531 BAG vom 19.8.2010 – 8 AZR 645/09 – NJOZ 2011, 565, 570; BAG vom 21.4.2005 – 8 AZR 425/04 – NZA 2005, 1053, 1055; BAG vom 18.8.2005 – 8 AZR 65/05 – NZA 2006, 34, 36 f.; Schramm, NJW 2008, 1494.

532 BAG vom 18.8.2005 – 8 AZR 65/05 – NZA 2006, 34, 36; Schönhöft in Grobys/Panzer, Vertragsstrafe, Rn. 16; Thüsing in Vertragsrecht und AGB-Klauselwerke, Vertragsstrafe, Rn. 27.

533 BAG vom 21.4.2005 – 8 AZR 425/04 – NZA 2005, 1053, 1055; LAG Rheinland-Pfalz vom 6.5.2014 – 7 Sa 540/13 – BeckRS 2014, 70014; a.A. Stoffels in Preis, Der Arbeitsvertrag, II V 30, Rn. 39.

534 BAG vom 19.8.2010 – 8 AZR 645/09 – NJOZ 2011, 565, 570; Bauer/Krieger, SAE 2006 11, 13; Grüneberg in Palandt, § 307 BGB Rn. 22; § 308 BGB Rn. 17.

sowie ein „gravierender Vertragsverstoß" sind begrifflich mit dem „wichtigen Grund" im Sinne des § 626 Abs. 1 BGB gleichzusetzen. Eine unterschiedliche Beurteilung ist deshalb nicht angemessen.

Es ist zutreffend, dass nicht pauschal – unabhängig von der Intensität der Vertragswidrigkeit bzw. der Pflichtverletzung – jegliches vertragswidrige Verhalten des Arbeitnehmers unter Vertragsstrafe gestellt werden darf, sondern lediglich jenes, das eine außerordentliche Kündigung begründet oder gravierend ist. Arbeitnehmern sind in der Regel die Arten schuldhaft vertragswidrigen Verhaltens, die zur außerordentlichen Kündigung führen können, ebenso gut bekannt wie mögliche gravierende oder wichtige Gründe i.S.d. § 626 Abs. 1 BGB. Eine katalogisierende und beispielhafte Aufzählung der in Betracht kommenden Gründe, die eine Vertragsstrafe auslösen können und die vorwiegend aus Straftatbeständen bestünde, wie Diebstahl, Unterschlagung, Betrug oder Körperverletzung, würde wohl auf den Arbeitnehmer einen befremdlichen Eindruck machen.[535] Betrachtet man die umfangreiche Kommentarliteratur zum unbestimmten Rechtsbegriff des „wichtigen Grundes", so kann eine Konkretisierung des Begriffes oder die Aufzählung von Fallbeispielen auch vor diesem Hintergrund nicht sinnvoll sein. Ebenso würde eine auch nur teilweise Übernahme dieser umfangreichern Kommentarliteratur wiederum zur Intransparenz führen. Dies ist auch im Sinne der *ratio* des Transparenzgebotes. Es soll keinen Belehrungs- oder Beratungsauftrag gegenüber dem Vertragspartner erfüllen. Ebenso wenig soll es dem Ausgleich einseitiger Rechtsunkenntnis dienen. Zweck ist vielmehr zu verhindern, dass sich der Klauselverwender durch bewusst unklare Formulierungen gegenüber dem Verwendungsgegner einen Wissens-„Vorsprung" verschafft.[536]

Im Übrigen schützt ein (vermeidbarer) Verbotsirrtum nach § 17 StGB auch nicht vor der Verhängung einer Strafe und ist erfahrungsgemäß im Kernstrafrecht eher selten anzutreffen.[537] Es kann also davon ausgegangen werden, dass wichtige Gründe, die zu einer außerordentlichen Kündigung berechtigen, allgemein bekannt sind.

(b) Verschulden

Ein ausdrücklicher Hinweis darauf, dass die Vertragsstrafe nur verwirkt ist, wenn die Nichterbringung der Arbeitsleistung auf einem Verschulden des

535 Bayreuther, NZA 2005, 1337, 1338.

536 Lapp/Salamon in jurisPK-BGB, § 307 BGB Rn. 89 f.; Schmidt, NJW 2011, 3329.

537 Duttge in Dölling/Duttge/Rössner, HK-Gesamtes Strafrecht, § 17 StGB Rn. 10; Joecks in MüKo StGB, § 17 Rn. 28.

Arbeitnehmers beruht, ist nach Ansicht des BAG nicht erforderlich. Dies ergebe sich bereits aus dem Umstand, dass der Regelung der juristische Fachbegriff einer „Vertragsstrafe" zu Grunde gelegt ist. Eine Vertragsstrafenabrede kann keinesfalls dahingehend verstanden werden, dass die Vertragsstrafe auch bei einem unverschuldeten Verhalten des Arbeitnehmers verwirkt sein soll. Hinzu kommt, dass es sich bei dem Begriff des „Verschuldens" ebenfalls um einen Rechtsbegriff handelt, der seinerseits im Lichte des § 276 BGB zu verstehen ist. Für den Arbeitgeber ist es schlechterdings nicht möglich, in einer Vertragsstrafenregelung alle Konstellationen konkret zu bezeichnen, in denen ein Verschulden vorliegt.[538]

(2) Transparenz auf Rechtsfolgenseite

Neben Transparenz auf Tatbestandsseite wird auch Transparenz hinsichtlich der formularmäßigen Ausgestaltung der Vertragsstrafe auf Rechtsfolgenseite gefordert. Insbesondere muss für den Arbeitnehmer die Höhe der Vertragsstrafe bestimmt oder zweifelsfrei bestimmbar bzw. berechenbar sein.[539] Dem Transparenzgebot auf Rechtsfolgenseite ist durch eine rahmenmäßige Festlegung grundsätzlich Genüge getan, solange sich diese im Rahmen der Angemessenheit bewegt.[540] Globale bzw. pauschale Strafversprechen verstoßen jedoch gegen das Bestimmtheitsgebot.

cc. Zwischenergebnis

Das BAG setzt sich bei der Frage der Anwendbarkeit des § 309 Nr. 6 BGB unter Berücksichtigung der im Arbeitsrecht geltenden Besonderheiten (§ 310 Abs. 4 BGB) und unter Berufung auf den Sinn und Zweck der Vorschrift über den Wortlaut des § 309 Nr. 6 BGB hinweg. Es leuchtet nicht ein, warum ein vorsätzlicher Arbeitsvertragsbruch durch den Arbeitnehmer – abgesehen vom Entgeltverlust – sanktionslos bleiben soll.

Zudem besteht im Hinblick auf die Höhe der Vertragsstrafe weiterhin Rechtsunsicherheit, wenn eine Vertragsstrafe von mehr als einem Bruttomonatsgehalt vereinbart werden soll. Zum einen hat das BAG bisher weder eine

538 BAG vom 19.8.2010 – 8 AZR 645/09 – NJOZ 2011, 565, 570; BAG vom 18.12.2008 – 8 AZR 81/08 – NZA-RR 2009, 519, 523.

539 BAG vom 14.8.2007 – 8 AZR 973/06 – NJW 2008, 458, 460; Coester-Waltjen in Staudinger, § 309 Nr. 6 BGB Rn. 16.

540 BAG vom 18.8.2005 – 8 AZR 65/05 – NZA 2006, 34, 37; BGH vom 12.7.1984 – I ZR 123/82 – juris; Schöne, SAE 2006, 272, 274.

klare Obergrenze für die zulässige Höhe der Vertragsstrafe bestimmt. Zum anderen sind höchstrichterlich derzeit keine greifbaren Kriterien festgelegt, unter welchen besonderen Umständen ausnahmsweise ein überwiegendes Sanktionsinteresse des Arbeitgebers vorliegen soll, das eine Vertragsstrafe rechtfertigt, die höhenmäßig über dem Gehalt für die Restlaufzeit des Vertrages liegt.

Das BAG setzt mit seiner Rechtsprechung aus dem Jahre 2005, indem es die Begriffe „schuldhaft vertragswidriges Verhalten“ oder „gravierenden Vertragsverstoß“ ohne weitere Konkretisierung, als intransparent einstuft, Maßstäbe, denen nicht einmal der Gesetzgeber in der Formulierung des § 626 BGB gerecht werden konnte. Da das BAG seit dem Urteil aus dem Jahre 2010 seine überaus hohen Anforderungen an das Bestimmtheitsgebot nicht wieder bestätigt hat, könnte hieraus eine stillschweigende Tendenz dahingehend abgeleitet werden, dass es an seiner älteren Rechtsprechung gegebenenfalls nicht mehr festhält.

Folgt man im Rahmen der Vertragsgestaltung der Rechtsprechung aus dem Jahre 2005 und versucht die dort als intransparent eingestuften Begrifflichkeiten anhand der Aufzählung von Beispielen näher zu konkretisieren, ist jedoch Vorsicht geboten. Auch diese Beispiele sind der richterlichen Kontrolle unterzogen. Eine beispielhafte Aufzählung kann zum einen nicht abschließend sein und ist nur dann ratsam, wenn diese Beispiele so präzise gefasst sind, dass sie bei einer gerichtlichen Überprüfung keine Zweifel aufweisen.[541]

Will der Klauselverwender den sichersten Weg gehen, so sollte die Höhe der Vertragsstrafe weder ein Bruttomonatsgehalt noch das Arbeitseinkommen bis zum Ablauf der jeweils einschlägigen Kündigungsfrist übersteigen.

Auch in Bezug auf den Verzicht auf das Verschuldenserfordernis ist Vorsicht geboten. Der Klauselverwender ist gut beraten, die Vertragsstrafenabrede von der Schuldhaftigkeit einer Pflichtverletzung abhängig zu machen und dies auch sicherheitshalber in den Klauseltext aufzunehmen.

3. Verletzung von Nebenpflichten: Wettbewerbsverbot

a. Interessenlage

Der Arbeitgeber kann grundsätzlich nicht nur die Verletzung arbeitsvertraglicher Haupt-, sondern auch arbeitsvertraglicher Nebenpflichten (§ 241 Abs. 2 BGB) formularmäßig unter Vertragsstrafe stellen. In AGB-rechtlicher Hinsicht

541 Haas/Fuhlrott, NZA-RR 2010, 1, 2; a.A. BAG vom 18.8.2005 – 8 AZR 65/05 – NZA 2006, 34, 37, das auf die Bedenken einer beispielhaften Aufzählung nicht eingeht.

sind insbesondere Vertragsstrafenabreden im Falle eines Wettbewerbsverstoßes interessant.

Die Vereinbarung einer Vertragsstrafe für den Fall, dass ein Arbeitnehmer gegen ein Wettbewerbsverbot verstößt, ist in der Praxis häufig in vertriebsnahen Bereichen zu finden. Eine solche Vereinbarung liegt insbesondere im Interesse des Arbeitgebers, der dadurch bereits im Vorfeld einen Wettbewerbsverstoß zu verhindern versucht.

Der Arbeitgeber hat ein Interesse daran, erhebliche oder sogar existenzbedrohende Schäden durch unerlaubte Wettbewerbshandlungen zu unterbinden. Auch im Zusammenhang mit Wettbewerbsverboten ist der konkrete Schadens- sowie der Kausalitätsnachweis häufig nur sehr schwer zu erbringen.

Der Arbeitnehmer hingegen darf durch ein Wettbewerbsverbot nicht in seinem beruflichen Fortkommen behindert werden. Im Rahmen eines bestehenden Arbeitsverhältnisses ist kein Grund ersichtlich, der wettbewerbsverbotswidrige Handlungen rechtfertigen würde. Gleiches gilt für nachvertragliche Wettbewerbsverbote. Der ehemalige Arbeitnehmer erhält als Kompensation für das Unterlassen wettbewerbsverbotswidriger Handlungen sogar eine Karenzentschädigung.

b. Kontrollfähigkeit

Zunächst soll klargestellt werden, dass es in diesem Zusammenhang nicht um die umstrittene Frage geht, ob ein formularmäßig vereinbartes Wettbewerbsverbot *per se* der Inhaltskontrolle unterliegt oder ob §§ 74 ff. HGB als *leges speciales* die §§ 305 ff. BGB verdrängen. Vielmehr ist zu fragen, ob eine im Rahmen eines Wettbewerbsverbotes vereinbarte Vertragsstrafe kontrollfähig ist. Das Gesetz, insbesondere die §§ 74 ff. HGB. § 110 GewO, sieht für den Fall eines Wettbewerbsverstoßes keine Strafe vor. Eine formularmäßig vereinbarte Vertragsstrafe stellt damit eine Rechtsvorschriften ergänzende Regelung dar, die gemäß § 307 Abs. 3 BGB der Inhaltskontrolle unterliegt.

c. Inhaltskontrolle

aa. Angemessenheitskontrolle

Die Vereinbarung einer Vertragsstrafe bei einem Wettbewerbsverstoß darf den Arbeitnehmer gemäß § 307 Abs. 1 S. 1 BGB nicht unangemessen benachteiligen.[542]

542 Voraussetzung für die Angemessenheitsprüfung der Vertragsstrafe ist, dass das Wettbewerbsverbot an sich die gesetzlichen Anforderungen der §§ 74 ff. HGB erfüllt und damit wirksam sowie verbindlich ist.

Prinzipiell werden die unter **Kapitel 5.VIII.2. (S. 181 ff.)** für die Verletzung von Hauptleistungspflichten dargelegten Erwägungen auch bei der Verletzung von Wettbewerbsverboten herangezogen.[543]

Eine unangemessene Benachteiligung kann sich somit insbesondere aus der Höhe der Vertragsstrafe ergeben. Allerdings sind hierbei die Besonderheiten des Wettbewerbsverbotes hinreichend zu berücksichtigen. Da Wettbewerbsverbote in unterschiedlicher Intensität verletzt werden können, ist die Rechtsprechung hinsichtlich der Höhe der angemessenen Vertragsstrafe insgesamt großzügiger. Grund hierfür ist, dass zum einen eine etwaige Vertragsstrafe oftmals vom neuen Arbeitgeber übernommen wird und dass zum anderen der Verlust der Karenzentschädigung im Vergleich zu den Verdienstmöglichkeiten im Rahmen eines Wettbewerbsverstoßes nur eine geringfügig abschreckende Wirkung hat.[544]

Zwar muss die Höhe der Vertragsstrafe in einem angemessenen Verhältnis zu dem drohenden Schaden stehen, da die Vertragsstrafenvereinbarung nicht der Schöpfung neuer, vom Sachinteresse losgelöster Geldforderungen dienen soll.[545] Hingegen konstatiert das BAG keinen Rechtssatz, der ein angemessenes Verhältnis zwischen Vertragsstrafe und Karenzentschädigung fordert.[546] Ebenso existiert kein Rechtssatz, dass eine Vertragsstrafe die Höhe des für die Kündigungsfrist zu zahlenden Gehalts nicht übersteigen darf.[547]

Unzulässig ist jedoch beispielsweise eine nachvertragliche Wettbewerbs- bzw. Mandantenschutzklausel gegenüber einem angestellten Steuerberater, wonach sich die Vertragsstrafe nach dem sechsfachen des Jahreshonorars ohne Umsatzsteuer bemisst, das der Arbeitgeber zuletzt von dem betreffenden Mandanten erhalten hat.[548]

Zu berücksichtigen ist, dass nicht nur die Höhe der Vertragsstrafe für einzelne Wettbewerbsverstöße angemessen sein muss, sondern auch deren Höhe im Falle

---

543 Bauer/Diller, Wettbewerbsverbote, Rn. 941 beziehen sich bezüglich einer Übersicherung durch den Arbeitgeber auch auf Rechtsprechung, die nicht explizit zu Vertragsstrafenabreden im Rahmen von Wettbewerbsverboten ergangen ist: BAG vom 4.3.2004 – 8 AZR 196/03 – NZA 2004, 727, 733.

544 Bauer/Diller, NJW 2002, 1609, 1614; Bauer/Diller, Wettbewerbsverbote, Rn. 943.

545 BAG vom 4.3.2004 – 8 AZR 196/03 – NZA 2004, 727, 733; BGH vom 23.1.2003 – VII ZR 210/01 – NJW 2003, 1805, 1808.

546 BAG vom 21.5.1971 – 3 AZR 359/70 – NJW 1971, 2007.

547 LAG Niedersachsen vom 15.9.2011 – 7 Sa 1908/10 – BeckRS 2011, 77438; BAG vom 25.10.1994 – 9 AZR 265/93 – BeckRS 2009, 56449.

548 LAG Niedersachsen vom 15.9.2011 – 7 Sa 1908/10 – BeckRS 2011, 77438.

der Kumulation einzelner Wettbewerbsverstöße.[549] Das BAG hält eine Vertragsstrafe für jeden einzelnen Wettbewerbsverstoß in Höhe eines ein- bis dreifachen Bruttomonatsgehalts für unangemessen.[550] Hieran orientiert sich auch das LAG Köln und hält eine Vertragsstrafe von zwei Bruttomonatsgehältern für grundsätzlich vertretbar, weist jedoch im Falle einer Kumulation von Wettbewerbsverstößen auf das zwingende Erfordernis der Festlegung einer Obergrenze hin.[551] Wo diese Obergrenze zulässigerweise zu verankern ist, hat die Rechtsprechung bislang nicht entschieden. In Anlehnung an § 12 Abs. 3 S. 3 des Entwurfs der AGB-Kommission von 1977 könnte diese jedenfalls bei einem Bruttojahresgehalt angesetzt werden.[552]

bb. Transparenzkontrolle

Wie bei Vertragsstrafenabreden im Falle der Verletzung von Hauptleistungspflichten, müssen auch bei Wettbewerbsverstößen sowohl Tatbestand als auch Rechtsfolgen der Vertragsstrafe klar festgelegt sein, so dass im Wesentlichen auf die Ausführungen unter **Kapitel 5.VIII.2.c. (S. 182 ff.)** verwiesen werden kann.

Wie das BAG seit 2007 fordert, ist bei Wettbewerbsverstößen streng zwischen Einzel- und Dauerverstößen zu differenzieren. Es muss zudem klar festgelegt werden, ob und wie oft im Falle von mehreren Einzelverstößen die Vertragsstrafe auch mehrfach verwirkt wird.[553]

4. Ergebnis

Wie auch bei Vertragsstrafenabreden, die die Erfüllung von Hauptleistungspflichten sichern sollen, besteht bei Vertragsstrafenabreden für Wettbewerbsverbote Rechtsunsicherheit hinsichtlich der angemessenen Höhe, wenn eine Vertragsstrafe von mehr als einem Bruttomonatsgehalt vereinbart werden soll. Bereits drei Bruttomonatsgehälter sind nach Ansicht des BAG zu hoch angesetzt, obwohl es sich auch hier bislang auf keine Obergrenze festgelegt hat. Folgt man in diesem

549 Bauer/Diller, Wettbewerbsverbote, Rn. 944.

550 BAG vom 18.8.2005 – 8 AZR 65/05 – NZA 2006, 34.

551 LAG Köln vom 13.7.2006 – 6 Sa 367/06 – BeckRS 2006, 45091; ebenso Schramm, NJW 2008, 1494, 1495.

552 Stoffels in Preis, Der Arbeitsvertrag, II V 30, Rn. 57; Stoffels in W/L/P, Anh. § 310 (ArbR), Rn. 209.

553 BAG vom 14.8.2007 – 8 AZR 973/06 – NZA 2008, 170, 172; Diller, NZA 2008, 574, 575; Schramm, NJW 2008, 1494, 1495; Stoffels in Preis, Der Arbeitsvertrag, II V 30, Rn. 57.

Punkt dem LAG Köln, das zwei Bruttomonatsgehälter als grundsätzlich vertretbar erachtet, bewegt sich der Klauselverwender jedoch auf unsicheres Terrain.

Betrachtet man diese Rechtsprechung im Lichte der Besonderheiten für nachvertragliche Wettbewerbsverbote, so ist nicht nachvollziehbar, warum ein wettbewerbswidrig handelnder Arbeitnehmer in dem Maße schutzbedürftig sein soll, zumal in der Praxis für wettbewerbsverstoßbedingte Vertragsstrafen ohnehin regelmäßig der neue Arbeitgeber und nicht der Arbeitnehmer selbst aufkommt. Zudem kann der Arbeitnehmer bereits vorher abschätzen, ob sich ein Wettbewerbsverstoß für ihn „lohnt".

Soweit das BAG eine klare Abgrenzung zwischen Einzel- und Dauerverstoß fordert, ist – trotz aller Sinnhaftigkeit – fraglich, inwieweit diese Forderung in zulässiger Weise umgesetzt werden kann. Eine solche Formulierung müsste derart umfangreich ausgestaltet sein, dass davon auszugehen ist, dass die Vereinbarung wiederum aufgrund ihres erheblichen Umfanges als intransparent angesehen werden wird.[554] Hinzu kommt, dass die Grenze zwischen zeitlich eng aufeinander folgenden Einzelverstößen und einem Dauerverstoß fließend sein kann.[555]

---

554 Diller, NZA 2008, 574, 575 f.

555 Schramm, NJW 2008, 1494, 1495.

Kapitel 6: Rechtsfolgen

I. Grundsatz der Wirksamkeit des Vertrages

Gemäß § 306 Abs. 1 folgt aus der Nicht-Einbeziehung (§ 305c Abs. 1 BGB) oder der Unwirksamkeit (§§ 307 ff., 134 BGB) einer oder mehrerer Klauseln nicht die Unwirksamkeit des Vertrages „im Übrigen". § 306 Abs. 1 BGB enthält eine kodifizierte Abweichung von der Auslegungsregel des § 139 BGB und bestimmt, dass bei Teilnichtigkeit grundsätzlich der Vertrag im Übrigen aufrecht erhalten bleibt.[556] Nach § 139 BGB hingegen würde bei Teilnichtigkeit im Zweifel das gesamte Geschäft als nichtig angesehen. § 139 BGB wird jedoch von 306 Abs. 1 BGB verdrängt, wenn es sich um AGB-Klauseln handelt.[557] Im Falle des § 139 BGB müsste der Vertragspartner bei Unwirksamkeit einer einzelnen Klausel die Rückgängigmachung des gesamten Vertrages befürchten. Im AGB-Recht hat der Vertragspartner regelmäßig ein Interesse an der Aufrechterhaltung des Vertrages.[558]

II. Verbot der geltungserhaltenden Reduktion

1. Grundsatz: Verbot der geltungserhaltenden Reduktion

Soweit die Bestimmungen nach § 306 Abs. 1 BGB nicht Vertragsbestandteil geworden oder unwirksam sind, richtet sich der Inhalt des Vertrags nach den gesetzlichen Vorschriften, § 306 Abs. 2 BGB.

Aus § 306 wird nach allgemeiner Ansicht das sog. Verbot der geltungserhaltenden Reduktion abgeleitet.[559] „Die Inhaltskontrolle kassiert, sie reformiert nicht."[560] So ist es insbesondere nicht Aufgabe der Gerichte, für eine den Vertragspartner

556 BAG vom 21.6.2011 – 9 AZR 236/10 – NZA 2011, 1274, 1277; BAG vom 12.3.2008 – 10 AZR 152/07 – NZA 2008, 699, 701; Lakies, Vertragsgestaltung und AGB im Arbeitsrecht, Kap. 1 Rn. 392.

557 Basedow in MüKo, § 306 Rn. 1.

558 Gotthardt in H/W/K § 306 BGB Rn. 1; Grüneberg in Palandt, § 306 BGB Rn. 1.

559 BAG vom 20.5.2008 – 9 AZR 382/07 – NZA 2008, 1233, 1237; BAG vom 14.12.2005 – 4 AZR 536/04 – NZA 2006, 607, 610; BAG vom 4.3.2004 – 8 AZR 196/03 – NZA 2004, 728, 734; Schlosser in Staudinger, § 306 BGB Rn. 25; Schmidt in U/B/H, § 306 BGB Rn. 14; Stoffels, AGB-Recht, Rn. 595; z.T. aus § 306 Abs. 1 BGB: Boemke/Ulrici in HK-ArbR, § 306 BGB Rn. 10.

560 Coester in Staudinger, § 307 BGB Rn. 55.

unangemessen benachteiligende und daher unwirksame Klausel eine Fassung zu finden, die einerseits für den Verwender möglichst günstig, andererseits gerade noch rechtlich zulässig ist. Eine teilweise Aufrechterhaltung einer unwirksamen Klausel würde der Zielsetzung der §§ 305 ff. BGB zuwiderlaufen. Ziel ist es, den Vertragspartner vor unbilligen Klauseln zu schützen und bereits im Zeitpunkt des Vertragsschlusses auf einen den beiderseitigen Interessen gerecht werdenden Inhalt einer Formularklausel hinzuwirken.[561] Dieses Ziel würde vereitelt, wenn jeder Klauselverwender zunächst die Grenze dessen sanktionslos überschreiten könnte. Dies hätte zur Folge, dass der Vertragspartner in der Vertragsabwicklungspraxis mit überzogenen Klauseln konfrontiert würde und erst in einem Prozess den Umfang seiner Rechte und Pflichten zuverlässig erfahren könnte. Da der Klauselverwender die Möglichkeit hat, die ihm der Grundsatz der Vertragsfreiheit für die Aufstellung von Allgemeinen Geschäftsbedingungen zur Verfügung stellt, muss er auch das Risiko der Unwirksamkeit der Klausel tragen. Andernfalls liefen insbesondere das Benachteiligungsverbot sowie das Transparenzgebot weitgehend ins Leere.[562] Es bestünde die Gefahr, dass eine unangemessene Benachteiligung aufgrund einer geltungserhaltenden Reduktion „in eine unangemessene Bevorzugung umschlägt.“[563]

Der Grundsatz der geltungserhaltenden Reduktion gilt auch für das Arbeitsrecht. Die Berücksichtigung der im Arbeitsrecht geltenden Besonderheiten führt zu keiner anderen Sichtweise.[564]

2. Ausnahme: *blue-pencil-Test*

Eine Ausnahme vom grundsätzlichen Verbot der geltungserhaltenden Reduktion stellt der *blue-pencil-Test* dar. Voraussetzung hierfür ist die Teil- bzw. Trennbarkeit der Klausel. Die Klausel muss sprachlich und inhaltlich eindeutig teilbar sein, so dass auch nach Streichung des unzulässigen Teils die verbleibende Reglung weiterhin aus sich heraus verständlich ist. Bloße grammatische Unebenheiten sind

561 BGH vom 3.11.1999 – VIII ZR 269/98 – NJW 2000, 1110, 1114; BGH vom 16.10.1984 – X ZR 97/83 – NJW 1985, 319, 320; BGH vom 17.05.1982 – VII ZR 316/81 – NJW 1982, 2309, 2310.

562 BAG vom 23.1.2007 – 9 AZR 482/06 – NZA 2007, 748, 750; BAG vom 11.4.2006 – 9 AZR 610/05 – NJW 2006, 3083, 3086.

563 Reuter in FS 50 Jahre BAG, 2004, S. 177, 192.

564 BAG vom 25.5.2005 – 5 AZR 572/04 – NZA 2005, 1111; Krebs, SAE 2004, 64, 69; Preis in ErfK, §§ 305–310 BGB Rn. 104.

unschädlich.[565] In einem solchen Fall liegt gerade keine Reduzierung auf das gerade noch zulässige Maß vor. Vielmehr wird die Klausel ohne ihren unwirksamen Teil aufrechterhalten.[566] Die Teilbarkeit der Klausel ist mittels einer Streichung des unwirksamen Teils mit einem „blauen Stift" zu ermitteln.[567] Während sich das BAG in seiner früheren Rechtsprechung fast ausschließlich auf die sprachliche Teilbarkeit beschränkte,[568] tendiert es neuerdings verstärkt dazu, dass neben der sprachlichen Trennbarkeit zudem auch eine inhaltliche Trennbarkeit vorliegen müsse.[569]

Neben der Teilbarkeit der Klausel darf als weitere Voraussetzung für die Vornahme eines *blue-pencil-Tests* der Sinn einer Klausel durch die Streichung einzelner Satzteile nicht verändert werden, sondern nur der klar identifizierbare unangemessene Teil gestrichen wird. Mit anderen Worten: Die Klausel darf ihren spezifischen Zweck nicht durch die Streichung einzelner Worte oder Satzteile verlieren.[570]

Vor dem Hintergrund seiner nicht ganz einheitlichen Anwendung sieht ein Teil der Literatur die Anwendung des *blue-pencil-Tests* im Arbeitsrecht kritisch. Zunächst führe die schwierige Abgrenzbarkeit zum Verbot der geltungserhaltenden Reduktion zu weiterer Rechtsunsicherheit. Dies zeige sich bereits an den Erfahrungen aus der Zivilrechtsprechung, die aus Billigkeitserwägungen heraus von der Möglichkeit der grammatikalischen Teilung sehr großzügig Gebrauch mache und dabei nicht eindeutig zwischen geltungserhaltender Reduktion und semantischer Teilung unterscheide.[571] Dies führe zu dem Eindruck, der *blue-pencil-Test* würde als „Schlupfwinkel" oder „Notausgang"[572] zweckentfremdet und könne zur Umgehung des Verbotes der geltungserhaltenden Reduktion missbraucht werden[573]. Weiterhin wird dem *blue-pencil-Test* entgegengehalten, er sei

565 BGH vom 12.1.1994 – VIII ZR 165/92 – NJW 1994, 1060, 1067; Annuß, BB 2006, 1333, 1338.

566 BAG vom 16.5.2012 – 5 AZR 251/11 - NZA 2012, 971, 974; BAG vom 21.4.2005 – 8 AZR 425/04 – NZA 2005, 1053, 1055 f.; Preis in ErfK, §§ 305–310 BGB Rn. 103.

567 BAG vom 12.3.2008 - 10 AZR 152/07 - NZA 2008, 699, 701.

568 BAG vom 6.5.2009 – 10 AZR 443/08 – NZA 2009, 783, 784; BAG vom 12.3.2008 – 10 AZR 152/07 – NZA 2008, 699, 701.

569 BAG vom 16.5.2012 – 5 AZR 251/11 – NZA 2012, 971, 974; BAG vom 13.12.2011 – 3 AZR 791/09 – NZA 2012, 738, 741; BAG vom 21.6.2011 – 9 AZR 236/10 – NZA 2011, 1274, 1277 f.

570 Preis in ErfK, §§ 305–310 BGB Rn. 103; Uffmann, RdA 2012, 113, 118.

571 Bayreuther, NZA 2004, 953, 955 f.

572 Bayreuther, NZA 2004, 953, 955.

573 Ohlendorf/Salamon, RdA 2006, 281, 284.

zu mechanisch und „schätze die Wörter des Vertrags über dessen Inhalt".[574] So wurde er im *Common Law*, in dem er seinen Ursprung hat, bereits durch die sog. *rule of reasonabless* ersetzt.[575] Zudem sei eine sprachliche oder semantische Teilbarkeit lediglich ein Indiz für eine inhaltliche Teilbarkeit.[576]

Die Grenzen zur Umgehung des Verbots der geltungserhaltenden Reduktion sind fließend.

3. Schließung einer Vertragslücke

a. § 306 Abs. 2 BGB

Soweit AGB nicht Vertragsbestandteil geworden oder unwirksam sind, richtet sich der Inhalt des Vertrages gemäß § 306 Abs. 2 BGB nach den gesetzlichen Vorschriften. Unter die „gesetzlichen Vorschriften" fallen neben dem dispositiven Gesetzesrecht im Sinne einer konkreten materiell-rechtlichen Regelung[577] auch allgemeine Rechtsgrundsätze sowie deren Fortentwicklung durch die Rechtsprechung.[578] Ziel des § 306 Abs. 2 BGB ist es, auf diese Weise Vertragsparität wiederherzustellen.[579]

b. Ergänzende Vertragsauslegung

Soweit eine Lückenschließung durch gesetzliche Vorschriften gemäß § 306 Abs. 2 BGB nicht möglich ist, bleibt nach h.M. die Möglichkeit, diese hilfsweise im Wege der ergänzenden Vertragsauslegung zu füllen.[580]

Die Anforderungen an die Feststellung einer Vertragslücke sind allerdings hoch. So darf die Anwendung der gesetzlichen Vorschriften keine angemessene und interessensgerechte Lösung bieten, so dass der Regelungsplan der Vertragspartner infolge der Lücke einer Vervollständigung bedarf.[581] Nach Ansicht des

574 Thüsing, BB 2006, 661, 662.
575 Thüsing, BB 2006, 661, 662.
576 Bonin in D/B/D, § 306 BGB Rn. 12 a.
577 BGH vom 12.10.2005 - IV ZR 162/03 - NJW 2005, 3559, 3563; Stoffels, AGB-Recht, Rn. 609; Schmidt in U/B/H, § 306 BGB Rn. 27.
578 Lindacher/Hau in W/L/P, § 306 BGB Rn. 14; Schlewing, RdA 2011, 92, 95; Schmidt in U/B/H, § 306 BGB Rn. 27; Stoffels, AGB-Recht, Rn. 610.
579 Schlewing, RdA 2011, 92, 95; Schlewing in Clemenz/Kreft/Krause, § 306 BGB Rn. 51.
580 Lindacher/Hau in W/L/P, § 306 BGB Rn. 15; Boemke-Albrecht, Rechtsfolgen unangemessener Bestimmungen in AGB, S. 85.
581 BGH vom 3.11.1999 - VIII ZR 269/98 - NJW 2000, 1110, 1114; Preis in ErfK, §§ 305–310 BGB Rn. 104.

BAG kommt eine ergänzende Vertragsauslegung ausnahmsweise nur dann in Frage, wenn sich das Festhalten am Vertrag ohne die unwirksame Klausel für den Klauselverwender als unzumutbare Härte i.S. des § 306 Abs. 3 BGB und ein ersatzloser Wegfall der unwirksamen Klausel keine sachgerechte Lösung darstellen würde.[582] Zudem müssen Anhaltspunkte dafür vorliegen was redliche Vertragspartner statt der unwirksamen Klausel vereinbart hätten. Anders als im Rahmen der geltungserhaltenden Reduktion ist bei der ergänzenden Vertragsauslegung nicht nach dem gerade noch zulässigen Mindestinhalt zu suchen. Vielmehr ist danach zu fragen, was die Parteien vereinbart hätten, wenn ihnen die gesetzlich angeordnete Unwirksamkeit der Klausel bekannt gewesen wäre, wobei nicht die subjektive Vorstellung einer Vertragspartei maßgeblich ist, sondern was die Parteien bei angemessener Abwägung ihrer Interessen nach Treu und Glauben als redliche Vertragspartei vereinbart hätten.[583] Eine ergänzende Vertragsauslegung kommt also nur in Betracht, wenn auch der Arbeitnehmer ein Interesse an der streitigen Klausel hat. Hat der Arbeitnehmer keinerlei Interesse an der Aufrechterhaltung der Vereinbarung durch Auslegung, würde dies zu einer geltungserhaltenden Reduktion führen. Daher kommt die ergänzende Vertragsauslegung nur in sehr seltenen Ausnahmefällen zur Anwendung.

Das BAG lässt bspw. in seiner jüngeren Rechtsprechung bei der Unwirksamkeit von Klauseln in Altverträgen eine ergänzende Vertragsauslegung zu, auch wenn der Arbeitgeber innerhalb der Übergangsfrist nach Art. 229 § 5 S. 2 EGBGB dem Arbeitnehmer kein entsprechendes Änderungsangebot unterbreitet hat.[584]

III. Einzelne Klauseln

1. Verzichtsklauseln

Im Falle der Unwirksamkeit einer Verzichtsklausel gelten aufgrund des Verbotes der geltungserhaltenden Reduktion die gesetzlichen Vorschriften (§ 306 Abs. 2 BGB) bei Aufrechterhaltung des (Arbeits-) Vertrages im Übrigen (§ 306 Abs. 1 BGB).

582 BAG vom 11.2.2009 – 10 AZR 222/08 – NZA 2009, 428, 431; BAG vom 28.11.2007 – 5 AZR 992/06 – NZA 2008, 293, 294.

583 BAG vom 11.2.2009 – 10 AZR 222/08 – NZA 2009, 428, 431; BAG vom 11.10.2006 – 5 AZR 721/05 – NZA 2007, 87, 90.

584 BAG vom 20.4.2011 – 5 AZR 191/10 – NZA 2011, 796, 797; zust. Schlewing in Clemenz/Kreft/Krause, § 306 BGB Rn. 68; a.A. BAG vom 11.4.2006 – 9 AZR 610/05 – NZA 2006, 1042, 1046.

Das bedeutet, dass diejenigen Vorschriften ihre Geltung wiedererlangen, auf die einzelvertraglich in unzulässiger Weise verzichtet wurde.

a. *Klageverzichtsklausel*

An die Stelle einer unwirksamen Klageverzichtsklausel tritt § 4 KSchG.

b. *Isolierte Überstundenanordnungsklausel*

Die Unwirksamkeit einer Überstundenanordnungsklausel führt zu deren ersatzlosen Wegfall. Es gilt § 611a BGB, wonach der Arbeitnehmer ohne ausdrückliche Regelung – mit Ausnahme von Not- und Katastrophenfällen – nicht verpflichtet ist, Überstunden zu leisten.[585]

c. *Isolierte Überstundenabgeltungsklausel*

Anstelle einer unwirksamen Überstundenabgeltungsklausel gilt § 612 BGB hinsichtlich der Frage, ob und inwieweit Überstunden vergütet werden. Fraglich ist, ob ausnahmsweise eine geltungserhaltende Reduktion in Betracht kommt, wenn die AGB-rechtliche Wirksamkeit einer Überstundenabgeltungsklausel lediglich an der Unterschreitung des gesetzlichen Mindestlohns (§ 1 MiLoG) scheitert, weil sich durch die damit abgegoltenen Überstunden der Stundenlohn des Arbeitnehmers entsprechend verringert.

Ähnlich wie bei Ausschlussfristen kommt es dabei darauf an, ob § 3 S. 1 MiLoG eine Sonderregelung zu §§ 305 ff. BGB darstellt.[586] Hierfür spricht allein das Wortlautargument des § 3 S. 1 MiLoG. Folgt man dem Wortlautargument und nimmt eine geltungserhaltende Reduktion der unwirksamen Klausel vor, so bestünde lediglich ein Anspruch auf die Differenz zum Mindestlohn. Die Formulierung „insoweit" kann jedoch ebenso gut als eine Begrenzung der Rechtsfolgen allein auf die unwirksame Lohnabrede verstanden werden mit der Folge, dass mangels wirksamer Lohnabrede die gemäß § 612 Abs. 2 BGB übliche Vergütung zu zahlen ist.[587]

Die übliche Vergütung nach § 612 Abs. 2 BGB kann auch nicht durch Bestehen einer insoweit vorrangigen Taxe ersetzt werden, da das MiLoG keine Taxe in diesem Sinne darstellt. Zwar stellt das MiLoG eine Vergütungsregelung nach

---

585 Preis in ErfK, § 611 BGB Rn. 663; Ausnahme in Katastrophenfällen: ArbG Leipzig vom 4.2.2003 – 7 Ca 6866/02 – DB 2003, 1279 (nicht rechtskräftig).

586 Vgl. **Kapitel 6.III.2. (S. 205 ff.)**

587 Pötters/Krause, NZA 2015, 398, 398; Pütz, AuR 2016, 186, 189; Lakies, AuR 2016, 14, 18 f.; a.A. Lembke, NZA 2016, 1, 8 f.

Bundesrecht dar; es fehlt jedoch an der notwendigen Differenzierung nach Wirtschaftszweig und -region wie dies bei Gebührenordnungen für Rechtsanwälte, Ärzte, Steuerberater oder Architekten der Fall ist.[588]

Jedoch ist für die Prüfung der Wirksamkeit einer Formularklausel allein auf die Gesetzeslage im Zeitpunkt des Vertragsschlusses abzustellen. Nachträgliche Gesetzesänderungen können grundsätzlich keine Änderung des Prüfungsmaßstabes bewirken.[589] Überträgt man diese Rechtsprechung des BGH auf das Arbeitsrecht, so gilt das oben Gesagte lediglich für Überstundenabgeltungsklauseln in Arbeitsverträgen, die ab dem 1.1.2015 abgeschlossen wurden.

d. *Kombinationsklausel*

Fraglich ist, ob eine Kombinationsklausel, die die Anordnung sowie die Abgeltung von Überstunden in sich vereint, teilbar ist und damit im Rahmen eines *blue-pencil-Tests* teilweise aufrechterhalten werden kann. Die Grenzen dabei sind fließend.

Grundsätzlich stellt die sprachliche Teilbarkeit ein Indiz für die inhaltliche Teilbarkeit dar. Das bedeutet aber umgekehrt nicht, dass eine sprachliche Trennung und getrennte inhaltliche Verständlichkeit automatisch zu einer Teilbarkeit führt. Voraussetzung für die Annahme der Teilbarkeit ist vielmehr, dass eine formularmäßige Klausel keine einheitliche Regelung darstellt, sondern aus mehreren sachlich selbständigen Regelungen besteht, die formal miteinander verbunden sind.[590]

Für die Teilbarkeit einer Kombinationsklausel spricht, dass diese eine Überstundenanordnungs- mit einer Überstundenabgeltungsklausel in sich vereint, die auch isoliert voneinander vorkommen können, da sie eine unterschiedliche Zweckrichtung verfolgen. Zudem unterliegen die Überstundenanordnungs- und die Überstundenabgeltungsklausel einem unterschiedlichen Kontrollmaßstab.

---

588 Lakies, AuR 2016, 14, 18 f.

589 BGH vom 4.2.2009 – VIII ZR 66/08 – NJW 2009, 1491, 1493; BGH vom 3.11.1999 – VIII ZR 269/98 – NJW 2000, 1110, 1113; Boemke, JuS 2015, 385, 392; Coester in Staudinger, § 307 BGB Rn. 100; Fuchs in U/B/H § 307 BGB Rn. 117; Pfeiffer in W/L/P, § 307 BGB Rn. 93; Art. 4 Abs. 1 RL 93/13/EWG.

590 BAG vom 14.1.2009 – 3 AZR 900/07 – NZA 2009, 666, 668; BAG vom 18.12.2008 – 8 AZR 81/08 – NZA-RR 2009, 519, 522 f.; NZA 2008, 699, 700; BAG vom 11.4.2006 – 9 AZR 610/05 – NZA 2006, 1042, 1045 (im Rahmen von Rückzahlungsklauseln); Bonin in D/B/D, § 306 BGB Rn. 12a; Thüsing, AGB-Kontrolle im Arbeitsrecht, S. 47.

Gegen die Teilbarkeit einer Kombinationsklausel spricht indes der Zweck des Verbots der geltungserhaltenden Reduktion. Danach soll sich der Klauselverwender nicht darauf verlassen können, unangemessene Klauseln würden durch die Rechtsprechung auf ihr zulässiges Mindestmaß reduziert.

Im Ergebnis wird man aber dennoch von der Teilbarkeit der Kombinationsklausel ausgehen können, da trotz der formalen Zusammenfassung von Überstundenanordnungs- und Überstundenabgeltungsklausel zwei verschiedene, sich jedoch nicht widersprechende, materielle Regelungen vorliegen, deren voneinander unabhängiges Vorkommen in Arbeitsverträgen nicht unüblich ist.[591]

2. Ausschlussfristen

a. Nach bisheriger Rechtslage

Eine einzelvertraglich vorformulierte Ausschlussfrist mit einer Länge von weniger als drei Monaten ist gemäß § 306 BGB unwirksam und fällt damit ersatzlos weg. Eine geltungserhaltende Reduktion würde zu erheblicher Rechtsunsicherheit beim Arbeitnehmer führen, wenn die Ausschlussfrist erst durch spätere richterliche Entscheidung bestimmt würde. Dies hat zur Folge, dass mangels gesetzlicher oder richterrechtlicher Regelungen die Vorschriften über die gesetzliche Verjährung nach §§ 194 ff. BGB gelten.[592] Hierbei würde es sich ohnehin begrifflich eher um eine „geltungserweiternden Extension“[593] auf eine gerade noch zulässige dreimonatige Ausschlussfrist handeln.

Zweistufige Ausschlussfristen können jedoch nach Ansicht des BAG im Hinblick auf die erste und zweite Stufe grundsätzlich geteilt und somit bedingt aufrechterhalten werden. Hält die erste Stufe einer Ausschlussfristenregelung der AGB-Kontrolle stand, beeinträchtigt eine etwaige Unwirksamkeit der zweiten Stufe die Wirksamkeit der ersten Stufe nicht, wenn die Klausel teilbar ist und auch ohne die unwirksame Regelung weiterhin verständlich und sinnvoll bleibt. Scheitert hingegen bereits die erste Stufe an der AGB-Kontrolle, so kann auch die zweite Stufe wegen der fehlenden Anknüpfungsmöglichkeit nicht mehr aufrechterhalten werden.[594]

---

591 Bonin in D/B/D, § 306 BGB Rn. 12a; Schmidt in U/B/H, § 306 BGB Rn. 13.

592 BAG vom 19.12.2007 – 5 AZR 1008/06 – NZA 2008, 464, 466; BAG vom 25.5.2005 – 5 AZR 572/04 – NZA 2005, 1111, 1112; Boemke, jurisPR-ArbR 11/2005 Anm. 6; Schönhöft in Grobys/Panzer, Ausschlussfristen, Rn. 30.

593 Lakies, Vertragsgestaltung und AGB im Arbeitsrecht, Kap. 5 Rn. 137.

594 BAG vom 24.9.2014 – 5 AZR 506/12 – BeckRS 2014, 73280; BAG vom 13.3.2013 – 5 AZR 954/11 – NZA 2013, 680, 685; BAG vom 16.5.2012 – 5 AZR 251/11 – NZA

Daneben soll eine Ausschlussfrist, die für „alle Ansprüche, die sich aus dem Angestelltenverhältnis ergeben" gilt, nach Ansicht des BAG ohne weiteres teilbar sein. Dies habe zur Folge, dass die Ausschlussfrist keine Ansprüche aus vorsätzlichen Verletzungshandlungen und unerlaubter Handlung erfasst. Hierbei nimmt das BAG keinen *blue-pencil-Test* vor. Es unterstellt im Wege einer (ergänzenden) Vertragsauslegung, die Parteien hätten Ansprüche aus Vorsatzhaftung und unerlaubter Handlung nicht ausschließen wollen.[595]

b. Nach Inkrafttreten des MiLoG

Mit dem Inkrafttreten des Mindestlohngesetzes stellt sich neuerdings auch die Frage, ob bzw. inwieweit Ausschlussfristen, die den Mindestlohnanspruch des Arbeitnehmers nach § 1 Abs. 1 MiLoG nicht ausdrücklich aus ihrem Anwendungsbereich ausnehmen, insgesamt unwirksam sind.

In der Literatur wird größtenteils angenommen, dass § 3 S. 1 MiLoG als *lex specialis* zu §§ 305 ff. BGB anzusehen ist. Der Wortlaut des § 3 S. 1 MiLoG, wonach mindestlohnwidrige Vereinbarungen nur „insoweit" unwirksam seien, als sie den Anspruch auf Mindestlohn tatsächlich beschränken oder ausschließen, ermögliche eine geltungserhaltende Reduktion.[596] Dies ergibt sich auch aus einem Vergleich zu § 74a Abs. 1 S. 1 („insoweit") und 2 HGB („soweit"), bei dem ebenfalls eine geltungserhaltende Reduktion anerkannt ist.[597]

Für eine Erhaltung der Regelung könnte auch die Argumentation der Rechtsprechung des BAG zur Vorsatzhaftung herangezogen werden. Danach sind umfassende Ausschlussklauseln nicht bereits deshalb unwirksam, weil sie sich auch auf die an sich nicht beschränkbare Vorsatzhaftung des Arbeitgebers erstrecken. Vielmehr nimmt das BAG an, eine vorformulierte Ausschlussfrist solle allein die von den Parteien für regelungsbedürftig gehaltenen Fälle erfassen, während

2012, 971, 974; BAG vom 12.3.2008 – 10 AZR 152/07 – NZA 2008, 699, 699 f.; BAG vom 25.5.2005 – 5 AZR 572/04 – NZA 2005, 1111, 1112; Preis/Roloff, RdA 2005, 144, 158; Preis in ErfK §§ 305–310 BGB Rn. 103a; Reinecke, BB 2005, 378, 382.

595 BAG vom 20.6.2013 – 8 AZR 280/12 – NZA 2013, 1265, 1266; BAG vom 25.5.2005 - 5 AZR 572/04 - NZA 2005, 1111, 1113; a.A. BGH vom 15.11.2006 - VIII ZR 3/06 - NJW 2007, 674; krit. Matthiesen NZA 2007, 361, 366 unter Annahme einer versteckten geltungserhaltenden Reduktion.

596 Bayreuther, NZA 2014, 865, 870; Lembke NZA 2016, 1, 8; Lembke, NZA 2015, 70, 73; Oetker in ErfK, § 74a HGB Rn. 5; Preis/Ulber, HSI-Schriftenreihe, Ausschlussfristen und MiLoG, 2014, 48.

597 Oetker in ErfK, § 74a HGB Rn. 5; Lembke NZA 2016, 1, 8; Lembke, NZA 2015, 70, 73; Pötters/Krause, NZA 2015, 398.

eine Anwendung auf Fallkonstellationen, die bereits zwingend durch gesetzliche Verbote geregelt sind, in der Regel nicht gewollt seien.[598]

Hierzu äußerte sich das BAG jüngst im Rahmen der Wirksamkeit einer Ausschlussklausel, die den Anspruch auf Mindestentgelt nach § 2 PflegeArbbV nicht explizit erfasst. In dieser Entscheidung ging das BAG davon aus, dass die Ausschlussklausel nicht transparent sei, weil der durchschnittliche Arbeitnehmer nach der Formulierung davon ausgehen muss, dass sie auch den Anspruch auf das Mindestentgelt nach § 2 PflegeArbbV umfassen soll. Die Grundsätze zur Vorsatzhaftung hat das BAG auf diesen Fall nicht übertragen, da es davon ausging, dass die Kollision des Anwendungsbereichs der Ausschlussklausel mit § 9 S. 3 AEntG nicht nur – wie bei der Vorsatzhaftung – einen selten auftretenden Sonderfall, sondern das Entgelt für geleistete Arbeit und damit den Hauptanwendungsbereich einer Ausschlussfrist betreffe. Nach Ansicht des BAG ist Rechtsfolge dieser Intransparenz, dass die Ausschlussklausel mangels Teilbarkeit nach § 306 BGB insgesamt unwirksam ist, da die Vereinbarung nicht verschiedene Ausschlussfristenregelungen enthält, sondern alle Ansprüche erfasst, die sich aus dem Arbeitsverhältnis ergeben und solche, die mit dem Arbeitsverhältnis in Verbindung stehen. Eine ergänzende Vertragsauslegung lehnte das Gericht für Neuverträge mit der Begründung ab, dass die PflegeArbbV bei Abschluss des Arbeitsvertrages bereits drei Jahre in Kraft war und einer Gesamtunwirksamkeit der Ausschlussklausel keine schutzwürdigen Interessen des Arbeitgebers entgegenstehen.[599] Aufgrund der Gesamtunwirksamkeit könnten neben dem streitgegenständlichen Mindestentgelt anderweitige Ansprüche aus dem Arbeitsverhältnis nun bis zur gesetzlichen Verjährung geltend gemacht werden.

Bislang ist noch nicht höchstrichterlich entschieden, inwieweit diese vom 5. Senat entwickelten Maßstäbe auf das Mindestlohngesetz übertragen werden können. Grundsätzlich ließe sich die Argumentation im Falle der PflegeArbbV ebenso gut auf das MiLoG anwenden, zumindest soweit es um die Feststellung der Intransparenz einer Ausschlussklausel geht, die den Anspruch auf ein Mindestentgelt bzw. einen gesetzlichen Mindestlohn nicht explizit von ihrem Anwendungsbereich ausnimmt. Andererseits könnte nach dem eindeutigen Wortlaut des § 3 S. 1 MiLoG („insoweit") zumindest im Rahmen der (ergänzenden) Vertragsauslegung eine teilweise Aufrechterhaltung der Klausel angenommen werden. Wie der 5. Senat zutreffend feststellte, entspricht eine geltungserhaltende

---

598 BAG vom 20.6.2013 – 8 AZR 280/12 – NZA 2013, 1265, 1266; BAG vom 25.5.2005 - 5 AZR 572/04 - NZA 2005, 1111, 1112; Bayreuther, NZA 2014, 865, 870.

599 BAG vom 24.8.2016 – 5 AZR 703/15 – NZA 2016, 1539, 1540 f.

Reduktion auch der weit überwiegenden Meinung im Schrifttum.[600] Insbesondere für Altverträge, die vor Inkrafttreten des MiLoG abgeschlossen wurden, ist eine ergänzende Vertragsauslegung unausweichlich.

Eine Verneinung einer ergänzenden Vertragsauslegung würde dazu führen, dass sämtliche Ausschlussfristen, die bisher die Anforderungen der Rechtsprechung erfüllten, allein durch die Einführung des MiLoG unwirksam sind.[601] Dies wäre vor dem Hintergrund der Üblichkeit und Häufigkeit von Ausschlussfristen keine sachgerechte Lösung.

Es besteht zudem die Gefahr, dass alle anderen Ansprüche (z.B. gesetzlicher Urlaubsanspruch, Zeugnisanspruch, Schadensersatzanspruch aufgrund Vorsatzhaftung), die ebenfalls nicht vertraglich eingeschränkt werden dürfen, in der Regel aber nicht explizit von der Ausschlussklausel ausgenommen sind, konsequenterweise künftig ebenso ausgenommen werden müssten, um nicht wegen Intransparenz die gesamte Ausschlussklausel zu Fall zu bringen.

Ob sich hieraus jedoch eine unzumutbare Härte i.S. des § 306 Abs. 3 BGB ergibt, ist zweifelhaft, wird im Ergebnis aber zu verneinen sein, da durch den ersatzlosen Wegfall der Ausschlussklausel zwar eine Lücke entsteht; diese Lücke könnte aber durch geeignetes dispositives Gesetzesrecht (§§ 195 ff. BGB) geschlossen werden.

Bei der Beurteilung der Wirksamkeit einer Formularklausel ist allein auf die Gesetzeslage im Zeitpunkt des Vertragsschlusses abzustellen, so dass nachträgliche Gesetzesänderungen keine Berücksichtigung finden.[602] Das bedeutet, dass sich die Problematik lediglich für Ausschlussfristen in Arbeitsverträgen stellt, die ab dem 1.1.2015 abgeschlossen wurden.

Es ist allerdings nicht zu erwarten, dass das BAG das Wohlwollen, das es dem Arbeitgeber bei der Vorsatzhaftung entgegenbringt, auch für Mindestlohnansprüche an den Tag legen wird. Hierfür spricht zum einen das aktuelle Urteil

600 BAG vom 24.8.2016 – 5 AZR 703/15 – NZA 2016, 1539, 1540; Bayreuther, NZA 2015, 385, 387; Bayreuther, NZA 2014, 865, 870; Franzen in ErfK, § 3 MiLoG Rn. 3a; Nebel/Kloster, BB 2014, 2933, 2936; Stoffels, AGB-Recht, Rn. 1127; Preis/Ulber, HSI-Schriftenreihe, Ausschlussfristen und MiLoG, 2014, 55.

601 BAG vom 24.8.2016 – 5 AZR 703/15 – NZA 2016, 1539, 1540; Preis in ErfK, § 218 BGB Rn. 50a.

602 BGH vom 4.2.2009 – VIII ZR 66/08 – NJW 2009, 1491, 1493; BGH vom 3.11.1999 – VIII ZR 269/98 – NJW 2000, 1110, 1113; Boemke, JuS 2015, 385, 392; Coester in Staudinger, § 307 BGB Rn. 100; Fuchs in U/B/H § 307 BGB Rn. 117; Pfeiffer in W/L/P, § 307 BGB Rn. 92; Art. 4 Abs. 1 RL 93/13/EWG.

des BAG zur PflegeArbbV.[603] Zum anderen hatte das BAG seine dahingehend ablehnende Tendenz bereits im Jahre 2013 angedeutet. Danach würden Arbeitsvertragsparteien bei der Vereinbarung von Ausschlussfristen vor allem an Entgeltansprüche, nicht aber an vertragliche oder deliktische Ansprüche wegen Personenschäden denken.[604] Somit kann im Zusammenhang mit Mindestlohnansprüchen nicht verlässlich davon ausgegangen werden, dass die Parteien bei der Vereinbarung der Ausschlussfristen etwas Selbstverständliches wie den Verstoß gegen das MiLoG von vorneherein nicht gewollt, nicht bedacht und damit nicht explizit geregelt haben.

c. *Nach Neuregelung des § 309 Nr. 13 BGB*

Soweit eine ab dem 1.10.2016 vereinbarte Ausschlussfrist eine Geltendmachung in Schrift- statt in Textform vorschreibt, ist ein Schriftformerfordernis nach § 309 Nr. 13 BGB neuerdings unwirksam. Da die Klausel jedoch ohne das Schriftformerfordernis wohl noch eine aus sich heraus verständliche Klausel bleibt, kann die Regelung nach Vornahme eines *blue-pencil-Tests* aber ggf. im Übrigen als wirksam bestehen bleiben mit der Folge, dass zur Fristwahrung eine mündliche Geltendmachung ausreicht.[605] Es bleibt abzuwarten, ob dies die Rechtsprechung zulassen wird.

Auf Altverträge soll die Gesetzesänderung keine Auswirkung haben, denn nach der gleichzeitig in Kraft tretenden Übergangsregelung des Art. 229 § 37 EGBGB gilt die Änderung des § 309 Nr. 13 BGB nur für „Schuldverhältnisse, die nach dem 30.9.2016 entstehen". Die Wirksamkeit zuvor vereinbarter Schriftformerfordernisse in Ausschlussklauseln wird daher von der Neuregelung nicht berührt.[606]

Unklar ist, inwiefern § 309 Nr. 13 BGB auf Arbeitsverträge anwendbar ist, die bereits vor dem 1.10.2016 bestanden, aber danach angepasst oder neu abgeschlossen wurden. Es stellt sich die Frage, inwiefern es sich bei einer solchen Vertragsänderung um ein neues Schuldverhältnis i.S.d. Art. 229 § 37 EGBGB handelt, auf das § 309 Nr. 13 BGB n.F. anzuwenden ist. Nach dem Wortlaut des

---

603 BAG vom 24.8.2016 – 5 AZR 703/15 – NZA 2016, 1539, 1540.

604 BAG vom 20.6.2013 – 8 AZR 280/12 – NZA 2013, 1265, 1266; Preis/Ulber, HSI-Schriftenreihe, Ausschlussfristen und MiLoG, 2014, 53 f.

605 Lunk/Seidler, NJW 2016, 2153, 2154; Melms in Moll, Münchener Anwaltshandbuch Arbeitsrecht, § 10 Rn. 172; Wagner, E./Wagner S., BB 2016, 707, 710; Zundel, NJW 2017, 132, 133.

606 Lunk/Seidler, NJW 2016, 2153, 2155.

Art. 229 § 37 EGBGB ist § 309 Nr. 13 BGB n.F. nur auf ein Schuldverhältnis anzuwenden, das nach dem 30.9.2016 „entstanden" ist. Eine nachträgliche Anpassung bzw. Änderung begründet jedoch kein neues, sondern modifiziert lediglich das bereits bestehende Arbeitsverhältnis, so dass in diesen Fällen nicht von der Anwendbarkeit des § 309 Nr. 13 BGB n.F. auszugehen ist. Der Klauselverwender wird jedoch gut beraten sein, wenn er bei der Anpassung von Verträgen künftig rein vorsorglich die Ausschlussfristen entsprechend der neuen Regelung anpasst.[607]

3. Teilbefristungen

Im Falle der Unwirksamkeit einer Teilbefristung entfällt diese unter Aufrechterhaltung des Arbeitsvertrages im Übrigen. Wie auch das unwirksam befristete Arbeitsverhältnis, gilt eine unwirksam befristete Arbeitsbedingung als auf unbestimmte Zeit vereinbart.[608]

Fraglich ist, wie Rechtsprechung und Literatur zu diesem Ergebnis gelangten. So ist nicht davon auszugehen, dass sich diese Rechtsfolge aus **§ 16 S. 1 TzBfG** ergeben soll, da das TzBfG nicht für die Befristung einzelner Arbeitsbedingungen, sondern nur für den gesamten Arbeitsvertrag gilt. Denkbar wäre die Anwendung des *blue-pencil-Test.* Durch das Wegstreichen der Worte „befristet bis [...]" bliebe die ursprünglich befristet vereinbarte Arbeitsbedingung unbefristet weiter bestehen. Fraglich ist bei diesem Weg aber, ob hierdurch gerade der mit der ursprünglichen Befristung beabsichtigte Zweck vereitelt wird.

Ebenso gut wäre aber auch denkbar, dass die gesamte befristete Arbeitsbedingung nach § 306 Abs. 1 BGB wegfällt. Die Frage, welche Regelung an die Stelle der unwirksamen Bestimmung treten soll, kann nur im Wege der ergänzenden Vertragsauslegung ermittelt werden, da dispositives Recht, das die durch den Wegfall entstandene Lücke schließen könnte, nicht existiert. Soweit der ersatzlose Wegfall der Klausel keine sachgerechte Lösung bietet, stellt sich die Frage, was die Parteien vereinbart hätten, wenn ihnen die Unwirksamkeit der Klausel

607 Lingemann/Otte, NZA 2016, 519, 521; Lunk/Seidler, NJW 2016, 2153, 2154.

608 BAG vom 27.7.2005 – 7 AZR 486/04 – NZA 2006, 40, 46; LAG Düsseldorf vom 28.9.2006 – 11 Sa 828/06 – juris; LAG Brandenburg vom 25.8.2004 – 7 Sa 91/04 – juris; LAG Brandenburg vom 24.6.2004 – 1 Sa 108/04 – BeckRS 2004, 41877; BAG vom 13.6.1986 – 7 AZR 650/84 – NZA 1987, 241, 242; Gotthardt in H/W/K, § 306 BGB Rn. 1, 4; Henssler/Moll, AGB-Kontrolle vorformulierter Arbeitsbedingungen, S. 61; Löwisch, ZfA, 1986, 1, 8; Preis in Preis, Der Arbeitsvertrag, II V 70 Rn. 83.

bekannt gewesen wäre. Gegebenenfalls hätten die Parteien die Klausel überhaupt nicht oder von vorneherein ohne die Befristung vereinbart.[609]

4. Bezugnahmeklauseln

Die Unwirksamkeit einer Bezugnahmeklausel im Arbeitsvertrag muss nicht zwangsläufig zur Unwirksamkeit der Bezugnahme insgesamt führen, soweit die Klausel im Wege des *blue-pencil-Tests* teilbar ist. Soweit die verbleibende Regelung weiterhin aus sich heraus verständlich ist, bleibt sie bestehen. Werden beispielsweise die Worte „in der jeweils geltenden Fassung" gestrichen, wird das Verweisungsobjekt in der zum Zeitpunkt des Abschlusses des Arbeitsvertrags gültigen Fassung in Bezug genommen.[610] Eine dynamische Bezugnahmeklausel verwandelt sich durch ersatzlose Streichung der Worte „in der jeweils geltenden Fassung" zu eine statische Bezugnahmeklausel.

5. Freiwilligkeitsvorbehalte

Ein unwirksamer Freiwilligkeitsvorbehalt fällt ersatzlos weg mit der Folge, dass hierdurch vorbehaltlose Ansprüche aus betrieblicher Übung begründet werden können. Eine Umdeutung in einen Widerrufsvorbehalt findet nicht (mehr) statt.[611]

6. Widerrufsvorbehalte

Ein Widerrufsvorbehalt, der den Anforderungen der §§ 307 ff. BGB nicht genügt, ist unwirksam. Eine geltungserhaltende Reduktion kommt dabei grundsätzlich nicht in Betracht.[612]

Folgt man dem 9. Senat des BAG, so ist eine Klausel, wonach der Arbeitgeber „jederzeit und ohne Grund die Überlassung des Fahrzeugs an den Mitarbeiter widerrufen" könne, nicht teilbar mit der Folge, dass eine Streichung der Worte „jederzeit und ohne Grund" im Rahmen eines *blue-pencil-Tests* nicht in Betracht

---

609 Wimmer, Befristung einzelner Arbeitsbedingungen nach der Schuldrechtsreform, S. 123, 126.

610 BAG vom 24.2.2011 – 6 AZR 634/09 – BeckRS 2011, 71243 (im Falle einer Bezugnahmeklausel auf eine vom Arbeitgeber verfasste Arbeitsordnung).

611 BAG vom 30.7.2008 – 10 AZR 606/07 – NZA 2008, 1173; BAG vom 25.4.2007 – 5 AZR 627/06 – NZA 2007, 853, 8555; BAG vom 13.5.1987 – 5 AZR 125/86 – NZA 1988, 95.

612 BAG vom 20.4.2011 – 5 AZR 191/10 – NZA 2011, 796; BAG vom 13.4.2010 – 9 AZR 113/09 – NZA-RR 2010, 457; BAG vom 11.4.2006 – 9 AZR 610/05 – NZA 2006, 1042.

kommt. Nach Ansicht des 9. Senates beinhalte die Widerrufsklausel vielmehr inhaltlich und sprachlich das unbeschränkte Recht des Arbeitgebers, dem Arbeitnehmer jederzeit und ohne Grund die Nutzung des Dienstwagens zu entziehen. Ein Wegstreichen im Rahmen eines *blue-pencil-Tests* würde dem Arbeitgeber diese uneingeschränkte Widerrufsmöglichkeit entziehen, so dass der spezifische Zweck der Klausel verloren geht. Dies würde einer geltungserhaltenden Reduktion nahe kommen.[613]

7. Kombination: Freiwilligkeits-, Widerrufs-, Anrechnungsvorbehalt

Eine Kombinationsklausel, bestehend aus Freiwilligkeits-, Widerrufs- und Anrechnungsvorbehalt, die eine „freiwillige, jederzeit widerrufliche und anrechenbare betriebliche Ausgleichszulage" betrifft, soll nach Ansicht des 5. Senates teilbar sein. Als Begründung wird lediglich auf die unterschiedlichen Voraussetzungen und Rechtsfolgen von Widerrufs- und Anrechnungsvorbehalten verwiesen.[614] Es bleibt dabei unberücksichtigt, dass mit der Teilung der Klausel das ursprünglich bezweckte Widerrufsrecht des Arbeitgebers einhergeht, so dass die Gefahr einer geltungserhaltenden Reduktion besteht.

Daneben erscheint es widersprüchlich, wenn der 10. Senat eine Kombinationsklausel, die lediglich aus zwei Vorbehalten, nämlich einem Freiwilligkeits- und einem Widerrufsvorbehalt besteht, als unteilbar ansieht. So soll, wenn die Unwirksamkeit nach § 307 Abs. 1 S. 2 i.V.m. S. 1 BGB aus der Kombination von Widerrufs- und Freiwilligkeitsvorbehalt resultiert, eine Teilbarkeit der Klausel und ihre teilweise Aufrechterhaltung nicht in Betracht kommen. Die Intransparenz der vertraglichen Regelung folge gerade aus der Kombination dieser beiden Klauselteile, die sich gegenseitig inhaltlich widersprechen.[615] Wenn das Argument der Intransparenz bereits auf eine aus zwei Vorbehalten bestehende Kombinationsklausel anwendbar ist, müsste dies erst recht für eine Kombinationsklausel gelten, die sich aus drei Vorbehalten zusammensetzt. Bei streng formaler Anwendung des *blue-pencil-Tests* sollte es hingegen keine Rolle spielen, aus wie vielen Vorbehalten eine Kombinationsklausel besteht. Ein Wegstreichen von „freiwillig", „widerruflich" oder „anrechenbar" ist gleichermaßen möglich, ohne dass die Regelung ihren Zweck – die Bindung des Arbeitgebers an die Leistungsgewährung zu verhindern – verliert. In der Regel bestehen in diesen Fällen

---

613 BAG vom 19.12.2006 – 9 AZR 294/06 – NZA 2007, 809 ff.

614 BAG vom 1.3.2006 – 5 AZR 363/05 – NZA 2006, 746, 748.

615 BAG vom 14.9.2011 – 10 AZR 526/10 – NZA 2012, 81; BAG vom 30.7.2008 – 10 AZR 606/07 – NZA 2008, 1173.

nicht einmal Bedenken hinsichtlich des Satzbaus und der Sinnhaftigkeit der verbliebenen gekürzten Klausel.

8. Anrechnungsvorbehalte

Bei Unwirksamkeit eines Anrechnungsvorbehaltes fällt dieser grundsätzlich ersatzlos weg.

Soweit keine ausdrückliche Vereinbarung existiert, ist aus den Umständen zu ermitteln, ob dennoch eine Befugnis des Arbeitgebers zur Anrechnung besteht. Eine Anrechnung ist nach Ansicht des BAG grundsätzlich möglich, sofern dem Arbeitnehmer nicht vertraglich ein selbständiger Entgeltbestandteil zusätzlich zu dem jeweiligen Tarifentgelt zugesagt wurde. Allgemeine Zulagen, die nicht besondere Leistungen oder Erschwernisse abgelten sollen, werden regelmäßig deshalb gewährt, weil der Tariflohn den Parteien des Arbeitsvertrags als nicht ausreichend erscheint. Steigen die Tariflöhne anschließend, so wird grundsätzlich angenommen, dass eine entsprechende Reduzierung der bisher übertariflichen Lohnanteile dem Willen der Parteien entspricht und damit stillschweigend als vereinbart gilt.[616] In der Literatur stößt diese Auffassung teilweise auf Kritik. In einer stillschweigenden Vereinbarung eines Anrechnungsvorbehaltes wird insbesondere ein Verstoß gegen das Transparenzgebot gesehen.[617]

9. Freistellungsklauseln

An die Stelle einer unwirksamen Freistellungsabrede treten gemäß § 306 Abs. 2 BGB die durch die Rechtsprechung entwickelten Regeln über einseitige Suspendierungen.[618]

10. Haftungsklauseln

Soweit allgemeine Haftungsvereinbarungen oder Mankoabreden aufgrund ihrer Unwirksamkeit ersatzlos wegfallen, sind Haftungsfragen im Rahmen des Arbeitsverhältnisses nach den gesetzlichen Regelungen zu beurteilen.

---

616 BAG vom 1.3.2006 – 5 AZR 540/05 – NZA 2006, 688, 689; BAG vom 27.1.2004 – 1 AZR 105/03 – NJOZ 2004, 2816, 2821; BAG vom 21.1.2003 – 1 AZR 125/02 – NZA 2003, 1056; BAG vom 3.6.1998 – 5 AZR 616/97 – NZA 1999, 208, 209; BAG vom 7.2.1996 – 1 AZR 657/95 – NZA 1996, 832, 833.

617 Lakies, Vertragsgestaltung und AGB im Arbeitsrecht, Kap. 5 Rn. 56.

618 Thüsing in H/W/K, § 611 BGB Rn. 173; Stoffels in W/L/P, Anh. § 310 BGB (ArbR) Rn. 152.

11. Rückzahlungsklauseln

Das BAG nahm früher in ständiger Rechtsprechung bei Unwirksamkeit einer Rückzahlungsklausel eine Reduktion auf das noch vertretbare Maß vor. Eine unzulässig lange Bindungsdauer oder eine unangemessen hohe Rückzahlungssumme hatte nicht die Unwirksamkeit der gesamten Rückzahlungsklausel zur Folge. Vielmehr wurde die Bindungsdauer oder die Rückzahlungssumme auf das noch zulässige Maß gekürzt.[619] Seit einigen Jahren nimmt das BAG diese geltungserhaltende Reduktion im Rahmen von Rückzahlungsklauseln für **Aus- und Fortbildungskosten** grundsätzlich nicht mehr vor.[620]

Soweit eine Rückzahlungsklausel jedoch teilbar ist, kann der unwirksame Teil im Wege des *blue-pencil-Test* gestrichen werden. Eine Teilbarkeit nimmt das BAG nicht bereits an, wenn in der Klausel zwischen der Kündigung des Arbeitnehmers und der Kündigung des Arbeitgebers differenziert wird. Ausschlaggebend ist nicht nur die Partei, die die Kündigung ausspricht, sondern auch, wer sie veranlasst hat. Eine Klausel, die nicht ausdrücklich danach unterscheidet, aus welcher Sphäre der Anlass für die Kündigung stammt, sondern die Rückzahlungsverpflichtung in jedem Fall einer vom Arbeitnehmer ausgesprochenen Kündigung vorsieht, ist mangels Teilbarkeit nicht mit dem Inhalt aufrechtzuerhalten, dass der Arbeitnehmer nur bei einer Eigenkündigung aus Gründen, die seinem Verantwortungsbereich zuzurechnen sind, zur Rückzahlung der Ausbildungskosten verpflichtet sei.[621]

Ausnahmsweise zieht das BAG auch eine ergänzende Vertragsauslegung im Falle einer Rückzahlung von Fortbildungskosten in Betracht, wenn es für den Arbeitgeber im Einzelfall schwierig war, die zulässige Bindungsdauer einzuschätzen.[622]

---

619 BAG vom 5.12.2002 – 6 AZR 539/01 – NZA 2003, 559, 661; BAG vom 16.3.1994 – 5 AZR 339/92 – NZA 1994, 937, 943; BAG vom 23.4.1986 – 5 AZR 159/85 – NZA 1986, 741, 742; Boemke, jurisPR-ArbR 11/2006 Anm. 1.

620 BAG vom 13.12.2011 – 3 AZR 791/09 – NZA 2012, 738, 740; BAG vom 15.9.2009 – 3 AZR 173/08 – NZA 2010, 342, 345; BAG vom 23.1.2007 – 9 AZR 482/06 – NZA 2007, 748, 750.

621 BAG 18.3.2014 – 9 AZR 545/12 – BeckRS 2014, 70209; BAG vom 28.5.2013 – 3 AZR 103/12 – NZA 2013, 1419, 1420; BAG vom 13.12.2011 – 3 AZR 791/09 – NZA 2012, 738, 741.

622 BGH vom 17.9.2009 – III ZR 207/08 – NZA 2010, 37, 40; BAG vom 15.9.2009 – 3 AZR 173/08 – NZA 2010, 342, 346; BAG vom 14.1.2009 – 3 AZR 900/07 – NZA 2009, 666, 669.

Allerdings wirkt sich die strikte Anwendung des Verbots der geltungserhaltenden Reduktion in erheblichem Maße zu Lasten des Arbeitgebers aus, der somit das Einschätzungsrisiko insbesondere hinsichtlich Bindungsdauer und Höhe des Rückzahlungsbetrages trägt.

Ist die Rückzahlungsklausel unwirksam, so hat dies zur Folge, dass der Arbeitgeber keinen Anspruch auf Erstattung der Fortbildungskosten nach §§ 812 ff. BGB hat. Der Arbeitnehmer hat die Fortbildung nicht ohne rechtlichen Grund erlangt. Der rechtliche Grund besteht in der – mit Ausnahme der Rückzahlungsklausel – wirksamen Ausbildungsvereinbarung.[623]

Auch im Hinblick auf die Rückzahlung von überzahltem Entgelt ist im Falle der Unwirksamkeit der Rückzahlungsvereinbarung auf die §§ 812 ff. BGB zu verweisen. Der Arbeitnehmer kann sich somit auf den Entreicherungseinwand nach § 818 Abs. 3 BGB berufen.

12. Vertragsstrafenvereinbarungen

Im Falle der Vereinbarung einer unangemessen hohen Vertragsstrafe kann die Höhe nicht auf ein angemessenes Maß reduziert werden. Ebenso wenig kommt eine ergänzende Vertragsauslegung in Betracht. Die Klausel ist damit insgesamt unwirksam.[624]

Nach der früheren Rechtsprechung des BAG konnte eine unverhältnismäßig hohe Vertragsstrafe auf Antrag des Arbeitnehmers durch Urteil nach § 343 Abs. 1 BGB reduziert werden. § 343 BGB kommt jedoch nach einhelliger Auffassung nur bei verwirkten, also wirksam vereinbarten Vertragsstrafen in Betracht.[625]

Etwas anderes gilt, wenn die Klausel im Wege eines *blue-pencil-Tests* teilbar ist. Das BAG bejaht beispielsweise die Teilbarkeit einer Klausel, in der in einem Satz mehrere die Vertragsstrafe auslösende Tatbestände aufgezählt werden.[626]

---

623 BAG vom 28.5.2013 – 3 AZR 103/12 – NZA 2013, 1419, 1421; BAG vom 21.8.2012 – 3 AZR 698/10 – NZA 2012, 1428, 1431.

624 BAG vom 23.9.2010 – 8 AZR 897/08 – NZA 2011, 89; BAG vom 18.12.2008 – 8 AZR 81/08 – NZA-RR 2009, 519, 525; NZA 2005, 1053, 1054; BAG vom 4.3.2004 – 8 AZR 196/03 – NZA 2004, 727, 734; Bauer/Diller, Wettbewerbsverbote, Rn. 931; Löwisch in FS Canaris, 2007, Bd. I, S. 1413; Stoffels in W/L/P, Anh. § 310 BGB (ArbR) Rn. 210.

625 BAG vom 18.12.2008 – 8 AZR 81/08 – NZA-RR 2009, 519; BAG vom 4.3.2004 – 8 AZR 196/03 – NZA 2004, 727, 734; Lingemann, NZA 2002, 181, 191; Stoffels in W/L/P, Anh. § 310 BGB (ArbR) Rn. 210.

626 BAG vom 23.9.2010 – 8 AZR 897/08 – NZA 2011, 89, 90; BAG, Urteil vom 18.12.2008 – 8 AZR 81/08 – NZA-RR 2009, 519, 523; Linck in FS Bauer, 2010, S. 645, 651; Müller-Glöge in ErfK, §§ 339–345 BGB Rn. 10a.

Außerdem kann eine unzulässige Vertragsstrafenregelung wegen schuldhaft vertragswidrigen Verhaltens des Arbeitnehmers unter Aufrechterhaltung der Klausel im Übrigen gestrichen werden, wenn daneben an den Nichtantritt des Arbeitsverhältnisses oder die Lösung des Arbeitsverhältnisses unter Vertragsbruch angeknüpft wird.[627]

IV. Ergebnis

Nicht einbezogene oder unwirksame Klauseln werden nicht Bestandteil des im Übrigen wirksamen Vertrages.

Es gilt der Grundsatz des Verbotes der geltungserhaltenden Reduktion.

Nur ausnahmsweise kann ein abgrenzbarer unwirksamer Teil einer Klausel im Wege des *blue-pencil-Tests* gestrichen werden. Zu differenzieren ist der *blue-pencil-Test* von der ergänzenden Vertragsauslegung, die nur höchst ausnahmsweise in Betracht zu ziehen ist, und in der Regel an einem dahingehenden Willen beider Arbeitsvertragsparteien scheitert. In der Praxis ist diese Abgrenzung schwierig und wird daher nicht konsequent eingehalten.

Dies zeigt sich vor allem daran, dass das BAG im Rahmen von Ausschlussfristen die Teilbarkeit der Formulierung „alle Ansprüche“ annimmt und dabei unterstellt, dass innerhalb dieses Begriffes danach differenziert werden könne, ob es sich um einen Anspruch handelt, auf den ein Verzicht möglich ist oder nicht.

Bedenklich ist auch, wenn bei einer Kombinationsklausel aus Freiwilligkeits-, Widerrufs- und Anrechnungsvorbehalt Teilbarkeit angenommen wird, dass eine Kombinationsklausel, die lediglich aus Widerrufs- und Freiwilligkeitsvorbehalt besteht, als unteilbar anzusehen ist, ohne dass klargestellt wird, warum eine solch unterschiedliche Behandlung an sich vergleichbarer Klauseln erfolgt.

627 Preis in ErfK, §§ 305–310 BGB Rn. 103a; Preis/Roloff, ZfA 2007, 43, 77; a.A. Bonin in D/B/D, § 306 BGB Rn. 12a.

Kapitel 7: Schlussbetrachtung

Die im Zuge der Schuldrechtsreform vorgenommene Streichung der Bereichsausnahme nach § 23 AGBG und die damit einhergehende Anwendbarkeit der §§ 305 ff. BGB auf Arbeitsverträge hat ihr Ziel, mehr Rechtsklarheit und Rechtssicherheit zu schaffen, nur bedingt erreicht.

Die §§ 305 ff. BGB sind bei der arbeitsrechtlichen Klauselkontrolle nur vereinzelt als geeignete Vorschriften einzustufen. Da sie ursprünglich nicht für das Arbeitsrecht, sondern für den Geschäftsverkehr entwickelt wurden, geht mit ihrer Anwendung im Arbeitsrecht ein erheblicher Auslegungs- und Konkretisierungsbedarf einher. Dem kann das BAG in seiner Einzelrechtsprechung nicht immer gerecht werden, insbesondere aufgrund der Vielzahl von unbestimmten Rechtsbegriffen, die §§ 305 ff. BGB anbieten mit sich bringen.

Zunächst wird die Relevanz der Frage der Kontrollfähigkeit vielfach unterschätzt. Es scheint, als wolle sich das BAG „mit höchst kunstvollen Konstruktionen der Anwendung des § 307 Abs. 3 S. 1 BGB entziehen.“[628] § 307 Abs. 3 S. 1 BGB ist jedoch als „Einfallstor“ zur Angemessenheit von elementarer Bedeutung. Hiernach soll, soweit keine Abweichung von oder Ergänzung zu Rechtsvorschriften angenommen wird, eine Angemessenheitsprüfung nicht durchgeführt werden. Zu der Vielzahl an unbestimmten Rechtsbegriffen auf Tatbestandsebene (z.B. „entgegen Treu und Glauben unangemessen benachteiligen“ gemäß § 307 Abs. 1 S. 1 BGB, „klar und verständlich“ gemäß § 307 Abs. 1 S. 2 BGB, „zumutbar“ gemäß § 308 Nr. 4 BGB) kommt auf Rechtsfolgenebene die uneinheitliche Anwendung des § 306 BGB. Die Berücksichtigung der „im Arbeitsrecht geltenden Besonderheiten“ nach § 310 Abs. 4 S. 2 BGB sowohl auf Tatbestands- als auch auf Rechtsfolgenebene scheint in vielen Fällen als Instrument einer Ergebniskorrektur – meist zu Lasten des Arbeitgebers als Verwender – zu führen.

So muss die Warnung vor der „Versuchung […], die Transparenzanforderungen als Stellschraube zu benutzen, mit deren Hilfe unerwünschte, aber materiell schwer faßbare Klauseln verworfen werden können“[629] auch für die Gefahr einer Ergebniskorrektur über die „im Arbeitsrecht geltenden Besonderheiten“ (§ 310 Abs. 4 S. 2 BGB) ausgesprochen werden, die aufgrund der weiten Auslegung in jedem Stadium der AGB-Kontrolle erfolgen kann.

---

628 Junker in FS Buchner, 2009, S. 369, 378.
629 Coester in FS Löwisch, 2007, S. 57, 69.

Auf diese Weise konnten sich in der Rechtsprechung der letzten Jahre unterschiedliche Maßstäbe entwickeln, die die Gestaltung und Verwendung von AGB-Klauseln in der arbeitsrechtlichen Praxis erheblich erschweren. Die kontinuierliche Verschärfung der Rechtsprechung bringt erhebliche wirtschaftliche Nachteile für Arbeitgeber mit sich.

Besonders deutlich wird dies vor dem Hintergrund der BAG-Rechtsprechung für Freiwilligkeitsvorbehalte, wonach ein im Arbeitsvertrag einmalig vereinbarter Freiwilligkeitsvorbehalt nicht mehr geeignet sein soll, dauerhaft die Entstehung eines Anspruches zu verhindern. Vor dieser Rechtsprechungsänderung im Jahre 2011 war es nach ständiger Rechtsprechung nicht erforderlich, dass der Freiwilligkeitsvorbehalt zusätzlich zur arbeitsvertraglichen Regelung bei jeder freiwilligen Leistungsgewährung wiederholt werden muss. Soweit dieser seinerzeit nicht erforderliche wiederholte Hinweis legitimerweise nicht erbracht wurde, sind diese Ansprüche nach den Grundsätzen der betrieblichen Übung irreversibel entstanden und können vor dem Hintergrund der Abkehr von der entgegengesetzten betrieblichen Übung nicht mehr beseitigt werden. Vertrauensschutzerwägungen zu Gunsten des damals rechtsprechungskonform handelnden Klauselverwenders bleiben damit gänzlich unberücksichtigt.

Auch im Rahmen von Widerrufsvorbehalten versetzt das BAG den Arbeitgeber in eine missliche Lage. Während früher „wirtschaftliche Gründe“ als taugliche Widerrufsgründe anerkannt waren, wird seit der Rechtsprechungsänderung im Jahre 2010 eine beispielhafte Konkretisierung der Widerrufsgründe gefordert. Ein Arbeitgeber, der vor 2010 auf die Rechtsprechung vertraut hat, muss sich nun die Unwirksamkeit des damals nach ständiger Rechtsprechung wirksamen Widerrufsvorbehaltes entgegenhalten lassen. Aber auch für die künftige Gestaltung von Widerrufsvorbehalten befindet sich der Arbeitgeber in einem Dilemma. Einerseits muss er die Widerrufsgründe möglichst konkret benennen, andererseits dürfen diese Gründe wiederum auch nicht unangemessen oder aufgrund ihres Umfangs unübersichtlich und damit intransparent sein.

Überraschend großzügig zu Gunsten von Arbeitgeberinteressen positioniert sich das BAG wie bei der AGB-Kontrolle von Anrechnungsvorbehalten oder Ausschlussfristen jedoch im Übrigen nur selten. Neben den geringen Anforderungen, die das BAG für die Angemessenheit eines Anrechnungsvorbehaltes stellt, lässt es für dessen Transparenz sogar als ausreichend gelten, dass die Anrechenbarkeit einer Zulage ohne besonderen Leistungszweck nicht explizit erwähnt werden muss. Ebenso unterstellt das BAG Rahmen von Ausschlussfristen, die für „alle“ Ansprüche aus dem Arbeitsverhältnis gelten solle, zu entnehmen sei, dass Ansprüche aus vorsätzlichen Verletzungshandlungen und unerlaubter

Handlung nicht erfasst sein sollen, auch wenn dies in der Formularklausel nicht erwähnt ist.

Allerdings bleibt das BAG für die – teilweise widersprüchliche – Klauselauslegung eine konsequente Begründung oftmals schuldig, so dass für Arbeitgeber eine Einschätzung für die Verwendung künftiger Klauseln schwierig ist.

Vertrauensschutz zu Gunsten eines Arbeitgebers, der auf die vormals gefestigte Rechtsprechung vertraute, existiert zum überwiegenden Teil faktisch nicht. Sowohl eine Änderungskündigung als auch ein Änderungsvertrag stellen keine geeigneten Instrumente dar, die Änderungen der Rechtsprechung für bestehende Arbeitsverträge effektiv umzusetzen. Fällt eine unwirksame Klausel nach dem Grundsatz der geltungserhaltenden Reduktion ersatzlos weg, ist der Arbeitnehmer nicht verpflichtet und zudem in der Regel nicht gewillt, im Rahmen eines Änderungsvertrages eine neue wirksame und damit für ihn nachteilige Vereinbarung abzuschließen. Für eine Änderungskündigung fehlt regelmäßig ein sachlicher Grund. Bedauerlich ist diese Ausweglosigkeit für den Arbeitgeber insbesondere unter dem Gesichtspunkt, dass der Arbeitsvertrag ein Dauerschuldverhältnis darstellt. Es gibt praktisch keine effektiven Möglichkeiten, die Arbeitsvertragsbedingungen eines über Jahre oder sogar Jahrzehnte bestehenden Arbeitsverhältnisses den teilweise nicht vorhersehbaren Veränderungen der Rechtsprechung anzupassen.

Unabhängig vom Inhalt eines etwaigen Arbeitsvertragsgesetzes ist jedenfalls der dahinter stehende Grundgedanke, Voraussetzungen und Grenzen der Wirksamkeit einzelvertraglicher Arbeitsbedingungen konkret normativ festzuschreiben, begrüßenswert. Eine gesetzliche Regelung würde zumindest die Wurzel der Problematik aufgreifen und die Arbeitsvertragsgestaltung von der *inter-partes*-Wirkung sowie der vielseitigen BAG-Rechtsprechung befreien. Zweifel im Rahmen der Auslegung müssten nicht mehr ausschließlich zu Lasten des Arbeitgebers gehen, § 305c Abs. 2 BGB.

www.ingramcontent.com/pod-product-compliance
Ingram Content Group UK Ltd.
Pitfield, Milton Keynes, MK11 3LW, UK
UKHW021849290926
8980IPUK00005B/727

9 783631 768914